京师传播文丛

京师传播文丛

情绪：
网络空间研究的新向度

丁汉青 刘 念 著

中国国际广播出版社

图书在版编目（CIP）数据

情绪：网络空间研究的新向度 / 丁汉青，刘念著. —北京：中国国际广播出版社，2022.11
ISBN 978-7-5078-5234-9

Ⅰ.①情⋯　Ⅱ.①丁⋯　②刘⋯　Ⅲ.①互联网络—舆论—研究　Ⅳ.①G219

中国版本图书馆CIP数据核字（2022）第199396号

情绪：网络空间研究的新向度

著　　者	丁汉青　刘　念
责任编辑	王立华
校　　对	张　娜
版式设计	陈学兰
封面设计	赵冰波

出版发行	中国国际广播出版社有限公司　[010-89508207（传真）]
社　　址	北京市丰台区榴乡路88号石榴中心2号楼1701
	邮编：100079
印　　刷	北京九天鸿程印刷有限责任公司
开　　本	710×1000　1/16
字　　数	270千字
印　　张	19.75
版　　次	2023 年 4 月　北京第一版
印　　次	2023 年 4 月　第一次印刷
定　　价	78.00 元

版权所有　盗版必究

本研究为北京市社会科学基金重点课题"北京网络舆情认知-表达特征与治理研究"（项目编号：21XCA004）的阶段性成果。

京师传播文丛
编委会名单

编委会主任：

喻国明　方增泉　张洪忠

编委会成员（按姓氏拼音排序）：

丁汉青　李　韬　秦艳华　万安伦　吴　晔　周　敏

总　序

把握数字革命基础上的传播变革是一项亟待破解的时代命题

喻国明

习近平总书记在主持中共中央政治局第十二次集体学习时强调："全媒体不断发展，出现了全程媒体、全息媒体、全员媒体、全效媒体，信息无处不在、无所不及、无人不用，导致舆论生态、媒体格局、传播方式发生深刻变化。"智能化革命是一场划时代的跨越，是从工业文明向数字文明的深刻转型，正在带来传播领域的巨大变化。面对数字革命所带来的一系列现象级的改变，如何从总体性上把握技术驱动下社会传播领域的变化趋势、深层逻辑及演化机制，已成为实现传播实践有序发展和不断升级的必答题。

一、数字革命的全面渗透正在引发传播领域的一场革命

社会的智能化是一场革命，事实上，数字革命技术的全面渗透导致的关键变化是对传播网络所链接的全部关系的总体性重构。不同于对某些传播环节及某个传播要素所进行的"小修小补"的改良性技术，数字革命技术的全面渗透将创造一个无限量的巨大信息网络，并将从前无法纳入其中

的更加多维的关系连接纳入人的实践体系的可操控范围中，也即从传统的人与人之间的连接全面走向人与人、人与物、物与物之间的系统连接，创造智能终端之间的超级链接体系。

显然，当一系列新的关系要素实现了对于人类实践的"入场"，便会使得社会传播成为一个"开放的复杂巨系统"，并在多重、多维的复杂因素的交织影响下实现"换道行驶"。媒介的迭代与技术的升维从某种意义上看就是持续地为传统社会中相对无权者"赋能""赋权"。数字技术改变了传媒行业因机械复制技术所形成的"一对多""点对面"式的信息垄断格局，瓦解了传统社会信息不对称的大众传播秩序。"人人都是传播者"极大地推动了丰富多彩、纵横交错的不同连接方式的交流与传播的实现，实现了更多的传播模式的涌现："物"成为新的公共信息"承载者"，社会热点的表达凸显出"后真相"、非理性等特点，关系认同、情感共振成为社会沟通与社会共识建立的关键，而平台级媒体及作为其运行内在引擎的智能算法则成为信息传播的关键性中介。

可见，未来的数字化治理必须超越仅仅着眼于传播领域中某个要素、某些环节的改变，而就事论事地制定某类传播主体发展路径或治理对策的传统视角的局限，应依据复杂性理论的范式、因循生态学理论、演化博弈理论以及社会网络学习理论等路径，针对我国传播领域的发展现状和未来趋势构建起一整套符合未来传播实践的传播生态治理的系统模型，从多元行为的关系连接与交互维度上去把握传播生态系统的发展演化过程，并基于此引导新时代社会信息传播系统实现健康有序和可持续的发展。

二、数字革命技术促成传播生态的全面重构

上述对于传播环境根本性变革的分析告诉我们，在数字革命技术的强大作用下，媒介产业的变革方向和媒介融合的发展路径已经成为现阶段

传播领域的重中之重。总的来看,迄今为止主流媒介的传播实践呈现出较为显著的"传播者中心"的立场。然而新时代传播领域的基本现实是:在"个人"为社会运作基本单位的微粒化社会中,多层成分、多元主体已经成为构造传播场域的基本力量,受传者已经不再是我们所熟悉的"大众",而是基于"圈层化"存在的一个个有血有肉、有个性、有情绪、有特定"趣缘"彼此支持下的人;"摆事实讲道理"式的大众传播逻辑在这里遇到了关系连接与圈层"茧房"的强大阻击,传播的触达、认知与认同机制发生了重大改变。媒介融合进程中如何实现新传播环境下的全程媒体、全息媒体、全员媒体、全效媒体的目标,达到主流资讯无处不在、无所不及、无人不用的境界,必须有一个生态级意义上的"羽化成蝶"的深刻改变。

首先,从传播内容的供给侧来考察,短视频和直播在人类历史上第一次把社会性传播的门槛降到如此之低,让每一位用户都可以发出自己的声音。而5G对于视频的加持则强化和扩大了这种"泛众化传播"的社会影响的宽度与深度。并且,数字革命时代的无人机普及,各种环境中摄像头、传感器无所不在,都进一步超越了传统媒体的时空局限与感官局限进行丰富多彩、立体多维的信息采集,而其中的某些具有社会价值的信息则可能经智能系统自动加工后直接发送给多元用户。概言之,数字技术带来的"泛众化"的传播供给侧,致使多元传播弥漫在人们的各类日常生活的场景中。

其次,就传播形式的丰富和扩张而言,数字革命时代的传播因其传播形式的"全息化"、多样态,信息传播已"渗透"社会生活的方方面面,成为无所不在、无时不有的影响力"在场"。而传播技术的应用会以用户场景为聚焦点而不断创新信息的组织形式、传播模式和内容形态。就传播载体"全程""全息""全员""全效"而言,随着以短视频为代表的视觉传播成为社会传播的主流形态,内容传播者因应当下移动化、碎片化和社交化的传播场景,以主题人物、热点事件和温情故事等为主要题材,通过碎片化的视觉表达和情感共振、关系认同的传播模式广泛应用，使得内容生产与传播形式转型为一系列直击人心的混合情感传播模式。

最后，智能化也使传播渠道发生了全新的变化。面对媒介生产和用户端的赋能赋权，极具多样性和复杂性的信息生态出现了供需危机，内容传播的精准化已成为"互联网发展的下半场"传播转型的重点。智能分发中的算法机制所要解决的终极问题是要把合适的内容传播给适切的用户。依托机器算法且拥有海量用户及强大黏性的平台遽然崛起成为平台型媒体，它承担起连接信息生产者和用户的开放、多元和普适的平台型中介的角色。而伴随着"生产者—平台媒体—用户"模式的确立，执掌信息选择权的重心正在从传统主流媒体过渡到平台型媒体。原本处在内容生产传播引领者位置的传统主流媒体正在逐渐弱势化和边缘化，成为影响力有限的专业的新闻和观点的供给者，而平台型媒体则逐渐跃升为新的行业操纵者和传播规则的制定者，实现了向传播权力中心的跃进。

三、数字革命推进面向未来的传播实践的革命性转向

传播技术的智能化发展为现实社会以及虚拟网络空间中的传播机制和传播效应带来了一系列新的挑战，也带来了元宇宙、区块链、物联网、移动互联、XR（扩展现实）、云计算、流媒体视频等技术的新发展，它们正在深刻地改写传播领域以及社会发展深层逻辑。这已经不是一项"弯道超车"的发展模式，而是一项"换道行驶"的全新发展模式。因此，关注智能化技术革命下传播领域内外的革命性改变，全面把握社会传播生态系统与权力格局的变迁态势，系统审视智能技术革命下网络社会空间治理模式和范式转型变革中亟待突破的关键问题和基本应对思路，应该成为新闻传播学实践转向的关键。传播实践已经站在全新的拐点上，面对着"换道行

驶"的全新未来。它包括且不限于：

——全社会的"媒介化"。媒介化理论视角认为，媒介可以与其他社会范畴相互建构，作用于人类社会形态的媒介形式，其意义远胜于其内容。这一理论视角强调了媒介逻辑对社会的建构作用，也强调了媒介与社会的相互形塑。人作为居间主体，其实践具有能动性，因此可以通过宏观和中观型态与实践的分析对媒介化进行解构，探究行动场域中不同社会角色之间社会交往和关系的变动模式，包括个人与组织、个人与媒介、社会与媒介关系的变革，从实践视角分析和把握媒介化能够为我们搭建经验材料分析的实践基础，更好地帮助我们把握媒介化进程中的微观、中观、宏观层级变化。

——"型态"与社会实践的结合。"型态"是指智能新媒介技术催生出的新的社会行动方式和组织起的新的社会交往关系，包括个人与组织、个人与媒介、社会与媒介关系的变革，它将全面助力智能新媒介逻辑对社会实践的形塑。未来的传播实践必须超越传统的媒介实践范式，将媒介与个体借由行动空间串联起来，将社会学相关概念融入媒介化实践的决策视野。以"型态"与社会实践的视角展开探索与创新，以"点—线—面"的实践试点为依据，运用更为贴合的理论工具，以期在未来传播中对媒介化理论与实践及其社会效果的把握有全新的突破。

——媒介与社会变迁的"互构"。在过往的传播实践中，媒介或是被置于社会发展的关键节点——媒介以其自身的"偏向"解构社会形态，或是被理解为承担既定社会功能的一种"工具形式"，这种将"媒介"与"社会"相分离的实践模式忽略了媒介的作用过程，变成单纯强调媒介与社会之间的决定/非决定关联的实践范式。我们认为，借鉴SCOT（技术的社会建构）路径，同时对媒介演进基本逻辑与实现机制做出探索，不仅只考虑科技物体本身，而且考虑科技物体的发展过程，摒弃科技决定论，也反省社会决定论，同时观照媒介对社会的影响及社会对媒介的作用，思考媒与社会之间的相互形塑（mutual shaping）、相互生产（coproduction）的"互构"关系及其实践。

——媒介影响社会结构的"制度化"。"制度化"的行动路线，即将媒介的形式视为一种独立的制度化力量，强调并致力于实现媒介作为社会现实框架的组成要件。制度视角致力于把握特定情形下社会结构如何扮演社会交往的资源，以及社会结构如何通过能动性得以再生产和变化，这也是所谓媒介逻辑的作用规则。媒介逻辑被用来描述媒介所具有的制度的、审美的、技术的独特样式及特质，以及借助正式和非正式规则运作的方式，从而提升媒介有效地影响更为广泛的文化和社会的能力。

正是在这一时代命题之下，作为有"学新媒体到新街口"之美誉的北京师范大学新闻传播学院与中国国际广播出版社签署了"京师传播文丛"（共12本）的出版计划，为回答新时代、新传播的发展命题奉献我们北师新传学人的心力与智慧。首批出版的四本书是：《情绪：网络空间研究的新向度》《重构传播学：传播学研究的新范式、新方法》《2022互联网平台青少年保护与发展研究报告》《医患共同体：数字健康传播关系价值的图景想象》（暂定名）。相信第二批、第三批著作将更为精彩，让我们翘首以待。

（喻国明，北京师范大学新闻传播学院教授、博士生导师，北京师范大学"传播创新与未来媒体实验平台"主任，中国新闻史学会传媒经济与管理专业委员会理事长）

2022年8月

目 录
CONTENTS

绪　论　　　　　　　　　　　　　　　　　　　　001
　　一、研究背景　　　　　　　　　　　　　　　001
　　二、研究内容　　　　　　　　　　　　　　　002
　　三、研究方法　　　　　　　　　　　　　　　003
　　四、研究框架　　　　　　　　　　　　　　　005
　　五、研究意义　　　　　　　　　　　　　　　007

第一章
情绪研究的学术场域　　　　　　　　　　　009

第一节　情绪识别研究的学术场域　　　　　　　011
　　一、研究现状　　　　　　　　　　　　　　　012
　　二、研究方法　　　　　　　　　　　　　　　015
　　三、情绪识别研究学术图谱分析　　　　　　　016
　　四、结论与讨论　　　　　　　　　　　　　　036
第二节　情绪表达研究的学术场域　　　　　　　039
　　一、情绪表达的意义　　　　　　　　　　　　039
　　二、情绪表达的研究方法　　　　　　　　　　040
　　三、情绪表达学术场域综述　　　　　　　　　041
　　四、结论与讨论　　　　　　　　　　　　　　051

第三节　情绪感染研究的学术场域	052
一、文献综述	053
二、研究方法	055
三、情绪感染研究学术图谱分析	056
四、结论与讨论	076
第四节　中外情绪动员学术场域比较分析	079
一、研究方法	080
二、中外学术场域的内在联系	081
三、中外学术场域的特征差异	082
四、结论与讨论	097

第二章
网络情绪表达研究　　　　　　　　　101

第一节　网络情绪表达的方式	103
一、文字	103
二、表情符和表情包	107
三、音视频	112
四、虚拟动作	116
第二节　网络情绪表达的规范	119
一、网络中的情绪表达规范现象	120
二、趣缘群体情绪表达规范个案分析	123
三、结论与讨论	132
第三节　网络情绪表达的个体差异	136
一、事件概况	137
二、研究现状	138
三、假设的提出	141

	四、研究方法	145
	五、数据分析	147
	六、结论与讨论	154

第三章
网络情绪感染机制研究　　　　　　　　　157

第一节	情绪感染的时间维度	159
	一、基于情绪视角的危机传播理论：整合危机图式	161
	二、文献综述与假设推导	164
	三、研究方法	168
	四、数据分析	170
	五、结论与讨论	173
第二节	情绪感染的空间维度	181
	一、文献综述	183
	二、研究方法	188
	三、数据分析	191
	四、结论与讨论	204
第三节	情绪感染的动力因素	211
	一、外源性动力	213
	二、内源性动力	221

第四章
网络情绪动员研究　　　　　　　　　　　223

第一节	社会动员与情绪动员	225
	一、社会动员研究对情绪认知的变化	226

二、情绪动员的概念　　230
　　三、网络情绪动员的主体　　231
　　四、网络情绪动员的内外因　　233
　　五、结论与讨论　　236
第二节　网络情绪动员的一般策略　　238
　　一、造势：调动情绪引共鸣　　238
　　二、提供动力：运用传播手段营造舆论环境　　245

结　语　　255
　　一、主要研究发现　　256
　　二、本研究创新之处　　260
　　三、本研究的局限性与未来发展方向　　262

后　记　　264
参考文献　　267

绪　论

一、研究背景

随着互联网技术的不断发展，社会化媒体迅速扩张并渗透至人类社会生活的各个角落，不仅改变了人们的日常生活和交往方式，也颠覆了传统大众媒体时代的社会传播格局。在社交媒体的赋权下，传统精英阶层的话语垄断被打破，原子化的个体拥有了发声的"麦克风"。普通大众能够通过社交媒体对社会议题、公共事件发表观点、传播声音。在这一过程中，公共舆论的形成除了包括信息的传播外，也伴随着公众个体情绪的流动和蔓延。无数网民的个体情绪通过社交媒体传播扩散、相互感染，汇成网络空间中汹涌澎湃的情绪流。

同时，情绪在整个社会传播格局中也扮演着越来越重要的角色。2016年，《牛津词典》将"后真相"（post-truth）评选为年度词汇。"后真相"一词意味着在影响公共舆论方面，客观事实的影响较小，而诉诸情绪和个人信仰的力量则更强大。情绪在整个社会舆论场中的重要性可见一斑。不可否认的是，在今天，无论是个体传播者还是组织传播者，都已被卷入情绪感染的浪潮中。学术研究者和传播实践者也因此面临着诸多亟待解决的新问题。

在这样的背景下，了解网络空间中情绪的产生和传播特点，认识情绪的传播和扩散可能带来的社会影响，对我们正确把握当下社会舆论场中的新问题、有效疏导网络舆情中的情绪流、合理开展网络舆情引导和网络社会治理具有十分重要的意义。

二、研究内容

情绪广义上指人们对客观事物的态度体验，狭义上则指有机体受到外界刺激时产生的暂时性较为剧烈的态度感受[①]。与情绪关系密切的概念还有情感（affect）、感受（feeling）等。心理学认为，情绪与情感两者相互联系但也有所区别。从需要角度而言，情绪是一种所有有机体与生物需要相联系的体验形式，而情感是一种人类特有的与其社会需要相联系的更为复杂的态度体验。从稳定性角度而言，情绪是一种短暂的、不稳定的感受，而情感则是一种长期的、稳定的、深刻的体验感受。从获得方式而言，情绪是人类和动物与生俱来的，而情感是人类社会特性发展到一定阶段才产生的[②]。

在新闻传播学领域，目前学界对情绪和情感两者的区别和界定并不十分明确，大多数情况是两者混用。本研究认为，基于心理学对"情绪"与"情感"的区分，在新闻传播学语境下，情绪一词更为恰切。网络空间中的情绪研究可包括情绪表达、情绪感染和情绪动员等层面。情绪表达是情绪得以相互传播的基础，在个体情绪的多元化表达基础上，情绪通过社交媒体等通道实现相互感染和传播。最后，个体情绪的相互感染使得情绪汇流为一股强烈的群体化力量，在众多网络舆情事件中实现了情绪的动员，对社会舆论场产生巨大的影响。

---

① 高晓源，刘箴，柴艳杰，等.社会媒体情绪感染模型研究[J].应用心理学，2019，25(4)：372-384.
② 高晓源，刘箴，柴艳杰，等.社会媒体情绪感染模型研究[J].应用心理学，2019，25(4)：372-384.

具体来看，本书通过一系列研究尝试回答以下问题：在网络空间中，网民如何表达情绪？网络空间中的个体情绪怎样相互感染？网络舆情事件中的情绪是如何被动员起来的？

全书主体部分共分为四章。

第一章为情绪研究的学术场域。本部分主要采用CiteSpace引文可视化分析软件，从情绪识别、情绪表达、情绪感染和情绪动员四个方面出发，全面梳理了国内外此领域的相关研究现状、动态和未来发展趋势，为后续研究的具体开展找准出发点，做好理论铺垫。

第二章为网络情绪表达研究。本部分主要从网络情绪的表达方式、表达规范和个体差异三个方面，考察在网络空间中网民如何表达情绪，进而把握当今网民情绪的表达规律和特点。

第三章为网络情绪感染机制研究。本部分主要从情绪感染的内在机制与动力因素两个层面探究网络空间中的情绪感染现象。在情绪感染机制方面，本章以典型案例为代表，从时间与空间两个维度探究情绪感染机制。在情绪感染的动力因素方面，本章从外源性动力、内源性动力两个角度对情绪感染机制进行分析。

第四章为网络情绪动员研究。本部分基于前文对网络情绪表达和感染机制的把握，分析网络情绪感染产生的社会影响，重点从社会动员角度分析网络情绪动员的一般策略，从而为网络舆情引导和网络社会治理提供一定借鉴。

三、研究方法

本书采用定量研究和定性研究相结合的方式，不仅从表面上了解网络空间中情绪感染的现状，而且深入细致地把握情绪感染的内在机理及社会影响。

本书所使用的具体研究方法主要有：

（一）文献计量分析法

采用CiteSpace引文可视化分析软件，对情绪相关研究文献进行计量分析，运用库恩的范式理论与科学发展的动态模式理论，分别从科学领域、研究热点、研究范式与研究方法等角度勾勒学术场域，把握研究现状，为后续网络情绪研究奠定基础。

（二）内容分析法

内容分析法是一种对具有明确特性的传播内容进行客观、系统和定量描述的研究技术，具有非介入性、系统性、客观性和定量化的特点。本书以网络空间中用户所发布的帖子为对象，采用内容分析法，以热点网络舆情事件为典型案例，对用户情绪表达行为的个体差异以及网络空间中情绪感染的时间维度进行深入、细致的分析。

（三）大数据分析法

由于此次研究的目的是分析用户在网络空间中的情绪，因此，情绪识别是开展内容分析的基础。本书采用大数据分析与机器学习算法，通过与计算机自然语言处理技术团队合作，在准确识别网络文本中的用户情绪的基础上，探究用户的情绪表达特点及情绪感染机制。

（四）网络民族志

民族志方法源自人类学，研究者通常采取参与式观察的方式，持续一段时间深入某一群体生活当中，观察其中所发生的事件，以内部观点对其意义进行说明。随着互联网的出现，大量的网络社群随之产生，为民族志带来了新的研究对象，网络民族志的方法应运而生。网络民族志是基于线上田野工作的参与式观察，应用于当前以计算机为中介的社会世界中可能发生的事情。本书以百度百科社群之一"文艺组"作为研究对象，运用网络民族志研究方法，历时一年，参与式观察这部分趣缘群体内的日常交流活动，深入分析网络社群内建构起的情绪规范与表达策略。

（五）社会网络分析法

社会网络是指作为节点的社会行动者及其间关系构成的集合，是由多个点和各点之间的连线组成的集合。其中，节点是指社会行动者，可以是任何一个社会单位或社会实体；线是指行动者之间的联系。社会网络分析即是研究一组行动者之间关系的方法。本书以热点网络舆情事件为案例，采用社会网络分析，以社交媒体用户为节点，以转发关系为边，建立情绪感染的社会网络，并通过网络密度、直径等指标了解情绪感染的整体网结构；通过节点度数中心度、中介中心度等指标识别情绪感染网络中的关键节点，从而分别从整体网视角和节点视角深入探讨网络情绪感染的空间结构特点、考察其中关键节点的角色与作用机制。

（六）案例分析法

案例分析法是通过深入细致地研究有代表性的事物（现象），获得总体认识的一种科学分析方法。本书对一些事件等展开案例分析，探究网络情绪的感染机制。

四、研究框架

本书的研究总体框架如图0-1所示。线下社会，每个人演绎的角色其实是被线下公众期望所"社会化"和"理想化"的[1]。在人类文明演进过程中，

---

[1] GOFFMAN E.The presentation of self in everyday life[M]. New York: Anchor Books, 1959: 34-35.

公众期望倾向于逐渐消除成熟个体在线下日常生活与职业场景中的情绪化特征，以期促成"冷静理性"的文明社会。带着"公众期望"之"面具"起舞的个体使线下社会具有相当的"虚拟性"。而在数字化、网络化技术所开辟的网络空间中，"面具"也许仍在，但此"面具"所带来的"虚拟性"也许远弱于成熟的线下社会。被线下社会规范所贬抑的情绪在网络空间中得以充分"展演"。情绪，成为网络空间研究的新向度。基于此背景，本书致力于探究网络空间中情绪感染的基本规律。研究者先采用文献计量分析法，通过分析情绪识别、情绪表达、情绪感染、情绪动员四个学术场域，把握情绪研究现状，进而锁定"两个层面""三个维度"的研究重点。"两个层面"指本书关注的理论与应用两个研究层面，"三个维度"指理论层面的"个体：情绪表达""群体：情绪感染"与应用层面的"情绪动员"。其中，情绪表达研究主要采用内容分析法与网络民族志两种研究方法，情绪感染主要采用大数据分析法、社会网络分析法与案例分析法三种研究方法。

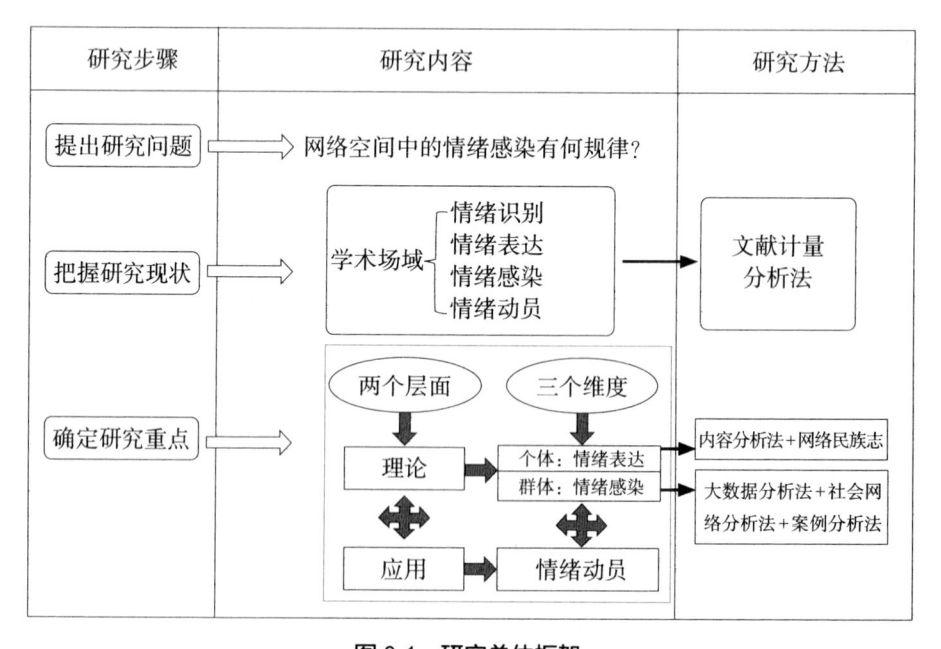

图 0-1　研究总体框架

五、研究意义

（一）理论意义

互联网技术的发展，尤其是社交媒体的兴盛为人们的情绪表达构建了一种"后真相"的传播样态，情绪已成为传播过程中一大不可忽视的因素[①]。早在2018年，开源学术期刊《媒介与传播》（*Media and communication*）曾发表了一期主题为"媒介研究的情感和情绪转向"（The turn to affect and emotion in media studies）研究专辑。2021年，中文核心期刊《新闻与写作》也组织了一期"社交媒体时代的情绪传播"专题策划。可见，情绪已成为新闻传播学研究的一大热点。但目前，在国内和中文传播研究中，对媒介情绪的研究才刚刚起步，并且缺乏学科之间的协作，研究视野相对较窄。

本书以网络空间中的用户情绪为主要研究对象，融合心理学、社会学、传播学等相关知识，采用大数据分析、机器学习、网络民族志、社会网络分析等方法，从网络情绪表达现象入手，进而基于大规模网络文本的自动化情绪识别，构建网络空间中情绪感染—演变的机制模型，深度挖掘情绪感染现象背后的动力因素，并分析其在网络情绪动员方面的策略及影响，能够补允和完善新闻传播学关于情绪感染现象的理论体系，为新闻传播学领域研究情绪要素提供新的视角和思考借鉴。

（二）实践意义

网络空间中的网民情绪通过热点舆情事件的点燃而被迅速引爆，极容易激发极端行为，甚至可能造成线下群体性事件等严重的次生社会问题，

[①] 魏然.新闻传播研究的情绪转向［J］.新闻与写作，2021（8）：1.

为网络舆情引导和网络社会治理带来很大挑战。而目前，无论是学界还是业界，对网络空间中情绪感染现象的研究和把握还很不足，一味地采取硬性治理策略很容易收到适得其反的效果。

《中华人民共和国国民经济和社会发展第十四个五年规划和2035年远景目标纲要》指出，在未来五年，政府要着力提高社会治理水平，增强突发公共事件应急能力。具体到舆情治理上，党的十九大报告曾指出，要"提高新闻舆论传播力、引导力、影响力、公信力"。十九届四中全会继续强调，要"健全重大舆情和突发事件舆论引导机制"。本书对网络空间中情绪感染的探究，有助于客观把握网络情绪感染的内在规律和作用机理，为政府等相关管理部门准确进行舆情研判、适时介入舆情管理、有效疏导网络情绪提供一定借鉴，从而减少社会风险治理成本，提升政府的社会治理成效。

第一章

情绪研究的学术场域

在过去的20年里，社会科学经历了关注情绪的转向（affective turn）[①]。情绪在网络空间中的感染问题是一个涉及多种学科的研究领域，比如心理学对情绪感染机制的探究、社会学对情绪动员的分析、计算机科学运用自然语言处理而开展的情感分析（sentiment analysis）等。本书认为，研究网络空间中的网民情绪的前提和基础是实现网络文本的情绪识别，在此基础上才可研究情绪表达和感染现象，最后实现社会层面的情绪动员。因此，本章将分别从情绪识别、情绪表达、情绪感染、情绪动员四个方面梳理国内外相关研究文献，在了解和把握情绪相关研究现状的基础上，明确本书的逻辑起点和理论基础，从而对未来的进一步研究提出方向。

---

① 魏然.新闻传播研究的情绪转向[J].新闻与写作，2021（8）：1.

第一节　情绪识别研究的学术场域*

互联网的快速发展及其应用的日益普及给舆情管理带来了诸多新的挑战。在网络空间中，舆情传播不仅包含着信息流，而且还伴随着情绪流。但目前学界对网络舆情中的情绪流研究较少，且缺乏学科间协作，研究视野相对较窄。而情绪识别不仅是网络舆情中情绪研究的基础和起点，而且也是众多交叉学科所关注的热点问题。

学术场域的出发点是布迪厄的基本场域理论，源自物理学概念。"布迪厄吸收并修正韦伯的宗教社会学，将社会看作一系列不同的、由其自身游戏规则支配的半自主场域（例如：政治、经济、宗教、文化生产的场域等），它们提供各自独特的交换与获得的机制。"[①]一个学术场域中可能存在不同的研究范式。"范式"一词是由美国著名的科学哲学家库恩在《科学革命的结构》一书中提出的，表示范例、模式、模型等，后又扩展到包括范例在内的重大科学成就，以及科学共同体成员共同持有的一整套规定等[②]。他认为，范式是使一门学科成为科学的成熟的标志。同时，库恩把科学的

---

* 本部分原载于《新闻大学》2017年第2期，原文题目为《情绪识别研究的学术场域：基于CiteSpace的科学知识图谱分析》。收入本书时做了数据更新。

① 本森.比较语境中的场域理论：媒介研究的新范式[J].韩纲，译.新闻与传播研究，2003(1)：2-23，93.

② 喻国明，宋美杰.中国传媒经济研究的"学术地图"：基于共引分析方法的研究探索[J].现代传播（中国传媒大学学报），2012，34(2)：30-38.

进步看作是稳定发展与范式变革之间的波浪式前进过程,由此提出了科学发展的动态模式。

本部分关注情绪识别这一学术场域,将目光拓展至计算机科学、心理学、神经科学等领域,采用CiteSpace引文可视化分析软件,对情绪识别相关文献进行计量分析,运用库恩的范式理论与科学发展的动态模式理论,分别从科学领域、研究热点、研究范式与研究方法的角度勾勒这一学术场域,以期为网络舆情中的情绪研究提供借鉴。

一、研究现状

(一)情绪的概念界定

19世纪以来,心理学家对情绪和情感进行了长期而深入的研究,对情绪的实质提出了不同的看法。但是,由于情绪和情感的极端复杂性,至今还没有得出一致的结论。根据普拉切克进行的一项统计,心理学界至少有90种不同的情绪定义[1]。中国科学院心理研究所傅小兰将情绪的不同定义总结为三种观点:身体知觉观、进化主义观和认知评价观[2]。身体知觉观认为,情绪来自对身体变化的知觉。早期美国科学心理学之父詹姆斯(James)和丹麦心理学家兰格(Lange)都认为情绪产生的顺序是情绪刺激引起身体的生理变化,从而进一步导致情绪体验的产生。进化主义观认为,情绪是由进化而来的,是对环境的适应,汤姆金斯(Tomkins)和伊扎德(Izard)是持此观点的代表人物。他们都强调情绪是生物体在对自然环境的适应过程中进化而

---

[1] PLUTCHIK R. The nature of emotions: human emotions have deep evolutionary roots, a fact that may explain their complexity and provide tools for clinical practice [J]. American scientist, 2001, 89(4): 344-350.

[2] 傅小兰.情绪心理学[M].上海:华东师范大学出版社,2016:2-5.

来的，是由基因编码的反应程序，能够被环境中的刺激事件或情境诱发。认知评价观认为，情绪反应产生的前提是对事件的评价。以阿诺德（Arnold）和拉扎勒斯（Lazarus）为代表的这一理论强调对外部环境影响的评价是情绪产生的直接原因。这一取向将认知评价作为情绪反应的核心，能更好地解释不同情绪之间的区别。当前学界比较认同的看法是，情绪是"人对客观事物的态度体验及相应的行为反应"[1]。这种看法说明，情绪是以个体的愿望和需要为中介的一种心理活动，是个体与环境间某种关系的维持或改变。

在日常生活中，情绪、情感、感情、感受等说法经常混用。在心理学界，研究者对情绪与情感的认识也不一致。"有的研究者将feeling译作情感，将affect译作感情，认为情感是情绪过程的主观体验，感情是情绪、情感等的统称。有的研究者在广泛意义上使用affect，认为情感更具有广泛意义，表示情绪、心境、偏好等各种不同的内心体验。"[2] 也有学者认为，情绪主要是感情过程，即个体需要与情境相互作用的过程，是脑的神经机制活动的过程，具有较大的情景性、激动性和暂时性。而情感经常用来描述那些具有稳定的、深刻的社会意义的感情，如对祖国的热爱、对敌人的憎恨、对美的欣赏等，具有较大的稳定性、深刻性和持久性。稳定的情感是在情绪的基础上形成的，又通过情绪来表达。情绪也离不开情感，情绪的变化反映情感的深度，在情绪中蕴藏着情感。情绪与情感相互依存、不可分离[3]。因此，本研究不具体区分两者的差别，统一采用心理学中常用的情绪一词的表述。

（二）情绪识别的研究综述

目前对情绪识别这一研究领域的文献十分丰富，不同学者从各个学科

---

[1] 彭聃龄.普通心理学：修订版［M］.3版.北京：北京师范大学出版社，2004：364.
[2] 傅小兰.情绪心理学［M］.上海：华东师范大学出版社，2016：6.
[3] 彭聃龄.普通心理学：修订版［M］.3版.北京：北京师范大学出版社，2004：365.

背景对情绪识别目前的研究现状进行了总结和述评。聂聃等对基于脑电的情绪识别进行了综述，从脑电获取及预处理、特征提取和特征选择、情绪模式的学习和分类、情绪相关脑区和频段几个方面介绍了基于脑电方法的情绪识别的研究进展、应用前景及目前存在的主要问题[1]。赵国朕等针对使用DEAP数据库进行情绪识别的16篇文章，从计算机科学的角度对基于生理信号的情绪识别研究进行了梳理，对特征提取、数据标准化、降维、情绪分类、交叉检验等方法做了详细的解释和比较，并分析了情绪识别在游戏开发、多媒体制作、交互体验、社交网络中的应用[2]。刘伟将情感计算作为认知心理学与人工智能的交叉，对近年来的国内外研究进行了述评，认为随着关于情绪方面的研究越来越深入，多模型认知和生理指标相结合、动态完备数据库的建立以及高科技智能产品的加入将成为情感计算相关研究的一个趋势[3]。也有研究者分析了国外2000—2015年意见挖掘与情感分析方面的研究，从研究时间、地理分布、机构与作者之间的合作网络、研究方法等方面进行了总结和分析[4]。

整体来看，目前关于情绪识别的研究综述类文献多是从心理学、计算机科学的单一学科背景出发，就某一具体问题或方法进行总结和梳理，研究视野相对较窄，缺乏多学科、跨领域的交叉与综合分析。本研究将以情绪识别相关研究文献为对象，通过科学领域、研究热点、研究范式与研究方法对这一学术场域进行分析，探索传播学引入情绪因素的可能性，为网

---

[1] 聂聃，王晓韡，段若男，等.基于脑电的情绪识别研究综述[J].中国生物医学工程学报，2012，31(4)：595-606.

[2] 赵国朕，宋金晶，葛燕，等.基于生理大数据的情绪识别研究进展[J].计算机研究与发展，2016，53(1)：80-92.

[3] 刘伟.认知心理学与人工智能的交叉：情感计算综述[EB/OL].(2016-06-16)[2016-11-14]. http://mt.sohu.com/20160616/n454845842.shtml.

[4] PIRYANI R, MADHAVI D, SINGH V K. Analytical mapping of opinion mining and sentiment analysis research during 2000—2015[J]. Information processing & management, 2017, 53(1): 122-150.

络舆情的跨学科研究提供一定的借鉴。

二、研究方法

（一）研究工具

本研究采用美国德雷赛尔大学计算机与情报学教授、大连理工大学长江学者讲座教授使用Java语言开发的CiteSpace V软件对文献进行可视化分析。该软件主要是基于共引分析理论和寻径网络算法等，对特定领域文献（集合）进行计量，以探寻出学科领域演化的关键路径及知识转折点，并通过一系列可视化图谱的绘制来形成对学科领域演化潜在动力机制的分析和学科发展前沿的探测[1]。目前国内使用CiteSpace软件的论文主要集中在管理学、情报学、图书馆学、专利技术方面，且主要是针对某一具体学科进行学科领域和知识图谱的分析，跨学科研究领域的分析相对较少。本研究采用CiteSpace V软件对情绪识别这一跨学科交叉领域进行发展描述和图谱绘制，能够帮助研究者对这一领域进行更加全面准确的理解和把握。

（二）数据来源

当前数据的采集主要是借助科技文献数据库，并采用成熟的文献检索策略进行。"数据分析与数据结构和数据组成密切联系。对于文本数据而言，索引型数据库通常收录了除正文以外的所有文献信息，且增加了数据库本身对论文的分类标引。"[2]相比而言，美国科学情报研究所

---

[1] 陈悦，陈超美，胡志刚，等.引文空间分析原理与应用：CiteSpace实用指南[M].北京：科学出版社，2014：12.

[2] 李杰，陈超美.CiteSpace：科技文本挖掘及可视化[M].北京：首都经济贸易大学出版社，2016：34.

（Institute for Scientific Information，简称 ISI）编制的 Web of Science（简称 WoS）引文数据库是目前收录信息比较全面和认可度较高的数据库。在 WoS 核心合集数据库[①]中，本研究以"emotion recognition""sentiment recognition""emotion analysis""sentiment analysis"为关键词进行主题检索，各关键词之间用"or"连接，设置文献类型为 article，语种为英语，时间跨度为所有年份，共检索出文献 9476 篇。数据的最后更新时间为 2021 年 6 月 1 日。

三、情绪识别研究学术图谱分析

本研究首先对 WoS 数据库中的情绪识别相关研究文献进行描述性分析，分别从纵向时间分布与横向地理分布进行统计分析，从而为进一步的研究提供直观基础。接下来，本研究从科学领域、研究热点、研究范式与研究方法四个方面对情绪识别这一学术场域进行共现分析。科学论文中的共现是指相同或不同类型的特征项共同出现的现象。共现分析是将各种信息载体中的共现信息定量化的分析方法，以揭示信息的内容关联和特征项所隐含的寓意。

具体来讲，对科学领域与研究热点的分析思路基本一致，均采用共词分析法。"共词分析的基本原理是对一组词两两统计他们在同一组文献中出现过的次数，通过这种共现次数来测度他们之间的亲疏关系。"[②]在情报

[①] Web of Science 核心合集包含的数据库有：Science Citation Index Expanded (SCI-EXPANDED), Social Sciences Citation Index (SSCI), Arts & Humanities Citation Index (A&HCI), Conference Proceedings Citation Index-Science (CPCI-S), Conference Proceedings Citation Index-Social Science & Humanities (CPCI-SSH), Emerging Sources Citation Index (ESCI)。

[②] 李杰，陈超美. CiteSpace：科技文本挖掘及可视化［M］. 北京：首都经济贸易大学出版社，2016：194-195.

学中，通常采用共词分析法分析学科的热点内容、主题分布等。不同的是，科学领域分析抽取的字段是WoS文本集中的SC字段，该字段是每个被WoS收录的期刊文献在被引收录时，WoS根据其涉及的内容来标引的科学领域名称；研究热点的分析提取的是关键词字段，也就是对WoS数据中的DE字段进行分析。

研究范式与研究方法的分析需要对整个情绪识别研究领域进行梳理和分析，在CiteSpace中，对研究领域整体发展脉络的梳理主要通过文献共被引分析（Co-citation analysis）来体现。文献共被引分析是针对被引文献（cited reference）的分析。1973年美国情报学家亨利·斯莫尔（Henry Small）发表了《科学文献中的共被引：出版物之间关系的新度量》（Co-citation in the scientific literature: a new measure of the relationship between publications）一文，首先提出了共被引分析的概念[①]。共被引分析是指"两篇文献共同出现在了第三篇施引文献的参考目录中，则这两篇文献形成共被引关系。通过对一个文献空间数据集合进行文献共被引关系的挖掘的过程就可以认为是文献的共被引分析"[②]。本研究通过文献共被引分析，来梳理情绪识别研究领域内的主要研究范式与研究方法。

（一）描述性统计分析

1.纵向时间分布

如图1-1所示，目前国际上相关研究文献较早开始于1994年，但相关研究的数量一直很少。直至2004年，关于情绪识别的研究开始逐年大幅度增加，尤其是2017年以后，关于情绪识别的研究呈现高速发展的态势，并

[①] 李杰，陈超美. CiteSpace：科技文本挖掘及可视化 [M]. 北京：首都经济贸易大学出版社，2016：143.

[②] 李杰，陈超美. CiteSpace：科技文本挖掘及可视化 [M]. 北京：首都经济贸易大学出版社，2016：143.

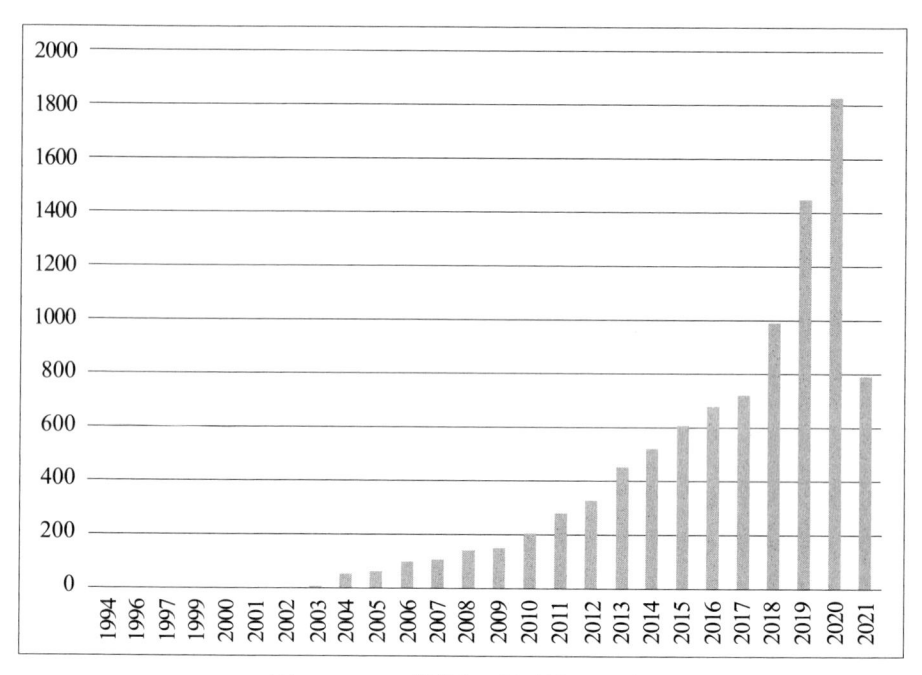

图 1-1　WoS 情绪识别文献年份分布

在2020年达到顶峰（由于此次研究数据收集时间为2021年6月1日，因此，关于2021年的数据截止到6月1日）。

2. 横向地理分布

如图1-2所示，在WoS数据库中，关于情绪识别研究文献数量排名前十位的国家分别是美国、中国、英国、德国、澳大利亚、加拿大、意大利、印度、西班牙、荷兰。从数据上看，中国在情绪识别方面的研究数量居于世界前列，说明我国在情绪识别方面紧跟国际发展前沿，具有一定的研究基础和优势。

（二）情绪识别的科学领域

在CiteSpace中，通过对WoS数据中SC字段的分析可以得出科学领域的分布情况。在参数设置上，本研究将时间跨度选为1994年1月—2021年6月，time slice设置为每1年一个时间分区，分析对象选择category，分

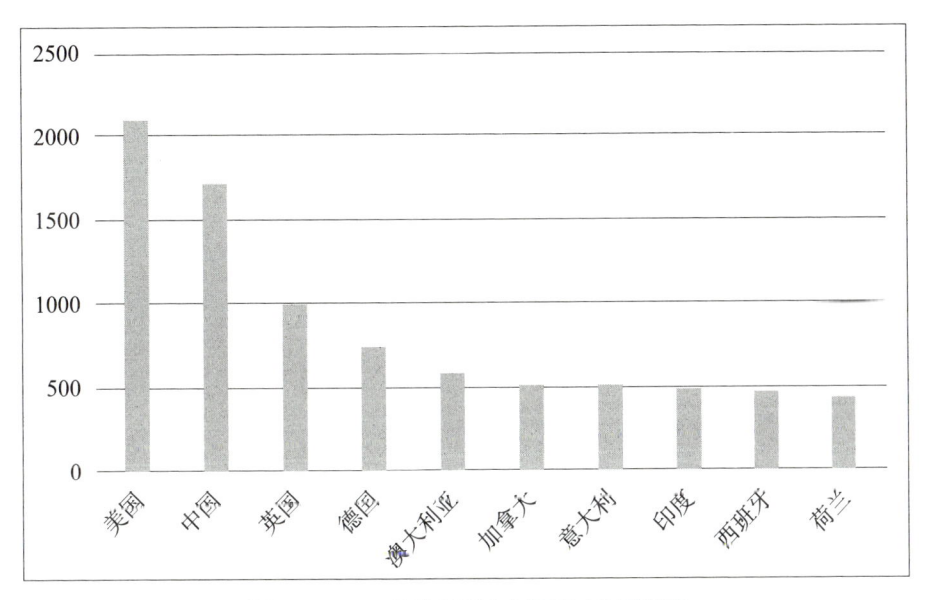

图1-2　WoS情绪识别文献国家/地区分布

析对象数据之间的连接强度选择默认的夹角余弦距离，分析对象筛选标准为Top100，即选择每一时间片段中被引频次或出现频次最高的100个数据，运行CiteSpace V软件后得到情绪识别包含的科学领域共现图谱（见图1-3）。

CiteSpace V软件运行结果中，各节点用引文年轮表示，年轮的大小表示该节点被引频次的高低，一个年轮的厚度和相应时间分区内引文数量成正比[1]。从图1-3中可以看出，目前全球对情绪识别研究最多的科学领域分别为计算机科学、心理学、工程学、人工智能、计算机信息系统、神经科学、电气电子工程学、精神病学、神经科学等。由此可见，情绪识别作为一个跨学科综合研究领域，主要涉及的学科是计算机科学与心理学两大领域，以计算机科学的相关研究为主。

---

[1] 李杰，陈超美. CiteSpace：科技文本挖掘及可视化[M]. 北京：首都经济贸易大学出版社，2016：90.

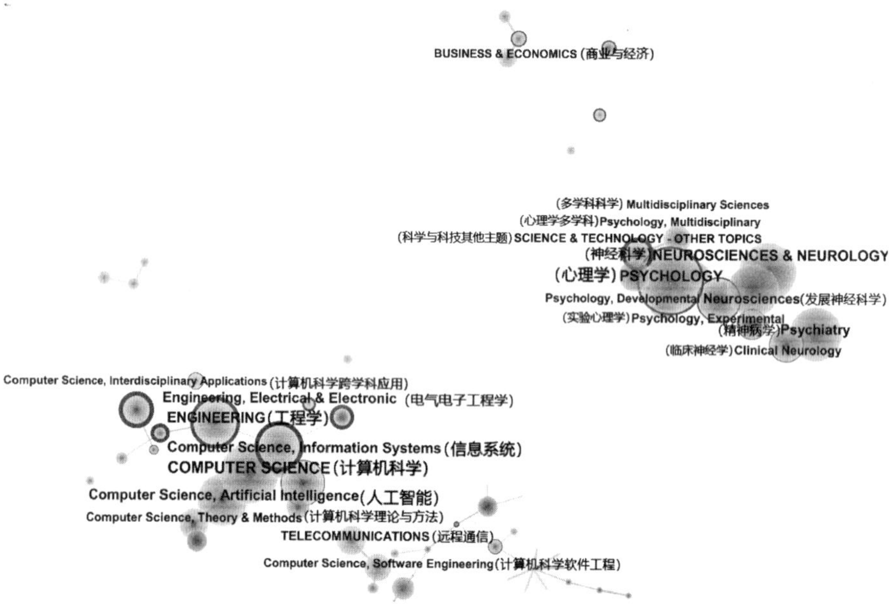

图 1-3　情绪识别研究的科学领域共现图谱

（三）情绪识别的研究热点

论文的关键词是对论文研究内容的高度凝练，因此，本研究使用关键词共词分析法来分析学科的研究热点内容和主题分布（见图1-4）。通过对关键词共词分析，并在此基础上对关键词进行聚类分析，得到了目前情绪识别研究领域中的热点内容分布。

图1-4显示了情绪识别领域研究的关键词聚类图谱，它代表了情绪识别领域的研究热点。聚类分析后的modularity是网络模块化的评价指标，一个网络的modularity值（Q值）越大，则表示网络聚类效果越好。Q的取值区间为［0，1］，Q＞0.3时就意味着得到的网络社团结构是显著的。Silhouette值用来衡量网络同质性，越接近1，反映网络的同质性越高，一般认为在0.5以上表示聚类结果是合理的。本研究得到聚类后的Q值为0.73，加权平均silhouette值为0.9，说明聚类效果较好，主要的聚类类别信息如表1-1所示。

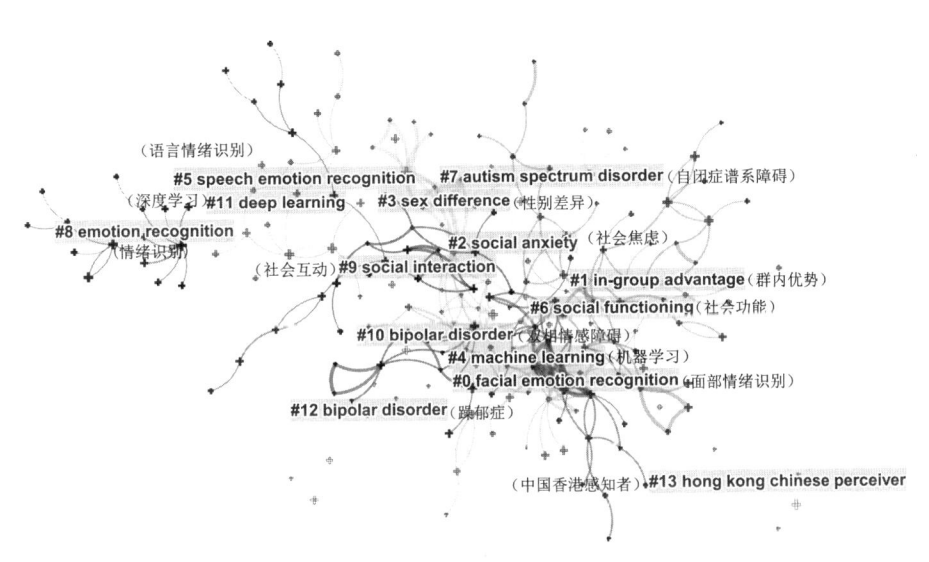

图 1-4 情绪识别的关键词聚类图谱

表 1-1 情绪识别关键词聚类

聚类编号	大小	主题词	Silhouette值	平均年份
0	22	面部情绪识别 (facial emotion recognition)	0.983	2005
1	22	群内优势 (in-group advantage)	0.885	2005
2	21	社会焦虑 (social anxiety)	0.888	2005
3	18	性别差异 (sex difference)	0.883	2003
4	18	机器学习 (machine learning)	0.868	2004
5	16	语言情绪识别 (speech emotion recognition)	0.806	2016
6	16	社会功能 (social functioning)	0.803	2005
7	15	自闭症谱系障碍 (autism spectrum disorder)	0.919	2005
8	15	情绪识别 (emotion recognition)	1.000	2017

续表

聚类编号	大小	主题词	Silhouette值	平均年份
9	14	社会互动（social interaction）	0.934	2006
10	12	双相情感障碍（bipolar disorder）	0.941	2006

在关键词聚类中，研究者关注的最大热点是面部情绪识别[1][2]。例如，拉尼（Rani）和穆尼斯瓦兰（Muneeswaran）运用强化局部二进模式（Local Binary Patterns，简称LBP），以面部眼睛和嘴巴区域的综合线索为主要元素，对机器分析面部情绪进行了方法上的改进[3]。金姆（Kim）等运用多样化深层脑回神经网络，通过改变网络架构、标准化输入和随机重量初始值来训练深度模型，通过加权指数决策融合来构建层次化架构，提出了机器人面部情绪识别的优化方法[4]。除此之外，心理学领域较为关注的情绪识别方面的性别差异、自闭症谱系障碍等，以及社会学领域较为关注的社会功能、社会焦虑、社会互动等都是这一领域中的热点话题。

在情绪识别研究中，中心性最高的关键词表示它们是情绪识别研究中

---

[1] SFÄRLEA A, GREIMEL E, PLATT B, et al. Alterations in neural processing of emotional faces in adolescent anorexia nervosa patients: an event-related potential study[J]. Biological psychology, 2016, 119: 141-155.

[2] LEWINSKI P, TRZASKOWSKI J, LUZAK J. Face and emotion recognition on commercial property under EU data protection law[J]. Psychology & marketing, 2016, 33(9): 729-746.

[3] RANI P I, MUNEESWARAN K. Facial emotion recognition based on eye and mouth regions[J/OL]. International journal of pattern recognition and artificial intelligence, 2016, 30(7)[2022-07-19]. https://www.worldscientific.com/doi/abs/10.1142/S021800141655020X.DOI:10.1142/S021800141655020X.

[4] KIM B K, ROH J, DONG S Y, et al. Hierarchical committee of deep convolutional neural networks for robust facial expression recognition[J]. Journal on multimodal user interfaces, 2016, 10(2): 173-189.

的关键节点，对情绪识别研究的发展起着桥梁作用，其按照中心性排名如表1-2所示。其中，分类（classification）是中心性最高的关键词。情绪分类是计算机科学中采用机器学习进行情感分析的关键。除此之外，计算机进行情绪识别相关的情感分析（sentiment analysis）、情绪识别（emotion recognition）等关键词在词频和中心性上排名均较高。这说明这类研究不仅数量较多，而且在整体研究领域中发挥着连接各领域的桥梁作用。另外，与心理学领域相关的识别受损（impaired recognition）、面部表情（facial affect）等关键词也居于高中心性位置。值得关注的是，传播（communication）一词的中心性也在前10位。由此可见，情绪识别已由计算机领域、心理学领域逐渐渗透发展至传播学领域，成为多个学科关注的综合热点。

表1-2 情绪识别关键词中心性排名

排名	关键词	中心性	频次
1	分类（classification）	0.34	636
2	语言（language）	0.28	46
2	厌恶（disgust）	0.28	42
3	损伤（damage）	0.27	21
4	性别差异（sex difference）	0.23	83
5	情感分析（sentiment analysis）	0.22	2012
6	识别受损（impaired recognition）	0.21	78
6	面部表情（facial affect）	0.21	3
7	情绪识别（emotion recognition）	0.20	2759
8	表现（performance）	0.19	284
8	传播（communication）	0.19	96

（四）情绪识别的研究范式

为梳理情绪识别研究领域的整体脉络，本研究对1994—2021年的情绪识别相关研究文献进行了共被引分析，得到情绪识别研究文献共被引知识图谱（见图1-5）。图中每个节点代表所分析的文献，标签为节点所在类别的聚类名称。

图 1-5 情绪识别研究的文献共被引网络知识图谱

按照库恩对科学发展动态模式的解读，科学发展的几个阶段包括前科学阶段、常规科学阶段、反常与范式危机、科学革命、新常规科学阶段，如此波浪式前进发展。前科学阶段是指科学共同体还没有形成共同使用的范式，其标志之一是讨论原理和争论是否可以形成科学。通过讨论很快就分成不同学派，但却不能解决问题。而常规科学阶段是指根据范式进行研究，深入分析范式已经提供的现象和理论，追求科学知识稳步的扩大化和精确化[1]。随着科学发展不断揭示出新的现象，已有的范式难以进行解释和分析，于是出现了反常与范式危机。由此产生了科学革命，科学家通过理论竞争不断建立新范式，替代旧范式，使科学研究重新进入新的常规科学阶段。人类科学发展也正是在这种新范式不断战胜旧范式的科学革命中前进和发展的。

---

[1] 陈耀盛.论图书馆学的常规科学与前科学阶段：二评"图书馆学是前科学"[J].图书情报工作，2001（2）：87-89.

通过对以上文献共被引知识图谱的分析与节点的详细信息，结合其中重要文献的主题和内容，本研究发现，在情绪识别研究领域中，主要存在三种主流的研究范式：认知神经科学研究范式、意见挖掘与情感分析研究范式和人工智能研究范式。认知神经科学对情绪识别的神经系统研究为情绪识别的其他研究提供了坚实的理论基础；计算机意见挖掘与情感分析以及计算机科学与人工智能的发展主要是应用层面的研究取向。这三种研究范式分别从认知神经科学与计算机科学的角度形成了自己较为成熟和公认的概念与方法，对研究对象、研究路径、基本理论形成了一定的共识，对情绪识别的基础理论与应用实践进行了深入研究，目前应属于常规科学阶段。认知神经科学研究范式主要采用功能性磁共振成像（Functional Magnetic Resonance Imaging，简称fMRI）、事件相关电位（event-related potential，简称ERP）等方法，关注个人进行情绪识别与加工的神经系统机制；意见挖掘与情感分析研究范式主要采用机器学习等方法对文本中包含的情绪态度进行解读和分析；人工智能研究范式主要采用机器学习、人工神经网络的深度学习等技术方法研究如何使机器能够识别人的情绪，从而与人进行沟通和交流。三种研究范式均有各自较为成熟的理论和方法，通过纵深挖掘，正在不断完善情绪识别的理论基础，提升情绪识别的应用效果。

1. 认知神经科学研究范式

在情绪识别的文献共被引知识图谱中，较有代表性的是《情绪识别与老化元分析：老化的神经心理学模型的应用》（A meta-analytic review of emotion recognition and aging: implications for neuropsychological models of aging）一文[1]。该文章采用元分析的研究方法，从面部、声音、身体与环境、面部与声音的匹配四个方面的知觉形式，研究了705位老年人和962位年轻人在情绪识别上的差异。研究发现，随着年龄的增加，老年人在每种

---

[1] RUFFMAN T, HENRY J D, LIVINGSTONE V, et al. A meta-analytic review of emotion recognition and aging: implications for neuropsychological models of aging [J]. Neuroscience & biobehavioral reviews, 2008, 32(4): 863-881.

知觉形式下识别基本情绪（愤怒、哀伤、恐惧、厌恶、惊讶、高兴）时都会更加困难。进一步来看，该文章从积极效果、一般性认知下降、社会性大脑的神经心理学变化三种理论视角分析这一变化趋势，认为这一变化模型与神经心理学中的老化模型是一致的，即额叶和颞叶的体积以及神经递质都会随着年龄的增加而发生变化。

除此之外，认知神经科学领域对情绪识别的研究还有很多[1][2][3]。在情绪加工过程中，杏仁核被研究者认为是大脑情绪加工的重点。研究表明，杏仁核是情绪学习内隐表达的必要条件，并且在处理外显情绪学习和记忆时，杏仁核会与其他记忆系统相互作用，尤其是海马记忆系统[4]。不仅如此，杏仁核在对面部表情的反应中也发挥着重要作用。认知神经科学研究表明，大脑中存在一个在遇到任何表情时都会自动指引视觉注意到眼部的系统，而杏仁核似乎是这个系统中不可或缺的一部分[5]。这也印证了前文对情绪识别研究热点中杏仁核研究的分析结论。

由于情绪反应并不是仅由某个单独的脑区作用而引起的，目前心理学及神经科学研究者面临的挑战已经从确定特定情绪对应的特定脑区变成确定这些区域如何相互作用及确定是否有一些相互作用对不同情绪体验是共同的。这些研究为此后快速发展的计算机人机交互、人工智能、计算机情

---

[1] UNGER A, ALM K H, COLLINS J A, et al. Variation in white matter connectivity predicts the ability to remember faces and discriminate their emotions[J]. Journal of the international neuropsychological society, 2016, 22(2): 180-190.

[2] NOOK E C, LINDQUIST K A, ZAKI J. A new look at emotion perception: concepts speed and shape facial emotion recognition[J]. Emotion, 2015, 15(5): 569-578.

[3] LACROIX A, GUIDETTIB M, ROGÉ B. Facial emotion recognition in 4-to 8-year-olds with autism spectrum disorder: a developmental trajectory approach[J]. Research in autism spectrum disorders, 2014, 8(9): 1146-1154.

[4] GAZZANIGA M, IVRY R B, MANGUN G R. 认知神经科学：关于心智的生物学[M]. 周晓琳，高定国，等译. 北京：中国轻工业出版社，2015：323-328.

[5] GAZZANIGA M, IVRY R B, MANGUN G R. 认知神经科学：关于心智的生物学[M]. 周晓琳，高定国，等译. 北京：中国轻工业出版社，2015：323-328.

感分析等领域的研究提供了基石。

2. 意见挖掘与情感分析研究范式

计算机情感分析方面较有基础性的是《意见挖掘与情感分析》（Opinion mining and sentiment analysis）一文[1]。相比于较为传统的事实分析来说，这篇文章关注的是情感意识应用的兴起所带来的新挑战。为应对这一新挑战，该文章介绍了建构意见导向的信息查找系统的技术和方法，总结了评价文本和意见导向的信息获得服务所带来的隐私问题、操作问题和经济影响等问题，并且讨论了未来可利用的资源、基准数据集和评价活动。

随着互联网的迅猛发展，网络上的用户生产内容（User Generated Content，简称UGC）的数量也出现激增，其中大部分是以网络用户评论和博客为主的非结构化文本数据。而意见挖掘和情感分析技术（Opinion Mining and Sentiment Analysis，简称OMSA）为从这些非结构化数据中提取观点和识别情感提供了处理与计算的方法。以《意见挖掘与情感分析》一文为代表，计算机科学领域的OMSA方面的研究也越来越多。据相关学者统计[2]，2000—2015年，WoS数据库中，与OMSA主题相关的文献有697篇，中国和美国的相关研究最多，分别占比20.8%和15.6%。研究涉及的学科领域主要有计算机科学、工程学、运筹学与管理科学、信息科学与图书馆学、电信学、商学等。研究的热点主题词包含社会化媒体、新浪微博（简称微博）、情绪、话题模型、机器学习等。研究对象主要是用户评论（review）、推特（Twitter）和新闻类文章。

3. 人工智能研究范式

在人工智能方面（Artificial Intelligence，简称AI），《情感识别方法的

---

[1] PANG B, LEE L. Opinion mining and sentiment analysis[J]. Foundations and trends in information retrieval, 2008, 2(1-2): 1-135.

[2] PIRYANI R, MADHAVI D, SINGH V K.Analytical mapping of opinion mining and sentiment analysis research during 2000—2015[J]. Information processing & management, 2017, 53(1): 122-150.

审视：声音、视觉和自发的表情》（A survey of affect recognition methods: audio, visual, and spontaneous expressions）[1]一文采用综述的方法对机器自动识别情绪的方法进行了总结和述评，并提出这一领域未来的研究方向和难点。该文章研究发现，现有的自动分析人类情绪的方法多是分析蓄意表现并经过夸张后的基本情绪类型的表情，但蓄意行为在视觉外观、听觉呈现和时机上都与自发的行为有所不同。为解决这一问题，研究者开始发展能够处理自然发生的人类情绪的算法。并且，越来越多的研究正朝着多模式融合的方向发展来分析人类的情绪行为，比如听觉与视觉融合、语言与副语言融合、以面部表情为基础的多线索视觉融合、头部运动、身体姿态。

与这一研究范式相关的还有研究者李（Lee）和纳拉亚南（Narayanan）所写的《探测对话文本中的情绪》（Toward detecting emotions in spoken dialogs）一文[2]以及考伊（Cowie）等人所写的《人机互动中的情绪识别》（Emotion recognition in human-computer interaction）一文[3]。《探测对话文本中的情绪》关注的是人机互动中人类的话语情绪识别，探索了运用语言和所披露信息，结合话语中的声音情绪关联来判断特定领域中的情绪。研究发现，结合所有信息的整合模式比只运用声音信息在情绪分类上表现更佳。《人机互动中的情绪识别》一文认为，人机互动中有两个不同的通道，一个传输的是明确信息，另一个传输的是暗示性信息。作者致力于运用面部和声音信息来识别人类情绪的混合系统，发展对第二通道的信息处理和分析技术。

总的来看，计算机识别用户情绪的方法十分多样，主要有"面部表情

---

[1] ZENG Z, PANTIC M, ROISMAN G, et al.A survey of affect recognition methods: audio, visual, and spontaneous expressions[J]. IEEE transactions on pattern analysis and machine intelligence, 2009, 31(1): 39-58.

[2] LEE C M, NARAYANAN S S.Toward detecting emotions in spoken dialogs[J]. IEEE transactions on speech and audio processing, 2005, 13(2): 293-303.

[3] COWIE R, DOUGLAS-COWIE E, TSAPATSOULIS N, et al. Emotion recognition in human-computer interaction[J]. IEEE signal processing magazine, 2001, 18(1): 32-80.

识别、姿态识别、自然语言处理、人体生理信号识别、多模情感识别、语音识别。人机情感交互则包括人脸表情交互、语音情感交互、肢体行为情感交互、文本信息情感交互、情感仿生代理、多模情感交互"①。

（五）情绪识别的研究方法

在以上三种情绪识别研究范式的基础上，每一种研究范式都有一定的实现方法。这些研究方法虽来自不同学科，但都被用于情绪识别这一研究领域中来实现不同的研究目的。

1.认知神经科学的研究方法

脑电图（electroencephalography，简称EEG）能够记录大脑神经元活动时的电信号，从而提供全脑活动的连续性记录。但由于EEG反映的是大脑的总体电活动，因此对于探讨认知过程存在一定的局限性。许多认知神经科学家采用一种更强大的方法，从全体EEG信号中提取诱发的反应，来关注特定任务反应中大脑活动是如何改变的。这一诱发反应，就是埋嵌在EEG中的细微信号，被称为事件相关电位。这种方法根据外部事件，比如刺激的呈现或反应，将一系列试验中所得到的EEG对齐，进行叠加平均，去除了与目标事件无关的大脑电活动的变异。刘（Liu）等人运用ERP探索了精神分裂症患者的面部及非语义声音的多感官信息整合。研究发现精神分裂症患者在面部信息编码上的缺陷可以扩至多种模式，并且他们在多模式的面部—声音刺激的特征提取上也存在滞后。而同时呈现面部—声音信息则有助于其信息分类过程②。

与EEG测量神经元活动的电信号不同的是，功能性磁共振成像测量

---

① 刘伟.认知心理学与人工智能的交叉：情感计算综述［EB/OL］.（2016-06-16）［2016-11-14］. http://mt.sohu.com/20160616/n454845842.shtml.

② LIU T S, PINHEIRO A P, ZHAO Z X, et al. Simultaneous face and voice processing in schizophrenia［J］. Behavioral brain research, 2016, 305: 76-86.

的是与神经元活动相关的新陈代谢变化。fMRI利用大脑活动区域的局部血流量增加这一原理，使研究者能够确定被试在进行认知任务时激活的脑区，并且是检验功能解剖学假设的一种方法，它引领了神经科学革命性的改变[1]。詹金斯（Jenkins）等人[2]研究了年轻的重度抑郁症患者对面部表情情绪的背内侧过度活跃（dorsomedial hyperactivity）与杏仁核结构，并采用fMRI方法展示了重度抑郁症患者病情减轻状况的神经影像学标记。

磁共振成像（MRI）也是目前将大脑结构可视化的重要手段，并且被用于情绪识别的研究。MRI扫描仪通过产生一个以特斯拉为单位的强大磁场，系统地测量整个头部的三维信号，建构反应组织中质子和其他磁性物质的分布图像。有研究者通过分析19位行为变异额颞叶痴呆患者的MRI来研究情绪在面部—反应皮质层的神经效果以及它与杏仁核灰质量的关系。研究发现，行为变异额颞叶痴呆患者前中颞区，包括杏仁核的灰质量会减少，并且患者的左侧杏仁核灰质的数量与左侧梭状回面部区（Fusiform Face Area，简称FFA）的情绪活动呈正相关关系[3]。

除此以外，计算机断层扫描（CT）、弥散张量成像（DTI）、经颅磁刺激（TMS）、脑磁图（MEG）、正电子发射断层扫描（PET）等其他多种技术，都是认知神经科学探索大脑结构与功能的常用方法。这些方法为研究大脑中情绪识别活动的神经机制提供了工具库和可能的实现路径。

2. 意见挖掘与情感分析的研究方法

目前对文本内容进行情绪分析的方法主要有以下三种：机器学习的方

---

[1] GAZZANIGA M, IVRY R B, MANGUN G R. 认知神经科学：关于心智的生物学[M]. 周晓琳，高定国，等译. 北京：中国轻工业出版社，2015：323-328.

[2] JENKINS L M, KASSEL M T, GABRIEL L B, et al. Amygdala and dorsomedial hyperactivity to emotional faces in youth with remitted major depression[J]. Social cognitive and affective neuroscience, 2016, 11(5): 736-745.

[3] DE WINTER F L, VAN DEN STOCK J, DE GELDER B, et al. Amygdala atrophy affects emotion-related activity in face-responsive regions in frontotemporal degeneration[J]. Cortex, 2016, 82: 179-191.

法、基于词典的方法（lexicon-based）、机器学习与基于词典两种方法的结合（hybrid）。

（1）机器学习的方法

机器学习的方法步骤大致如下：第一，从网络上采集所研究的数据样本，并对它们所含有的情绪进行准确标注，作为训练数据；第二，抽取一些特征来训练分类器，这些特征会对分类器的效果产生影响，训练数据和抽取的特征作为机器学习算法的训练材料，被用来建立分类器模型；最后，用建好的分类器对未标注的文本内容进行情绪标注，研究者对其准确性进行评估和判断。

在这一过程中，分类器的训练是至关重要的，通常是从文本的众多特征的提取中训练完成。常见的分类器有朴素贝叶斯（naive bayes）、最大熵（maximum entropy）、支持向量机（support vector machines）、多项式朴素贝叶斯（multinomial naive bayes）、逻辑（Logistic）回归、随机森林（random forest）、条件随机场（conditional random field）等[1][2][3][4]。

---

[1] JIANG L, YU M, ZHOU M, et al.Target-dependent Twitter sentiment classification［C/OL］//Proceedings of the 49th Annual Meeting of the Association for Computational Linguistics, June 19-24, 2011, Oregon, Portland. Association for Computational Linguistics, 2011: 151-160［2021-07-03］. https://aclanthology.org/P11-1016.pdf.

[2] ASIAEE T A, TEPPER M, BANERJEE A, et al.If you are happy and you know it...tweet［C/OL］//CIKM'12: Proceedings of the 21st ACM international conference on Information and knowledge management, October 29-November 2, 2012, Maui, Hawaii. New York: Association for Computing Machinery, 2012: 1602-1606［2021-07-03］. https://dl.acm.org/doi/abs/10.1145/2396761.2398481. DOI:10.1145/2396761.2398481.

[3] HAMDAN H, BÉCHET F, BELLOT P. Experiments with Dbpedia, WordNet and SentiWordNet as resources for sentiment analysis in Micro-blogging［C/OL］//Second Joint Conference on Lexical and Computational Semantics-Proceedings of the Seventh International Workshop on Semantic Evaluation, June 14-15, 2013, Atlanta, Georgia. Association for Computational Linguistics, 2013: 455-459［2021-07-03］. https://aclanthology.org/S13-2075.pdf.

[4] ASTON N, LIDDLE J, HU W. Twitter sentiment in data streams with perceptron［J］. Journal of computer and communications, 2014, 2(3): 11-16.

近年来，多种分类器的结合使用被认为是提高单个分类器效果的新的发展方向，集成分类器（ensembles classifiers）的使用在多位学者的研究中得到了验证[1][2][3]。另外，深度学习（deep learning）的方法也被应用至认知问题的解决，比如计算机图像识别以及自然语言理解。深度学习的方法就是运用人工神经网络来使计算机学习多水平下的抽象概念[4][5][6]。

---

[1] LIN J, KOLCZ A. Large-scale machine learning at Twitter[C/OL]//SIGMOD'12: Proceedings of the 2012 ACM SIGMOD International Conference on Management of Data, May 20-24, 2012, Scottsdale, Arizona. New York: Association for Computing Machinery, 2012: 793-804[2021-07-03]. https://doi.org/10.1145/2213836.2213958. DOI:10.1145/2213836.2213958.

[2] HASSAN A, ABBASI A, ZENG D, et al.Twitter sentiment analysis: a bootstrap ensemble framework[C/OL]//2013 International Conference on Social Computing, September 8-14, 2013, Alexandria, VA. Washington D.C.: IEEE, 2013: 357-364[2021-07-03]. https://ieeexplore.ieee.org/abstract/document/6693353.DOI:10.1109/SocialCom.2013.56.

[3] SINTSOVA V, MUSAT C, PU P, et al. Semi-supervised method for multi-category emotion recognition in Tweets[C/OL]//2014 IEEE International Conference on Data Mining Workshop, December 14, 2014, Shenzhen. IEEE, 2014: 393-402[2021-06-28]. https://ieeexplore.ieee.org/abstract/document/7022623.DOI:10.1109/ICDMW.2014.146.

[4] TANG D, WEI F, QIN B, et al. Coooolll: a deep learning system for Twitter sentiment classification[C/OL]//Proceedings of the 8th International Workshop on Semantic Evaluation, August 23-24, 2014, Dublin, Ireland. Association for Computational Linguistics, 2014: 208-212[2021-06-28]. https://aclanthology.org/S14-2033.pdf. DOI:10.3115/v1/S14-2033.

[5] TANG D, QIN B, LIU T. Learning semantic representations of users and products for document level sentiment classification[C/OL]//Proceedings of the 53rd Annual Meeting of the Association for Computational Linguistics and the 7th International Joint Conference on Natural Language Processing, July 26-31, 2015, Beijing. Association for Computational Linguistics, 2015: 1014-1023[2021-06-25]. https://aclanthology.org/P15-1098.pdf. DOI:10.3115/v1/P15-1098.

[6] TANG D, QIN B, LIU T, et al. User modeling with neural network for review rating prediction[C/OL]//Proceedings of the Twenty-Fourth International Joint Conference on Artificial Intelligence, July 25-31, 2015, Buenos Aires. AAAI Press, 2015: 1340-1346[2021-06-25]. https://www.aaai.org/ocs/index.php/IJCAI/IJCAI15/paper/view/11051/10849.

（2）基于词典的方法

基于词典的方法是利用已被标注情绪倾向或情绪倾向分值的词汇列表来判断、给定文本的观点得分，这种方法被广泛应用至博客、论坛和商品评论，其最大的优势在于不需要训练数据，可直接对给定文本进行分析[1][2][3]。在中文文本的情绪分析中，台湾科技大学人文社会学科研究人员根据LIWC词典、结合中文特性翻译改编的C-LIWC词典、中科院计算机语言信息中心创建的HowNet词典、大连理工大学编制的DUTIR情感本体库较为常用。但是，由于微博语言表达中口语化特征比较明显，并且网络用语更新快速，这种方法在对微博的情感分析中运用得较少。

（3）机器学习与基于词典两种方法的结合

除了单独使用机器学习或基于词典的方法以外，也有不少学者采用了两种方法结合的方式对微博文本进行情绪分析。卡恩（Khan）等人综合使用了两种方法进行了微博情绪分析，首先采用情绪词典对不同的主题进行情感得分的计算，然后采用基于规则的算法来对文本进行情绪分析。通过卡方值识别出其他的主观词汇，然后运用支持向量机分类器探测文本的情

---

[1] TURNEY P D. Thumbs up or thumbs down? Semantic orientation applied to unsupervised classification of reviews[C/OL]//Proceedings of the 40th Annual Meeting of the Association for Computational Linguistics, July 6-12, 2002, Philadelphia, Pennsylvania. Association for Computational Linguistics, 2002: 417-424[2021-06-25]. https://doi.org/10.48550/arXiv.cs/0212032.DOI:10.48550/arXiv.cs/0212032.

[2] DING X, LIU B, Yu P S.A holistic lexicon-based approach to opinion mining[C/OL]//WSDM'08: Proceedings of the 2008 International Conference on Web Search and Data Mining, February 11-12, 2008, Palo Alto, California. New York: Association for Computing Machinery, 2008: 231-240[2021-07-03]. https://doi.org/10.1145/1341531.1341561.DOI:10.1145/1341531.1341561.

[3] TABOADA M, BROOKE J, TOFILOSKI M, et al. Lexicon-based methods for sentiment analysis[J]. Computational linguistics, 2011, 37(2): 267-307.

绪倾向[1]。也有研究者同样使用了两种方法的结合，证明了这种结合的方法的分析结果优于单独使用任何一种分类器的结果[2]。

综合以上方法来看，机器学习是情绪分析中最常用的方法，但这一方法存在一些局限：第一，机器学习需要大量的训练数据，而微博上的语言表达特点又是不断变化的，所以训练数据可能不完善和存在滞后性；第二，机器学习方法只适用于训练数据所包含的一些领域，在其他领域中可能表现不佳；第三，机器学习对特征选择的依赖性较强。

基于词典的方法虽然不需要大量的训练数据，但也存在一些弊端。比如，它过于依赖词典，导致如果文本中的情绪词没有被收录进词典，则无法判断该文本的情绪倾向，这对于如今更新速度较快的微博网络语言表达来说是个局限。另外，由于基于词典的方法是进行词与词之间的匹配，导致其无法考虑整个句子或段落的语义，也无法考虑上下文内容。

为了克服以上两种方法的弊端，研究者使用两种方法相结合的方法来对文本内容进行情绪分析，但这一方法对计算复杂性的要求较高。另外，深度学习的方法越来越得到研究者的青睐，因为这一方法可以将句子结构与语义理解考虑在内。

3. 人工智能的研究方法

机器学习是人工智能的核心，它是使计算机具有"智能"的根本途径。因此，研究计算机怎样模拟和实现人类的学习行为以获取新的知识和技能，重新组织已有的知识结构使之不断改善自身性能至关重要。在此之前本研

---

[1] KHAN A Z H, ATIQUE M, THAKARE V M. Combining lexicon-based and learning-based methods for Twitter sentiment analysis[J/OL]. International journal of electronics, communication and soft computing science & engineering, 2015(supplementary issue): 89-91[2021-06-03]. https://ijecscse.org/papers/ATCON2015/DTM-01.pdf.

[2] KHAN F H, BASHIR S, QAMAR U.TOM: Twitter opinion mining framework using hybrid classification scheme[J]. Decision support systems, 2014, 57: 245-257.

究已详细介绍了机器学习的实现方法及实现步骤,接下来,本研究将重点介绍机器学习中深度学习方法的应用。

深度学习是机器学习研究中的一个新领域,它源于人工神经网络的研究,其动机在于建立、模拟人脑进行分析学习的神经网络,从而模仿人脑的机制来解释图像、声音、文本等数据。它在计算机视觉、语音识别、自然语言处理等领域都有广泛应用。Attectiva公司使用计算机视觉和深度学习技术分析面部(微)表情或网络上视觉内容中非语言的线索,基于积累的庞大数据存储库,让系统学习识别更复杂的系统,将情感人工智能引入新的科技领域,尤其是机器人、医疗、教育和娱乐,并展望将此系统用于通过检测癫痫病患者的情感信号来做好发病前的预测以进行防护准备等[1]。日本软银公司的Pepper被描述为"情感机器人",它能通过视觉系统识别出人类微笑、皱眉、惊讶等表情,并且可以通过语音识别系统识别出语音语调和特定具有强烈情感的字眼。然后通过情感引擎对上述所获得的数据进行分析,对人的情绪做出判断,从而与人进行交流和反馈。目前国外已经有一部分研究者开始关注深度情感计算方面的研究,如夏尔马(Sharma)等人利用语言数据联盟中的情绪韵律的语音和文本,基于交叉验证和引导的韵律特征提取与分类的深层情感识别[2]。

综上所述,情绪识别研究领域主要存在认知神经科学的基础研究、计算机科学中的意见挖掘与情感分析以及人工智能三种研究范式。其中,认知神经科学关于情绪识别的研究主要采用ERP、fMRI、MRI等方法,关注的是个体进行情绪识别与加工的神经机制;意见挖掘与情感分析主要是对文本中所包含的情绪进行分析和判断,主要采用机器学习、基于词典的方

---

[1] 刘伟.认知心理学与人工智能的交叉:情感计算综述[EB/OL].(2016-06-16)[2016-11-14]. http://mt.sohu.com/20160616/n454845842.shtml.

[2] 刘伟.认知心理学与人工智能的交叉:情感计算综述[EB/OL].(2016-06-16)[2016-11-14]. http://mt.sohu.com/20160616/n454845842.shtml.

法等；人工智能主要采用深度学习、大数据等技术方法，研究人机交互中机器如何识别人的情绪态度，从而与人更好地进行交流和互动。

根据以上对情绪识别学术场域中存在的科学领域、研究热点、研究范式与研究方法的分析，本研究将情绪识别这一学术场域中存在的研究范式总结为三种，如表1-3所示。

表1-3 情绪识别的三种研究范式

科学领域	认知神经科学	计算机科学	
		OMSA	AI
研究类型	基础研究	应用研究	应用研究
研究对象	人	文本内容	计算机
研究内容	人类情绪加工的神经系统	文本中包含的情绪类型	计算机基于人脸表情、语音语调、姿态手势、生理信号的情绪识别
实现方法	ERP、fMRI、MRI等	机器学习、基于词典的方法、基于图谱的方法等	机器学习、深度学习、大数据等

四、结论与讨论

本研究通过运用CiteSpace引文可视化分析软件，对情绪识别这一研究领域内的相关文献进行了计量分析和知识图谱的绘制。通过以上分析，本研究发现情绪识别这一学术场域中包含多个科学领域，主要有计算机科学、人工智能、工程学、心理学、神经科学等，是一个跨学科的交叉研究领域。

在研究热点方面，无论是计算机科学还是心理学领域，对人的面部表情的情绪识别都尤为关注。另外，计算机科学中的情感分析及其相关的分类算法、表现等，心理学领域相关的双相情感障碍、自闭症谱系障碍，以及社会学领域相关的社会焦虑、社会互动等话题均是近年来学界关注的热点。

在研究范式与研究方法方面，情绪识别的研究主要存在三大研究范式，每一范式中都存在比较稳定的研究类型、研究对象、研究内容与实现方法，根据库恩的科学发展的动态模式，应属常规科学阶段。这三种研究范式分别为：一是认知神经科学研究范式，关注的是人类的情绪识别机制与神经结构，为计算机领域的研究提供了基础和支撑，常采用ERP、fMRI、MRI等方法；二是计算机意见挖掘与情感分析范式，主要研究社会化媒体、用户评论等网络文本的观点意见与用户的情感倾向，主要采用的方法是机器学习；三是人工智能研究范式，主要关注如何使计算机通过面部表情、声音、体态等线索识别人的情绪状态，多采用机器学习、人工神经网络的深度学习、大数据等方法相结合。

在以上三种主要研究范式中，与网络舆情传播最为接近的是意见挖掘与情感分析。因此，本研究进一步探索了与传播学较为相关的意见挖掘与情感分析的研究情况，发现在WoS数据库中，以"opinion mining"或"sentiment analysis"为主题的研究共有1540篇，其中，以中国的研究最多，约占总量的22.6%，其次是美国，约占14.2%。并且，在科研机构中，中国的清华大学与中国科学院在这一领域的研究最为丰富。这说明，从技术实现的角度而言，中国在以文本内容为研究对象的情绪识别与分析领域处于世界领先水平，具有一定优势。

整体来看，传播学中关于情绪的研究比较匮乏。从广义的传播学视角来看，语言、声音、文字都可以作为传播信息的媒介。而人们在采用这些媒介传播信息时，也包含了传播者当下所具有的情绪。以往研究多关注的是信息内容和媒介形态的分析，而忽略了情绪的传播。相比于传统媒体来说，互联网是一个全媒体、全通道的传播环境。"受众在判断和认知时，不再像过去那样通过理性逻辑，而更多把非逻辑非理性的信息作为关系判断的依据。"[1]

---

[1] 喻国明.喻国明：美传统媒体集体溃败，"天道"变了[EB/OL].（2016-11-11）[2016-11-14]. http://w.huanqiu.com/r/MV8wXzk2NjMxNjhfMzcxXzE0Nzg3OTcyNjA=?tt_from=weixin&tt_group_id=6351381069774799105&from=singlemessage&isappinstalled=0.

这种非逻辑非理性的信息其核心要素正是情感和情绪。因此，若能将情绪因子引入传播学研究的视野中，不仅有助于创新传播学的研究视角、扩展传播学的学科版图，而且能够帮助决策者更好地认识和把握网络环境中的舆情传播特点。因此，面对当前互联网发展为舆情管理带来的挑战，传播学研究可以吸收和借鉴来自其他学科先进的文本挖掘与情绪分析方法，将网络舆情中的情绪流传播纳入研究视野当中，为网络空间中的舆情引导与管理提供更多路径。

本研究的不足之处主要在于，在数据搜集方面，关键词检索起到了基础性的决定作用。本研究以"emotion recognition""sentiment recognition""emotion analysis""sentiment analysis"为关键词进行主题检索，可能仍存在关键词涵盖不完整的缺陷。另外，本研究仅针对WoS数据库中的英文文献进行分析，未将中文研究纳入数据收集范围内。

在今后的研究中，还可以针对最具影响力或最前沿的子领域进行深入的个案分析，能够帮助研究者更加全面和深入地了解这一领域的知识基础和研究动态。在网络舆情管理方面，可以将情绪因子引入舆论分析，综合借鉴认知神经科学、计算机科学等其他领域的研究成果与研究方法，在识别舆论情绪的基础上，分析网络舆情中的情绪感染机制，从而更好地进行情绪疏导与舆情治理。

第二节 情绪表达研究的学术场域

一、情绪表达的意义

2021年9月，中国互联网络信息中心（CNNIC）在北京发布第48次《中国互联网络发展状况统计报告》[①]。报告显示，截至2021年6月，我国网民规模达10.11亿，互联网普及率达71.6%，网民人均每周上网时长为26.9小时。与此同时，即时通信用户规模达9.83亿；网络购物用户规模达8.12亿；网络支付用户规模达8.72亿。"秀才不出门，便知天下事"的理想已经成为现实。如同鲍德里亚曾描述过的超真实社会设想一样，不可否认，人类正在大步走向这种社会。越来越多的年轻人沉浸在二次元的世界，将哔哩哔哩（Bilibili）这样的垂直化视频网站当作精神的栖息地；更多的网络游戏以"幻想的真实"席卷不同人群，人们在其中肆意地扮演角色，在仙魔和侠士间徘徊游走，在古代和未来间穿越；远在异域的一次火山爆发或恐怖袭击通过线上媒体让屏幕前的用户感到紧张和压抑并大声疾呼着世界和平。我们每天疲于在各类互联网应用中"奔走"，也将越来越多的关注和情感投放到了网络世界。

[①] 中国互联网络信息中心.第48次中国互联网络发展状况统计报告［R/OL］.（2021-09-15）［2022-07-19］.http://www.cnnic.cn/NMediaFile/old_attach/P020210915523670981527.pdf.

作为中国最大社交媒体之一的新浪微博，2020年的日活跃用户达到2.24亿[1]。我们看到越来越多的社会事件在微博被发现、点燃，作为中国网络舆论场的一个缩影，微博引爆了一次次舆论高峰和意见表达，比如骇人听闻的红黄蓝幼儿园虐童事件、嘀嘀打车女乘客遇害事件、H&M新疆棉花事件等。在社交媒体上，裹挟着不同情感的个体微小的话语力量汇聚成为汹涌澎湃的滔天巨浪。网络成为当代中国社会一个重要的舆论场，在推动公众议题的发现和解决中发挥着独一无二的作用。

二、情绪表达的研究方法

学者吴燕霞认为，情绪表达作为情绪智力的重要组成部分，是指用言语或非言语的方式将情绪体验表现或传达出来的过程中所体现的能力[2]。目前学界在情绪表达这一研究领域的文献十分丰富，不同学者从各个学科背景对情绪表达的研究现状进行了总结和述评。本研究将以CNKI和WoS文献数据库作为检索来源，通过使用CNKI和WoS自有的文献专业检索方式进行检索，并分析相应结果。

在检索时，为了最大限度地保证所得文章的全面性，本研究在CNKI上选择了将主题词和关键词均设置为"情绪表达"，并将文献来源设置为SCI来源、北大核心、CSSCI来源，获得文献共计168篇；在WoS上，将筛选主题、标题以及摘要均设置为"emotional expression"，筛选范围设置为SCI、SSCI以及A&HCI，共得到文献1203篇。

---

[1] 机智说.2020微博用户发展报告公布：最高日活用户达到2.24亿［EB/OL］.（2021-03-15）［2022-07-19］. http://k.sina.com.cn/article_6519757211_1849b999b02001ju6q.html?sudaref=www.baidu.com&display=0&retcode=0.

[2] 吴燕霞.大学生情绪表达的现状、影响因素及其干预研究［D］.上海：上海师范大学，2017：11.

三、情绪表达学术场域综述

经过对中外研究文献进行检索和处理，本研究发现情绪表达的研究领域呈现出以下特点。

在研究数量方面，通过图1-6可见，无论国内还是国外，学术界对情绪表达的相关研究数量整体上呈现出逐渐增多的态势。但是，与国外研究相比，国内的相关研究不仅起步较晚，在数量上也处于相对劣势，还有较大的发展空间。

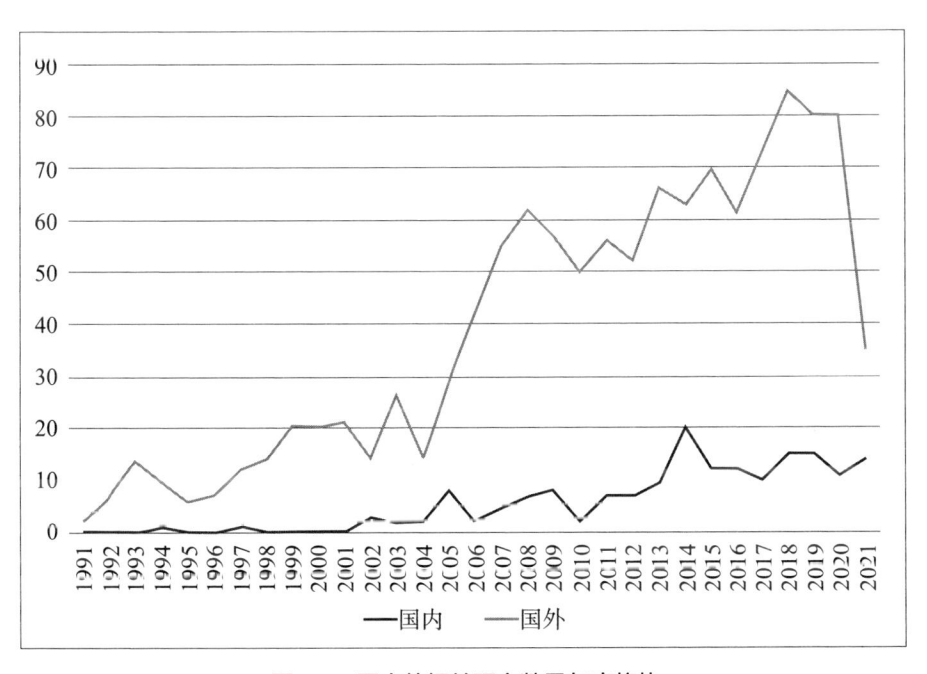

图1-6 国内外相关研究数量年度趋势

（一）中外研究领域比较分析

在研究领域分布上，通过图1-7、图1-8可以发现，无论国内还是国外，情绪表达研究的主战场均是神经学科与心理学科，这类学科相关研究占据

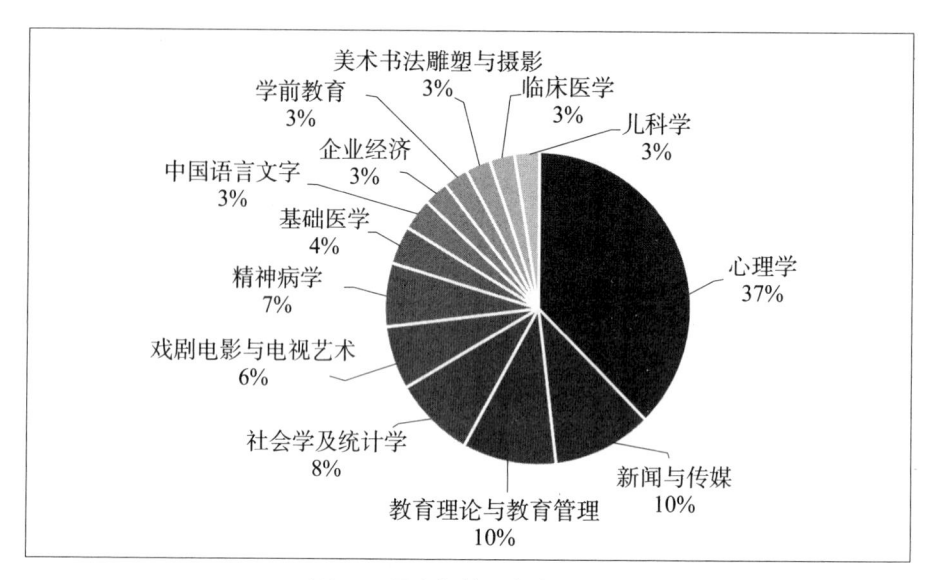

图 1-7　国内相关研究学科分布

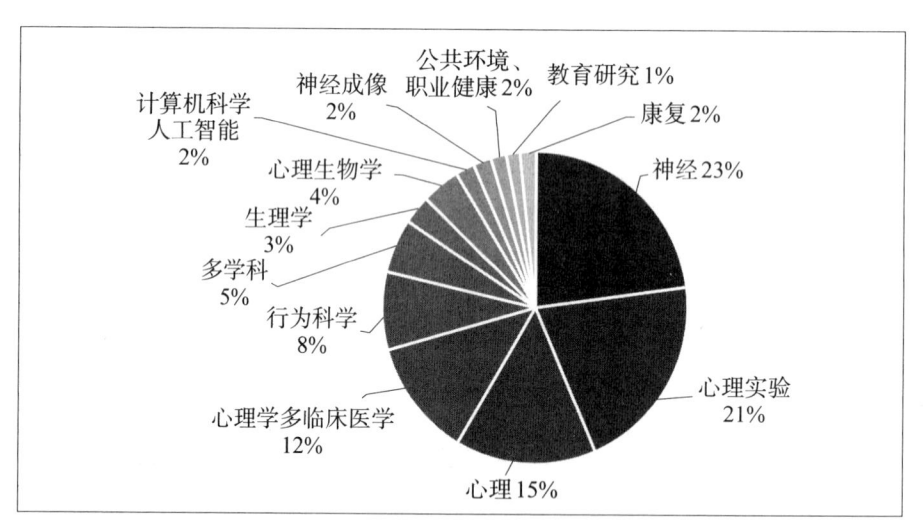

图 1-8　国外相关研究学科分布

了研究数量的大部分。

但是，具体来看，与国外相比，我国的情绪表达研究在社会科学领域相对更多，而涉及临床医学、精神学等方面的自然科学研究比较少。并且，我国的研究领域呈现出笼统而细碎的特征，即领域多而文献数量少，国外的研究领域相对比较集中,整体处于心理学的研究大类中,但是在此领域下的垂直分类更精细,比如有心理实验、心理学多临床医学、心理生物学等。

需要特别注意的是,在进入21世纪后,国内外相关研究的数量呈现飞速发展的态势。这一现象说明情绪表达是当今学界关注的热点,可能与当今社会的科技进步以及医学、心理学等领域的重要技术突破有关。

(二)研究学科领域分析

在研究的学科上,情绪表达研究中最为突出的是基于精神学和心理学的研究,这归因于情绪相关研究较早来自医学上的探索。自19世纪以来,自然科学家就对情绪进行了坚持不懈的研究,但是由于情绪和情感的复杂性,至今还没有得出一致的结论。由于这些研究偏重于自然科学领域,与本研究所讨论的相关性较弱,所以不作为本书的研究重点。本书将研究重点集中于社会科学领域,故处在自然科学与社会科学的交叉路口的心理学,以及教育学、政治学、传播学和相关社会科学领域内的研究是本书的主要研究对象。

1.心理学研究中的情绪表达

心理学界对情绪表达的研究内容十分广泛,将情绪表达作为变量之一与其他变量和结合的交互研究成果十分丰富。国外有学者在一项基于问卷调查的研究中发现,情感表达和成长之间的关系通过情商来缓和;情商与成长有关,而性别则与情商、情感表达构成了三重互动[①]。在该研究中,作者承认出于研究的样本代表性有限,所以普适性上仍旧存疑,但肯定了情绪表达在个人心理调节上的作用。无独有偶,国内也有学者研究了情绪表达与情绪向性同心理健康之间的变量关系。研究发现,男性的负向情绪多

---

① LINLEY P A, FELUS A, GILLETT R, et al. Emotional expression and growth following adversity: emotional expression mediates subjective distress and is moderated by emotional intelligence[J]. Journal of loss & trauma, 2011, 16(5): 387-401.

于女性，在情绪表达上不如女性；正向情绪、快乐感无显著性别差异[1]。另外还有学者组织了国外50对已婚夫妇参与了两项邮寄调查，考察了情绪表达、矛盾心理与表达和婚姻满意度之间的关系。研究结果表明，情绪表达与婚姻满意度呈正相关；配偶之间对彼此表现力的评级与婚姻满意度相关，与配偶自我报告的表现力无关[2]。在针对国人的一项关于情绪表达抑制的使用情况与心理健康的关系的研究中，学者通过调查问卷的方式最终发现情绪表达抑制与情境、情绪类型有关，父母、密友等情感性关系中的情绪表达抑制与心理健康水平有关[3]。这为我们了解中国人如何调节情绪表达抑制以促进心理健康提供了指导。

也有研究考察了个体在工作记忆能力方面的差异与情绪表达和情绪体验的自我调节之间的关系。研究表明，工作记忆能力较高的人比工作记忆能力较低的人更能抑制情绪表达，进而得出了认知能力有助于控制情绪反应的结论[4]。

在心理学研究领域中，诸如此类将情绪表达作为一个自变量进行研究的内容不胜枚举，这些研究也从不同角度说明了情绪在心理学研究中的重要地位。

2.作为躯体语言的情绪表达

面部和躯体是个体情绪较为直接的展露方式，在这里本研究统一称之为躯体语言。国内有学者从生物学研究发展和心理学研究理论建构等角度

---

[1] 邓丽芳，郑日昌.大学生的情绪向性、表达性与心理健康关系的研究[J].心理发展与教育，2003(2)：69-73.

[2] KING L A. Emotional expression, ambivalence over expression, and marital satisfaction[J]. Journal of social and personal relationships, 1993, 10(4): 601-607.

[3] 周婷，王登峰.情绪表达抑制与心理健康的关系[J].中国临床心理学杂志，2012，20(1)：65-68，64.

[4] SCHMEICHEL B J, VOLOKHOV R N, DEMAREE H A. Working memory capacity and the self-regulation of emotional expression and experience[J]. Journal of personality and social psychology, 2008, 95(6): 1526-1540.

对情绪躯体语言概念的发展进行了探讨和展望[1]。该文章中大部分参考文献为国外的研究成果，从侧面反映出国内相关研究的缺失和不足。另有学者认为，情绪躯体与面孔加工的神经基础可能是重合和分离的矛盾体，EBA、FBA、SPL、IPL等是与躯体表情加工相关的特异性脑区[2]。有学者做了有关情绪表达的面部无意识研究，结果表明，积极和消极的情绪反应都可以在不知不觉中被唤起，情绪面对面沟通的各个方面都可以在无意识的层面发生[3]。还有学者考察了自闭症患者面部表情的情绪含义[4]。此外，有学者通过一组41名女性参与的实验评估个人是否模仿并表现出情绪感染，结果发现了快乐和悲伤情绪感染的证据[5]。

3.教育科学研究中的情绪表达

有学者通过研究发现，父亲积极情绪的表达有助于提升婴幼儿社会情绪能力，因此号召父亲这一角色要重视自己在家庭教育中的作用[6]。还有学者以国内6—11年级的学生作为研究样本，考量情绪自我调节，结果发现稳重和开朗自我意向影响着情绪表达[7]。国外学者还研究了两岁儿童在四种情

---

[1] 方平，李洋，姜媛.情绪躯体语言研究进展[J].心理科学，2009，32（5）：1155-1158.

[2] 丁小斌，康铁君，赵鑫.情绪识别研究中被"冷落"的线索：躯体表情加工的特点、神经基础及加工机制[J].心理科学，2017，40（5）：1084-1090.

[3] DIMBERG U, THUNBERG M, ELMEHED K. Unconscious facial reactions to emotional facial expressions[J]. Psychological science, 2000, 11(1): 86-89.

[4] CELANI G, BATTACCHI M W, ARCIDIACONO L. The understanding of the emotional meaning of facial expressions in people with autism[J]. Journal of autism and developmental disorders, 1999, 29(1): 57-66.

[5] HESS U, BLAIRY S. Facial mimicry and emotional contagion to dynamic emotional facial expressions and their influence on decoding accuracy[J]. International journal of psychophysiology, 2001, 40(2): 129-141.

[6] 李雪莹，李杨卓.父亲情绪表达与婴幼儿社会情绪能力的关系：婴幼儿气质的调节作用[J].学前教育研究，2018（4）：28-39.

[7] 李晓文，李娇.6~11年级学生情绪自我调节发展研究[J].心理科学，2007（5）：1042-1045.

况下的情绪调节[1]。国内也有学者进行了一项有关幼儿的情绪表现规则的研究，结果表明幼儿的表情调节知识存在显著的年龄差异；幼儿的表情调节知识与情绪表达的人际支持、工具支持的结果期望存在显著相关；幼儿面对不同在场者时具有不同的情绪体验；家庭情绪表露与幼儿的人际支持的结果预期存在显著相关性且倾向于掩饰消极情绪的幼儿表现出更多的亲社会行为[2]。

除了对学生进行研究，还有学者将研究视角聚焦于教师。有学者着眼于教师常纠结的"我有什么情绪、我可以表达什么情绪、我能以什么方式表达三重困境"并给予了指导[3]。此类研究多与教育学和其他学科结合进行，目的是探索情绪表达在教育领域中的实践。

4.传播学研究领域中的情绪表达

近年来，情绪表达正在逐渐溢出单一的学科领域而蔓延至其他学科，成为多元学科的交叉点，而这一趋势正反映了近年来学科融合的趋势。Web2.0时代是社交媒体的时代，因此情绪表达在社交媒体中所展现的特点、作用和机制成为众多传播学者着力研究的重点。

国外有学者通过调查社交网站在公众人物迈克尔·杰克逊去世后在促进情绪表达方面的作用发现，YouTube在促进情绪表达方面发挥了重要作用，即在公众人物去世后，用户可以依靠YouTube提供的内容来满足他们的情绪需求[4]。在国内，也有许多基于微博平台开展的情绪表达研究，有学者提

---

[1] GROLNICK W S, BRIDGES L J, CONNELL J P. Emotion regulation in two-year-olds: strategies and emotional expression in four contexts[J]. Child development, 1996, 67(3): 928-941.

[2] 何洁，徐琴美，王旭玲.幼儿的情绪表现规则知识发展及其与家庭情绪表露、社会行为的相关研究[J].心理发展与教育，2005(3): 49-53.

[3] 张冬梅，葛明贵.教师情绪表达：为何与何为[J].教育科学研究，2021(3): 72-77.

[4] LEE C S. Exploring emotional expressions on YouTube through the lens of media system dependency theory[J]. New media & society, 2012, 14(3): 457-475.

出可以通过研究微博文本获得个体的情绪以及情绪表达的语义框架，以帮助更好地实现机器学习，从而为把握自媒体平台情绪助力[1]。除此之外，类似的研究还有基于MOA模型解析微博负面情绪传播的动力因素和扩展原因[2]。

在2020年初武汉发生新型冠状病毒肺炎疫情后，微博上出现了大量以"救助"为主题的超话，这类超话中除了有求救者叙述经历获得帮助外，还隐含了大量的情绪。类似地，国外也有学者注意到了相关问题，有学者以推特中开放癌症社区为例，使用内容分析法分析了为期两年的推特消息，考察了关于癌症的推文中的情绪表达与在线社会支持之间的关系[3]。

除了对社交媒体的研究，女性主义、政治传播、广告传播、跨文化传播等其他传播学方向的研究同样值得注意。比如，在探究网络中性别主义的研究中，有学者验证了在线新闻组中使用表情符号（情绪图标）并未强化对情绪化的女性和沉默不语的男性的刻板印象[4]。

在政治传播方面，有学者以政客收到的电子邮件为例研究其中蕴含的情绪[5]，研究发现，即使个人不同意政客的意见，但是所发送的电子邮件在很大程度上是礼貌的，尽管如此，其中仍有许多情绪化表达，而第一情绪化表达通常是负面的。为了更好地理解文明与情绪之间的关系，该研究通过对383封包含不文明用语的电子邮件进行定性分析，发现用户将他们的负面情绪表达指向不同的目标。近年来越发受到全民关注的中美贸易战也

---

[1] 莫怡文.汉语微博情绪表达特点研究：基于事件的微博实例分析[J].湖北社会科学，2019(3)：124-130.

[2] 周云倩，杨娜.微博负面情绪的MOA解析[J].青年记者，2013(33)：77-78.

[3] MYRICK J G, HOLTON A E, HIMELBOIM I, et al.#Stupidcancer: exploring a typology of social support and the role of emotional expression in a social media community[J]. Health communication, 2016, 31(5): 596-605.

[4] WOLF A. Emotional expression online: gender differences in emoticon use[J]. CyberPsychology and behavior, 2000, 3(5): 827-833.

[5] ROHLINGER D, VACCARO C.From "Please Sir, stay out of it" to "You are an abomination"：(in) civility and emotional expression in emails sent to politicians[J]. Information, communication and society, 2021, 24(5): 667-683.

成为研究情绪的一个重要话题，有学者通过爬取关于"中美贸易战"事件的微博数据，分析情绪表达差异，发现不同身份的用户在表达情绪概率和强度上都存在差异。普通用户在表达情绪上更保守，媒体用户在表达情绪上更开放，政府用户相对谨慎[1]。这为舆情管理部门了解民意、引导舆论提供了一个良好的数据支持。

在广告传播方面，由于情绪表达被认为是说服的重要组成部分，因此有国外学者研究了反吸烟电视广告中的情绪表达对被试者的影响。结果表明，使用悲伤框架的信息不会增加悲伤的情绪反应，愤怒框架却出人意料地降低了这些反应[2]。

同时，还有学者从跨文化传播的角度切入情绪表达的研究中。有学者认为，情绪的普遍性和文化差异性之间的矛盾导致了情绪表达涉及跨文化传播的效果和文化认同问题，在新媒体环境下更是面临新的挑战[3]。在文化差异的相关情绪表达研究中，国内学者分析了YouTube中四国对"巴黎暴恐"事件的网络情绪发现，网民的情绪较为一致地倾向于负面，但因受到事件性质、情绪关注点和文化背景等多方面因素的影响而呈现出微妙的差异[4]。

在主流媒体的新媒体转型中，有学者发现《人民日报》情绪化表达策略有着鲜明的语境限制，其实只是软化传统党报传统语态的辅助性策略，却无意对自身的核心精神气质进行超出实用性考虑的"改造"[5]。

---

[1] 王志刚, 邱长波, 崔晶. 微博舆情情绪表达差异研究：以"中美贸易战"为例[J]. 情报杂志, 2021, 40(7): 101-106, 22.

[2] KIM S J, NIEDERDEPPE J. Emotional expressions in antismoking television advertisements: consequences of anger and sadness framing on pathways to persuasion[J]. Journal of health communication, 2014, 19(6): 692-709.

[3] 李冰玉. 跨文化网络传播中的情绪表达与文化认同[J]. 青年记者, 2018(27): 27-28.

[4] 周莉, 蔡璐, 刘煜. 文化差异中的网络情绪表达：YouTube中四国对"巴黎暴恐"事件的网络情绪分析[J]. 情报杂志, 2017, 36(3): 61-66.

[5] 田浩, 常江. 社交媒体时代党报的文化转型：基于《人民日报》情绪化表达的个案分析[J]. 新闻记者, 2019(1): 79-86.

5. 人工智能研究领域中的情绪表达

1956年达特茅斯会议的召开标志着人工智能学科的诞生。随着近年来尖端科技不断融入日常生活，人工智能越来越超出科学界，为大众所熟知。计算机技术的迅速发展使得越来越多可见的线下产品和服务通过编码转移到互联网上，成为计算机虚拟世界的组成部分。情绪也越来越多地被计算机技术"收编"，纳入计算机人工智能的发展轨道中。情绪数据可以用来分析使用者的状态及优化操作界面以提高机器的亲和力，对机器更好地了解使用者以及令使用者更好地操纵机器大有裨益。

有学者为优化人与机器人的动作情感交互方式，以类人型机器人NAO为例，采用问卷调查的方式，研究类人型机器人动作的情绪识别性、效价和唤醒度，从而为机器人情绪表达和动作交互设计提供较为系统的参考模型[1]。学者认为，机器人应该也有一定的情绪表达以使用户参与到与其交流中，因此他们设计了一套框架用于设计情感机器人动作[2]。还有学者考察了类人型机器人Zeno中栩栩如生的情绪面部表情对儿童对机器人的行为和态度的影响[3]。

同样，如何让机器识别人类的情绪也是一个令科学家感兴趣的话题。有学者提出了一种利用面部表情合成来创建热面部图像的方法来检测情绪状态的设想。他们提出面部热变化是由面部肌肉运动、情绪状态过渡和生理变化引起的[4]。

---

[1] 李洁，袁雪纯，张千. 类人型机器人动作情感识别研究[J]. 包装工程，2022，43(10): 66-72, 79.

[2] BONARINI A. Can my robotic home cleaner be happy? Issues about emotional expression in non-bio-inspired robots[J]. Adaptive behavior, 2016, 24(5): 335-349.

[3] CAMERON D, MILLINGS A, FERNANDO S, et al. The effects of robot facial emotional expressions and gender on child-robot interaction in a field study[J]. Connection science, 2018, 30(4): 343-361.

[4] SUGIMOTO Y, YOSHITOMI Y, TOMITA S. A method for detecting transitions of emotional states using a thermal facial image based on a synthesis of facial expressions[J]. Robotics and autonomous systems, 2000, 31(3): 147-160.

当然，人工智能可能会引发的"恐怖谷"以及机器伦理等相关问题目前还存在一定争议，有待于进一步探讨和解决，但可以预见的是，人类情绪将在人工智能的研究和实践中占据一席之地。

（三）研究方法偏好

从研究的方法上来看，量化研究方法和质化研究方法均有采用，也有学者采用混合研究设计，将两者结合起来。具体的研究方法包括但不限于实验法、问卷调查法、行为研究法、历史研究法、访谈法等，其中实验法和问卷调查法是比较常见的。比如有学者采用实验室设计模拟"社会困境"，通过录像视频展现领导者具体情绪表达（愉悦和悲伤），考察领导者情绪表达和自我牺牲行为对下属合作行为的作用[1]；有学者探讨精神分裂症患者各种情绪表达的意志能力，通过分组对照实验发现了精神分裂症患者在描述某些（但不是全部）情绪的能力上存在缺陷[2]。

采用问卷调查法的研究也有很多。有学者以265名被试为基础调查了中国人对情绪表达抑制的使用情况并探索其与心理健康的关系[3]；有学者采用了问卷调查法对341名学前儿童进行问卷调查和任务测查，考察了父亲情绪表达、儿童气质与儿童社会适应的关系[4]。

还有学者通过历史研究法和思辨的方法讨论了情绪表达抑制功能的文

---

[1] 高培霞，李常洪.领导者自我牺牲与情绪表达对下属合作的影响[J].中国管理科学，2015，23(6)：162-168.

[2] PUTNAM K M, KRING A M. Accuracy and intensity of posed emotional expressions in unmedicated schizophrenia patients: vocal and facial channels[J]. Psychiatry research, 2006, 151(1/2): 67-76.

[3] 周婷，王登峰.情绪表达抑制与心理健康的关系[J].中国临床心理学杂志，2012，20(1)：65-68，64.

[4] 梁宗保，孙铃，张光珍，等.父亲情绪表达与儿童社会适应：气质的调节作用[J].心理发展与教育，2011，27(4)：351-358.

化差异[1]。亦有研究者使用事件取样观察法，对幼儿情绪表达事件中教师的态度与行为进行观察记录[2]。

四、结论与讨论

总的来说，有关情绪表达的研究成果在不断扩展，从最早的单一学科越来越向文理兼备、学科融合的方向渗透。近年来出现了向计算机领域人工智能、机器学习等高科技蔓延的趋势，越来越多的研究将人的情绪表达转化为可以计算的代码录入计算机中，使得机器越来越智能化，越来越懂得人，从而加速了低人工智能向高人工智能的转变。

情绪表达研究慢慢走出了单纯的成因探求阶段和描述阶段，开始向纵深的应用阶段发展。如何控制乃至借助情绪实现某一目的已成为当下研究的一个新的关注点。目前相关研究的主战场依旧是心理学、医学等领域。国内这方面研究进展速度快但质量有待提高，描述性研究以及介绍国外经验的研究居多，而创新性研究相对较为缺乏。大多研究关注情绪怎样被呈现、如何被表达以及人们应怎样应对，在研究方法上多借用国外的研究量表、实验设计等。在传播学领域方面，虽然已有一些学者对情绪表达相关话题进行了部分探讨，但基本上处于起步阶段，随着人工智能、虚拟现实（VR）等新型技术对传播格局的颠覆，传播学界在这一领域中仍有较大的发展空间。

---

[1] 刘影，桑标，龚少英，等.情绪表达抑制功能的文化差异[J].心理科学进展，2016，24(10)：1647-1654.

[2] 但菲，梁美玉，薛瞧瞧.教师对幼儿情绪表达事件的态度及其意义[J].学前教育研究，2014(12)：3-7.

第三节 情绪感染研究的学术场域[*]

感性是感觉、知觉、表现的综合，是人的感觉器官对认识对象最直观的反映，而感性在很大程度上受到个人情绪的影响。经典决策理论假定人是理性的，为了追求自身利益的最大化，会在缜密权衡各种可能后果之后做出决策。但神经科学的研究显示，情绪是人类决策中的一部分，它不可以与认知分析过程相分离，并且有些时候，情绪甚至在决策过程中起着重要的作用。心理学上的"躯体标记假设"就提供了一个情绪如何影响人们决策的神经解剖和认知框架，该假设认为人在决策过程中产生的情绪反应，即躯体标记，能够调节被试在不确定和复杂情境中的决策行为[①]。与此类似，感性对传播效果也起着不可或缺的作用，但传统传播效果研究倾向于强调传播者的理性特征，而较少考虑传播者感性特征在传播过程中所发挥的作用。近些年，研究者逐渐认识到情绪在传播中的重要性，不断探索情绪感染的心理基础、传播机制等。本书致力于描绘现今情绪感染研究的学术场域，以便明确下一步研究的方向。

---

* 本部分原载于《当代传播》2017年第4期。原文题目为《情绪感染学术场域分析：基于CiteSpace的引文空间分析》。本部分在论述时做了数据更新。

① 周佳，马剑虹，何铨.情绪与决策：躯体标记假设及其研究新进展[J].应用心理学，2011，17(2)：160-168.

一、文献综述

感染一词源自拉丁语"contagio",意思是来自接触。心理学研究领域对情绪感染的概念主要存在两种不同的理解。一种观点认为情绪感染是无意识状态下的情绪模仿,比如哈特菲尔德(Hatfield)等人认为情绪感染是自动化地模仿与合并他人的语言、非语言信息,结果是情绪觉察者融入了情绪传递者的情绪[1]。另一种观点认为,情绪感染是有意识状态下的情绪的认知和调控,比如霍夫曼(Hoffman)将情绪感染从广义上界定为一种情绪体验,并提出了情绪感染的两个高级认知机制,一是语介联想,二是观点采择,由此产生的情绪完全受高级认知系统的调节,是一种最高程度的"意识性情绪感染"[2]。由于将情绪感染由无意识层面拓展到意识层面后,情绪感染的概念有扩大化的倾向,因此本研究倾向于认同第一种观点,即情绪感染是无意识状态下的情绪模仿。

情绪感染的测量方法主要为情绪感染量表,其他测量方法如自我评价和他人评级的测量方式相对粗糙,应用很少。前人根据情绪感染相互联系的两个过程,编制了情绪感染量表并将其应用于各个文化背景的人群[3]。1995年,多尔蒂(Doherty)及其同事编订了情绪感染量表(Emotional Contagion Scale,简称ECS),此量表经历了两次修订,由最初的38个题目修订为18个题目,后又修订为15个题目[4]。量表包含了生气、害怕、伤心、

---

[1] HATFIELD E, CACIOPPO J T, RAPSON R L. Emotional contagion[J]. Current directions in psychological science, 1993, 2(3): 96-100.

[2] HOFFMAN M L. How automatic and representational is empathy, and why[J]. Behavioral and brain sciences, 2002, 25(1): 38-39.

[3] 王长平,刘聪,秦雪莲,等.情绪感染及其影响因素的研究进展[J].成都师范学院学报,2013,29(12):37-40.

[4] DOHERTY R W. The emotional contagion scale: a measure of individual differences [J]. Journal of nonverbal behavior, 1997, 21(2): 131-154.

高兴和爱五种基本的情绪类型,每种基本情绪类型由相关的5个题目测量,采用自我报告的形式测量跨文化背景下人们对情绪感染的易感性。2006年,伦德韦斯特(Lundqvist)将此量表修订为瑞士版本,并对修订后的量表进行了信效度检验,证明了它的跨文化适用性[1]。其他的研究者采用个人评价和他人评级的方式对情绪感染进行双重测量,也获得较好的研究结果[2]。借鉴已有研究者的分类方法,可以将情绪感染的影响因素划分为个体因素、人际因素和环境背景因素三个方面[3]。情绪感染的测量工具存在众多的不完善之处,关于情绪感染的研究大多都是相关研究,影响因素都是从侧面推导而来,专门针对情绪感染的研究相对较少,针对情绪感染本身的研究范式缺失。

梳理有关情绪感染学术场域的既有研究成果可以发现,前人对情绪感染学术场域的研究较少,并且多为定性描述。比如有学者通过搜集文献认为,近年来情绪感染理论研究从个体情绪感染的机制研究转向群体内部个体间的情绪感染交互作用研究,循环效应被用于解释成员间的情绪感染过程[4]。也有学者从学科实践和时间发展维度定性研究情绪感染学术场域,认为社会心理学主要集中于对面部表情模仿与表情加工的研究,而管理学集中于服务领域,如服务员与顾客的情绪感染、领导与下属的情绪感染及其工作绩效等的研究。之前的研究更多是针对正性情绪的感染,如今研究趋势逐渐转向负性情绪感染,并将二者对照研究,同时不仅局限于静态的情

---

[1] LUNDQVIST L O. A Swedish adaptation of the emotional contagion scale: factor structure and psychometric properties[J]. Scandinavian journal of psychology, 2006, 47(4): 263-272.

[2] HSEE C K, HATFIELD E, CARLSON J G, et al. The effect of power on susceptibility to emotional contagion[J]. Cognition and emotion, 1990, 4(4): 327-340.

[3] VIJAYALAKSHMI V, BHATTACHARYYA S. Emotional contagion and its relevance to individual behavior and organizational processes: a position paper[J]. Journal of business and psychology, 2012, 27(3): 363-374.

[4] 王潇,李文忠,杜建刚.情绪感染理论研究述评[J].心理科学进展,2010,18(8):1236-1245.

绪感染，而且开始考虑动态的情绪感染。研究采用的手段从访谈、情景问卷、图片到录像、肌电图等，再到逐渐采用越来越高级的手段如功能磁共振成像技术，并严格控制情境[①]。

上述研究成果均有助于增进我们对情绪感染学术场域内研究方法、研究问题等演变的了解。但受定性描述研究方法的局限，上述研究成果对学术场域的描述还不够全面。基于此，本研究立足情绪感染学术场域，利用CiteSpace引文可视化分析软件进行计量分析，以期较全面地勾勒当前情绪感染学术场域的知识图谱，为下一步的网络情绪感染研究奠定基础。本研究拟回答如下几个问题：①当前情绪感染研究学术场域在时空维度有何特点？②情绪感染研究呈现怎样的合作关系？③情绪感染研究热点有哪些，研究主要集中在哪些领域？④在研究进程中，情绪感染研究热点发生了怎样的转移？

二、研究方法

本研究采用CiteSpace引文可视化分析软件。在数据选择上，在中国期刊全文数据库中以TI="情绪感染"的检索式进行专业检索仅获得136篇相关文献，而以TS=（emotional contagion or mood contagion）检索式在WoS核心合集引文数据库进行检索可获得1295篇文献。由于中文文献较之英文文献数量少且未表现出明显特征，故本研究以英文文献为主，选择以目前收录信息比较全面和认可度较高的数据库WoS核心合集引文数据库为数据来源，对数据库中情绪感染相关文献进行计量分析[②]。

---

① 傅俏俏，温忠麟.情绪感染研究综述［C］//杨玉芳，苗丹民.中国心理学会成立90周年纪念大会暨第十四届全国心理学学术会议论文摘要集.［出版地不详］：［出版者不详］，2011：691.
② 陈悦，陈超美，胡志刚，等.引文空间分析原理与应用：CiteSpace实用指南［M］.北京：科学出版社，2014.

在WoS核心合集引文数据库中，运用字段标识、布尔运算符等创建TS=（emotional contagion or mood contagion）的检索式进行高级检索，时间跨度为所有年份（数据更新至2021年4月12日）。在检索出的1295篇文献中，剔除文献类型为综述和图书章节等类型的文献，只保留期刊论文和论文集论文，精炼后的数据库共包含1140篇文献。将这些文献的全记录及参考文献信息导入CiteSpace引文可视化分析软件去重后为1027篇文献。经CiteSpace引文可视化分析软件计量分析，可获得情绪感染研究的合作、共现、共被引等知识图谱，以此可从总体上获知情绪感染学术场域的研究现状。

三、情绪感染研究学术图谱分析

本部分从情绪感染研究的时间和空间分布、合作关系、引文情况、研究热点转移等方面描绘并分析情绪感染研究的学术场域，以期回答上文提出的四个问题。

（一）时空维度特点分析

情绪感染研究成果基本呈现出时间上逐年递增，空间上分布集中的态势。

1. 时间线分布

对精炼后的文献进行统计，在时间维度上的统计结果如图1-9所示。

关于情绪感染的研究较早出现在2000年前后，研究初期发展较为缓慢，成果较少。直至2008年前后，情绪感染这一研究话题的相关文献数量才开始快速增长，呈现总体逐年增长的趋势。

2. 地理空间分布

在情绪感染研究的地理空间分布上，对文献来源的国家/地区分布情况进行统计，结果显示，美国的研究最多，远远超出其他国家。中国、德国、英国研究数量较为接近，排位靠前（见图1-10）。情绪感染研究在地理空间

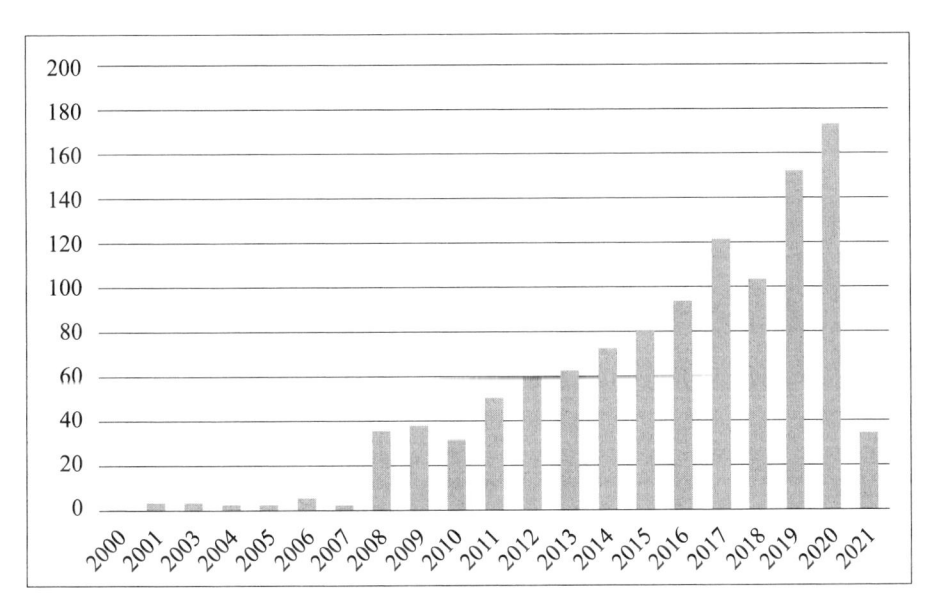

图 1-9　WoS 情绪感染文献时间分布

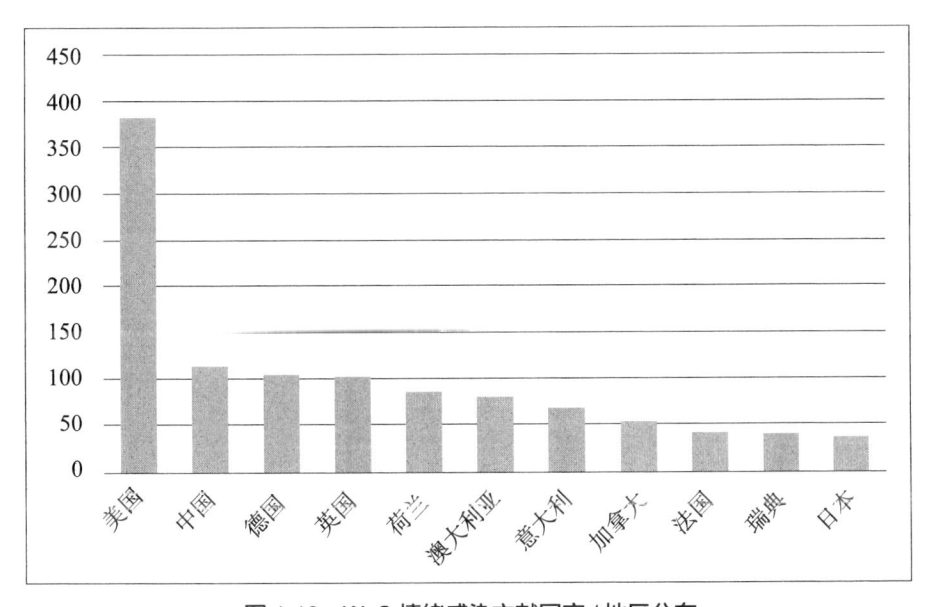

图 1-10　WoS 情绪感染文献国家/地区分布

上分布很不均衡，研究主要集中在美国，而中国的情绪感染研究数量虽然排在第二位，但还有很大的发展空间。

（二）情绪感染研究合作图谱分析

为探究情绪感染研究学术场域的合作关系，本部分从作者、机构、国家的合作情况入手，描绘情绪感染研究的合作图谱。

在了解情绪感染研究作者、研究机构及国家分布及合作情况时，本研究均将时间跨度选为2000—2021年，运行CiteSpace V软件后，分别得到情绪感染研究作者合作图谱、情绪感染研究机构合作图谱与情绪感染研究国家合作图谱。

一般情况下，密度为1的网络并不存在，实际网络的密度一般不超过0.5。情绪感染研究的作者网络十分松散，密度为0.0005，作者之间几乎没有联系（见图1-11）。在情绪感染学术场域没有固定的科研合作团队，甚至松散的科研合作团队都极少，研究者的研究多为个人研究。对情绪感染合作研究最多的研究者分别是范克里夫（Van Kleef）、帕拉吉（Palagi）、诺西亚（Norscia）、佩蒂塔（Petitta）等，其中，范克里夫合作了14篇相关

图 1-11　情绪感染研究作者合作图谱

文献。他的研究主要从社会心理学角度出发，集中在情绪互动对社交决策、团队绩效、冲突化解等的影响上，其被引用频次最高的文献为《社交决策中的情绪互动方式：作为社会信息模型的情绪》(An interpersonal approach to emotion in social decision making: the emotions as social information model)[1]，聚焦人际关系影响（个体情绪对他人行为的影响等）、离散的情绪状态影响、合作与竞争环境之间的区别，基于个体利用他人的情绪传递来理解不明确的情况、影响程度取决于竞争或合作的环境性质的两个假设，提出情感—社会信息（EASI）模型，研究情绪互动在社交决策中的作用。研究发现，情绪互动对社交决策的影响普遍存在，合作环境中的影响主要来自情绪感染等情绪反应，竞争环境中的影响主要来自个体从他人情绪中获得的战略推断。

情绪感染研究的机构网络较为松散，密度仅为0.0017，机构之间几乎没有联系（见图1-12）。对情绪感染合作研究最多的是荷兰的阿姆斯特丹大

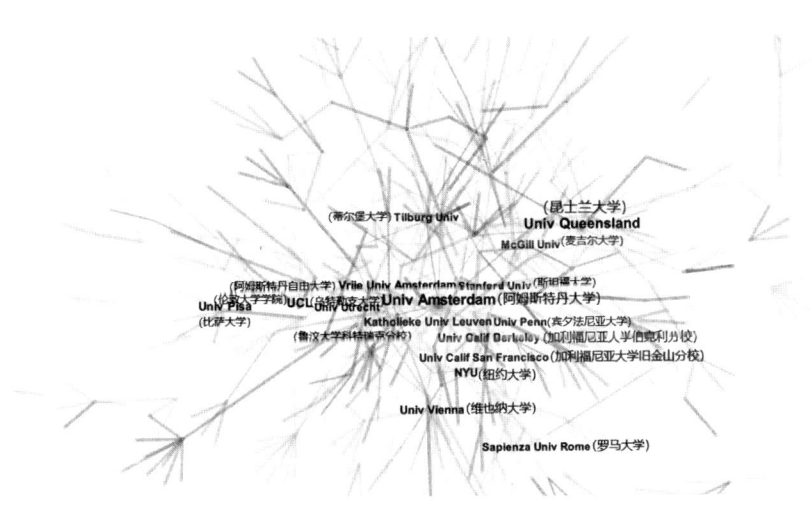

图 1-12 情绪感染研究机构合作图谱

---

[1] VAN KLEEF G A, DE DREU C K W, MANSTEAD A S R. An interpersonal approach to emotion in social decision making: the emotions as social information model[J]. Advances in experimental social psychology, 2010, 42(42): 45-96.

学，共有27篇相关文献。澳大利亚昆士兰大学、英国伦敦大学学院、意大利比萨大学以及美国加利福尼亚大学伯克利分校也有较多合作研究。结合情绪感染各国文献数量可知，在情绪感染研究领域内，美国和荷兰无论在总体上还是代表性研究机构上都走在世界前列。中国对情绪感染合作研究最多的是山东师范大学，但在世界范围内却是并列50名，今后还有很大发展空间。

CiteSpace V 软件运行结果中，节点的大小表示被引频次的高低，其中，深色外圈进行重点标注的节点的中心性（centrality）较高，说明其在整个共现网络中比较重要。情绪感染研究的国家合作网络较为紧密，密度为0.1188，国家之间合作较为密切（见图1-13）。情绪感染合作研究频次前十的国家分别为：美国、中国、英国、德国、澳大利亚、荷兰、意大利、加拿大、瑞典、法国。

此外，一些节点虽然节点面积较小，目前研究的引用频次较低，却有较高的中心性，在整个网络中比较重要，有较大的发展空间。瑞士、匈牙

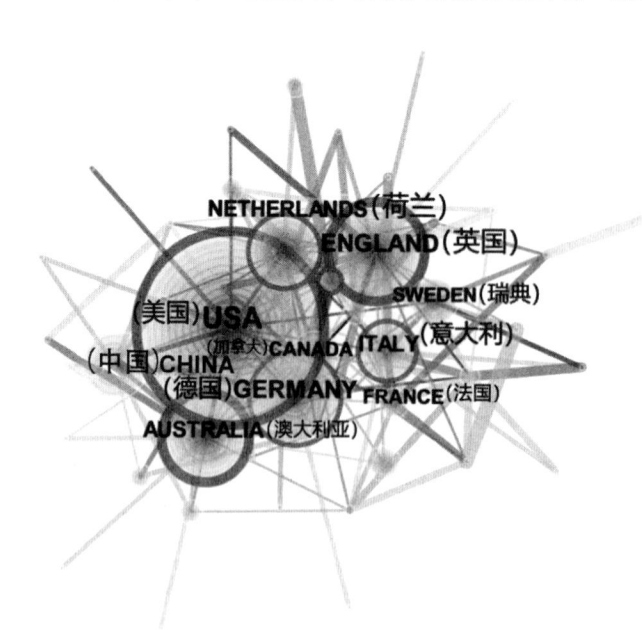

图 1-13　情绪感染研究国家合作图谱

利、巴基斯坦中心性较高，分别为0.12、0.07和0.04，呈现一定的近地缘合作特点。

(三) 情绪感染研究共现图谱分析

本部分通过聚合相关研究文献的类别和关键词，获得类别共现图谱和关键词共现图谱，以描绘情绪感染研究的热点领域和热点问题。

1. 类别共现图谱

为了解情绪感染研究涉及领域的分布情况，运行CiteSpace V软件后得到情绪感染研究类别共现图谱（见图1-14）。

目前情绪感染研究集中在心理学和经济管理学科上，尤其以心理学为主。相关学科领域包括心理学、商业和经济学、管理学、应用心理学、商业科学、

图 1-14 情绪感染研究类别共现图谱

心理学交叉学科、实验心理学、社会心理学、神经科学与神经病学、行为科学。数据显示目前情绪感染的主要研究方向较少涉及传播学领域，但是在舆情实践中情绪感染起着不可或缺的作用，未来的传播学研究者可以将情绪感染研究更广泛地应用于舆情研究相关课题，以实现研究的创新和突破。

而一些面积较小，但中心性较高的节点包括职业病与公共环境学、生物医学与社会科学、人工智能与计算机科学、生态和环境科学、发展心理学等。

2.关键词共现图谱

为了解情绪感染研究关键词共现情况，采用与"类别共现图谱"一样的分析步骤，仅将分析对象改为keyword，运行CiteSpace V软件后得到情绪感染研究关键词共现图谱（见图1-15）。

情绪感染研究文献的关键词集中在情绪感染、行为、情绪、共情、表现、模型、感知、心情、反应、表达，以及验证、系统、威胁、社会认知、心理健康、变革型领导、顾客满意度、性别差异、青少年、社会互动上（见表1-4、表1-5）。从情绪感染研究关键词可以看出，在心理学研究方向，情绪感染研究集中在个体情绪感染的机制研究及对面部表情模仿与表

图 1-15 情绪感染研究关键词共现图谱

情加工的研究上；在经济管理学方向，情绪感染研究集中在组织管理领域如情绪感染对个体或集体决策的影响、领导与下属的情绪感染及其工作绩效，服务领域如服务员与顾客的情绪感染等的研究上。

表1-4 情绪感染研究关键词频次排名

排名	关键词	频次	中心性
1	情绪感染（emotional contagion）	412	0
2	行为（behavior）	186	0.01
3	情绪（emotion）	167	0.05
4	共情（empathy）	164	0.02
5	表现（performance）	126	0.02
6	模型（model）	122	0.02
7	感知（perception）	97	0.03
8	心情（mood）	86	0.02
9	反应（response）	82	0.02
10	表达（expression）	81	0.02

表1-5 情绪感染研究关键词中心性排名

排名	关键词	中心性	频次
1	验证（validation）	0.15	31
2	系统（system）	0.1	21
3	威胁（threat）	0.1	8
4	社会认知（social cognition）	0.09	23
5	心理健康（mental health）	0.08	26
6	变革型领导（transformational leadership）	0.07	26
7	顾客满意度（customer satisfaction）	0.06	34
8	性别差异（sex difference）	0.06	31
9	青少年（adolescent）	0.06	25
10	社会互动（social interaction）	0.06	11

（四）情绪感染研究共被引图谱分析

1.文献共被引图谱

为了解情绪感染研究文献共被引情况，时间跨度选为2000—2021年，分析对象筛选标准为Top50，采用最小生成树（Minimum Spanning Tree）算法对图谱进行修剪，运行CiteSpace V软件后得到情绪感染研究文献共被引图谱（见图1-16）。

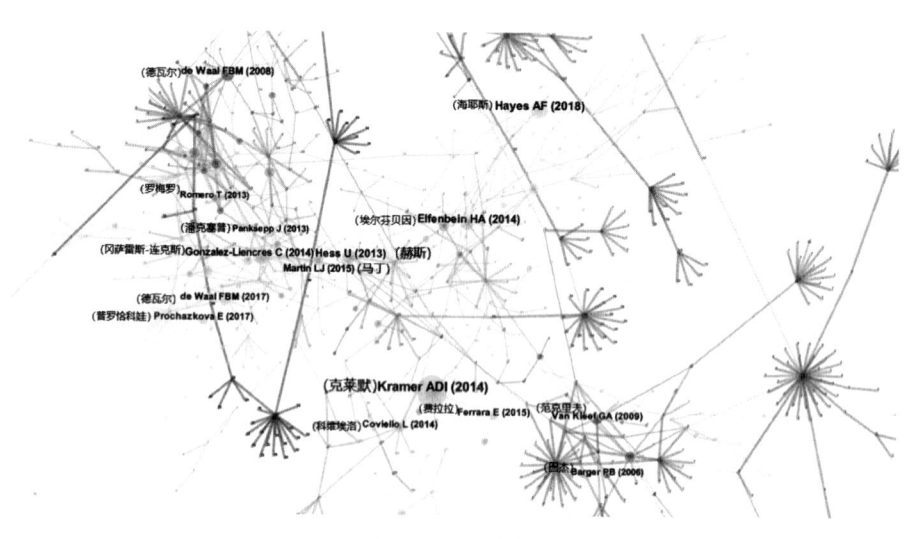

图 1-16　情绪感染研究文献共被引图谱

在本次聚类中，mean silhouette值为0.9587，说明聚类主题较为明确，聚类内容较为相近。经过聚类可以看出，共引频次最高的五篇文献主要集中在社会学、心理学和神经科学研究领域，引用频次高，在情绪感染研究中影响面大，包括：《基于社交网络的大规模情绪感染实证研究》《基于情感联结过程理论的情绪感染多面性研究》《作为社会调节的情绪模仿》《基于熟悉度作用的小鼠间情绪感染研究》《利他主义的回归：同理心的演变》（见表1-6）。

表1-6　情绪感染研究文献共被引频次排名

排名	时间	文献	频次	中心性
1	2014	《基于社交网络的大规模情绪感染实证研究》(Experimental evidence of massive-scale emotional contagion through social networks) DOI 10.1073/pnas.1320040111	54	0.02
2	2014	《基于情感联结过程理论的情绪感染多面性研究》(The many faces of emotional contagion: an affective process theory of affective linkage) DOI 10.1177/2041386614542889	25	0.03
3	2013	《作为社会调节的情绪模仿》(Emotional mimicry as social regulation) DOI 10.1177/1088868312472607	24	0.01
4	2014	《基于熟悉度作用的小鼠间情绪感染研究》(Emotional contagion in mice: the role of familiarity) DOI 10.1016/j.bbr.2014.01.020	21	0
5	2008	《利他主义的回归：同理心的演变》(Putting the altruism back into altruism: the evolution of empathy) DOI 10.1146/annurev.psych.59.103006.093625	20	0.05

《基于社交网络的大规模情绪感染实证研究》通过收集Facebook上横跨20年的公开表达的相关社交网络数据，证实情绪感染存在于个体互动之外，面对面互动和非语言暗示对情绪感染来说并不必要[1]。《基于情感联结过程理论的情绪感染多面性研究》基于前人关于原始模仿、移情作用等机制的研究，引入情绪过程理论（APT），将10种不同的人际情感联结机制划分为三种类型。一是同质性联结，即个体对情绪刺激产生相同的理解和行为反馈；二是差异性联结，即个体对情绪刺激产生相同的理解，但不同的行为反馈；三是互补性联结，即一方个体是情绪刺激本身[2]。《作为社会调节的情

---

[1] KRAMER A D I, GUILLORY J E, HANCOCK J T. Experimental evidence of massive-scale emotional contagion through social networks[J]. Psychological and cognitive sciences, 2014, 111(24): 8788-8790.

[2] ELFENBEIN H A. The many faces of emotional contagion: an affective process theory of affective linkage[J]. Organizational psychology review, 2014, 4(4): 326-362.

绪模仿》在情绪模仿经典理论"匹配运动假说"基础上，提出背景相关模型，研究指出内隐或外显的背景信息是情绪模仿发生的必要条件，人们模仿与背景相关的情绪，而不是简单地传达情绪的肌肉动作，同时观察者和模仿者之间的关系也与情绪模仿密切相关[①]。《基于熟悉度作用的小鼠间情绪感染研究》通过对照实验的方法，测试小鼠和其同伴在电击实验中的反应，研究表明熟悉度越高，小鼠间移情作用越明显[②]。《利他主义的回归：同理心的演变》立足心理学领域的个体情绪变化，阐述了同理心出现的机制，即利他行为演化为回报利益的过程，揭示了同情心这一情绪感染的内在机理[③]。

而《情绪循环：组织内部情绪的社交影响》《影响他人：日常决策中的社会评价和情绪感染》《镜像神经元和面对面互动中涉及的心理机制理论：共情的功能性磁共振成像方法》《疼痛的共情涉及大脑皮层的情感而非感觉区域》《情绪和消极特质情感在群体决策中的交互作用》（见表1-7）五篇文献集中在心理学和神经科学领域，具有较高中心性，虽然共引频次不高，但是对情绪感染研究有着不可忽视的作用。

表1-7 情绪感染研究文献共被引中心性排名

排名	时间	文献	中心性	频次
1	2008	《情绪循环：组织内部情绪的社交影响》（Emotion cycles: on the social influence of emotion in organizations）DOI 10.1016/j.riob.2008.04.007	0.09	13
2	2009	《影响他人：日常决策中的社会评价和情绪感染》（Affecting others: social appraisal and emotion contagion in everyday decision making）DOI 10.1177/0146167209336611	0.07	7

---

① HESS U, FISCHER A. Emotional mimicry as social regulation[J]. Personality and social psychology review, 2013, 17(2): 142-157.

② GONZALEZ-LIENCRES C, JUCKEL G, TAS C, et al. Emotional contagion in mice: the role of familiarity[J]. Behavioural brain research, 2014, 263: 16-21.

③ DE WAAL F B M. Putting the altruism back into altruism: the evolution of empathy[J]. Annual review of psychology, 2008, 59: 279-300.

续表

排名	时间	文献	中心性	频次
3	2007	《镜像神经元和面对面互动中涉及的心理机制理论：共情的功能性磁共振成像方法》（Mirror neuron and theory of mind mechanisms involved in face-to-face interactions: a functional magnetic resonance imaging approach to empathy）DOI 10.1162/jocn.2007.19.8.1354	0.07	4
4	2004	《疼痛的共情涉及大脑皮层的情感而非感觉区域》（Empathy for pain involves the affective but not sensory components of pain）DOI 10.1126/science.1093535	0.06	5
5	2010	《情绪和消极特质情感在群体决策中的交互作用》（The interactive effects of mood and trait negative affect in group decision making）DOI 10.1287/orsc.1090.0461	0.06	2

《情绪循环：组织内部情绪的社交影响》提出情绪循环理论，即人与人之间的情绪不是单向的、非重复的现象，而是在二元以上组织中存在循环周期的，个体的情绪可以影响他人的情绪、想法和行为，他人的反应也会进一步作用于未来的人际互动；人们可以通过模仿或者回应别人的情绪，在组织中感染、加强同种情绪或扩展情绪范围；情绪循环也容易受到人口统计学变量（如组织中个体的性别、种族）、情境变量（如参与者的相对能力）等的影响[1]。《影响他人：日常决策中的社会评价和情绪感染》采用日记追踪研究方法，对41位参与者三周内涉及他人的决策进行分析研究，发现决策情境下他人的焦虑或兴奋情绪会强烈地转移到决策者身上[2]。《镜像神经元和面对面互动中涉及的心理机制理论：共情的功能性磁共振成像方法》

---

[1] HARELI S, RAFAELI A. Emotion cycles: on the social influence of emotion in organizations[J]. Research in organizational behavior, 2008, 28: 35-59.

[2] PARKINSON B, SIMONS G. Affecting others: social appraisal and emotion contagion in everyday decision making[J]. Personality and social psychology bulletin, 2009, 35(8): 1071-1084.

从神经科学角度出发，研究共情行为相关生理机制，发现共情引起的面部表情变化会调动镜像神经元和思维理论（ToM）相关的大脑区域，ToM和镜像神经元之间相互作用的机制使得个体在面对面交流过程中能够保持"自我—他人"的差异[①]。《疼痛的共情涉及大脑皮层的情感而非感觉区域》运用功能磁共振成像技术，实验测量志愿者经历痛苦刺激时的大脑皮层活动，发现疼痛网络中与情感相关的区域而非与感觉相关的区域会影响痛苦移情[②]。《情绪和消极特质情感在群体决策中的交互作用》聚焦"情绪—特质"相互作用的情况，通过175组假设实验，发现团队情绪消极或中性时，团队更容易做出高质量的决策；团队情绪积极的小组可以通过具有消极性格特质的成员来缓解积极团队情绪造成的影响[③]。

2. 作者共被引图谱

为了解情绪感染研究作者共被引情况，采用与"文献共被引图谱"一样的分析步骤，仅将分析对象改为cited author，运行CiteSpace V软件后得到情绪感染研究作者共被引图谱（见图1-17）。

从图1-17可以看出，虽然作者共被引图谱密度仅为0.0022，呈现一种松散的结构，但是有几位作者明显被引频率高，并处于情绪感染研究领域核心地位。哈特菲尔德（Hatfield）、巴萨德（Barsade）、普格（Pugh）、埃克曼（Ekman）、沃森（Watson）情绪感染研究共被引最多，巴乔罗夫斯基

---

① SCHULTE-RÜTHER M, MARKOWITSCH H J, FINK G R, et al. Mirror neuron and theory of mind mechanisms involved in face-to-face interactions: a functional magnetic resonance imaging approach to empathy[J]. Journal of cognitive neuroscience, 2007, 19(8): 1354-1372.

② SINGER T, SEYMOUR B, O'DOHERTY J, et al. Empathy for pain involves the affective but not sensory components of pain[J]. Science, 2004, 303(5661): 1157-1162.

③ VAN KNIPPENBERG D, KOOIJ-DE BODE H J M, VAN GINKEL W P. The interactive effects of mood and trait negative affect in group decision making[J]. Organization science, 2010, 21(3): 593-801.

图 1-17　情绪感染研究作者共被引图谱

（Bachorowski）、美国大学健康协会（American College Health Association）、亚当斯（Adams）、巴雷特（Barrett）、巴拉德（Ballard）中心性最高，中心性最高为0.29。

3.期刊共被引图谱

为了解情绪感染研究期刊共被引情况，采用与"文献共被引图谱"与"作者共被引图谱"一样的分析步骤，仅将分析对象更改为cited journal，运行CiteSpace Ⅴ软件后得到情绪感染研究期刊共被引图谱（见图1-18）。

共被引期刊同研究领域相似，类别主要集中在心理学、管理学等领域，不过值得注意的是青少年发展类相关期刊中心性较高，具有发展潜力。《人格与社会心理学杂志》《心理学公报》《应用心理学杂志》《心理学年度评论》的共引频次很高，共引频次高的文献多来源于这五本期刊，如《利他主义的回归：同理心的演变》发表在《心理学年度评论》上。

中心性最高的五本期刊为《青少年精神病学》《攻击与暴力行为》《斯

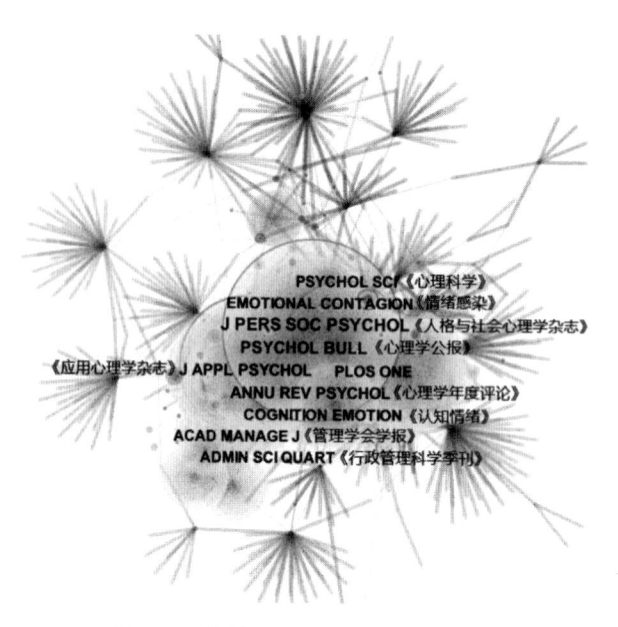

图 1-18 情绪感染研究期刊共被引图谱

堪的纳维亚神经病学学报》《心理科学》《咨询心理学和临床心理学杂志》。

（五）研究热点转移

为研究情绪感染学术场域热点转移情况，研究者将情绪感染研究划分为四个时间段，即2005年以前、2006—2010年、2011—2015年、2016年以后，分别聚类关键词，分析其折射的研究重点及变化情况。分析对象筛选标准为Top50，采用最小生成树（minimum spanning tree）算法对图谱进行修剪，运行CiteSpace V软件后得到情绪感染研究分阶段关键词共现图谱（见图1-19至图1-22）。

2005年以前，关键词集中在精神分裂症、焦虑、镜像神经元、自杀、自杀企图、性别差异、社会认知、情绪障碍、自杀预防、压力、黑猩猩、人类杏仁核、生理学、实践指南、情绪表达等上（见表1-8）。情绪感染研究在起步阶段聚焦于心理学和神经科学领域，关注情绪在生理和心理上的感染机制，多采用实验的方法进行研究。

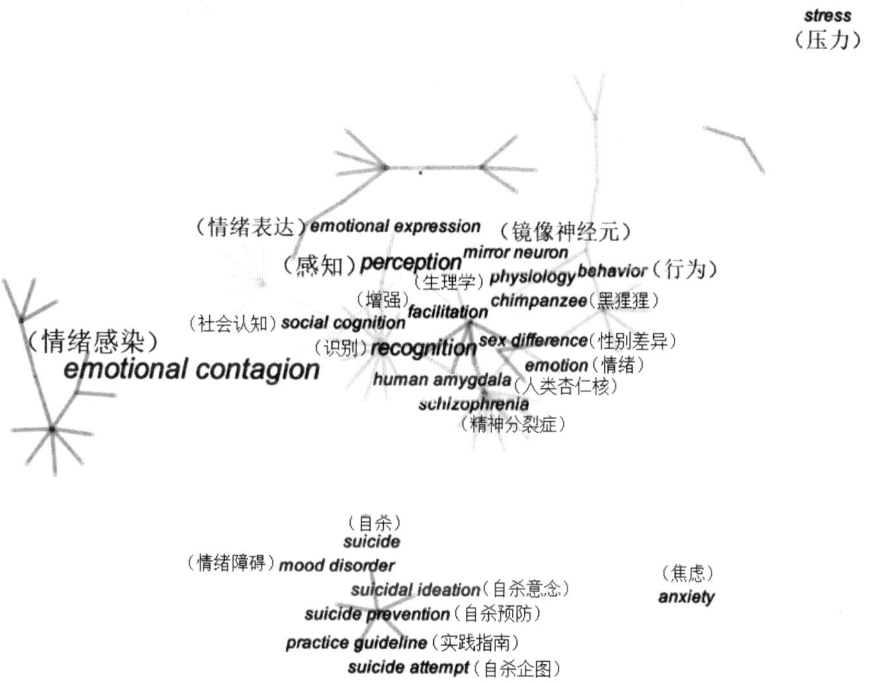

图 1-19　2005 年以前情绪感染研究关键词共现图谱

表 1-8　2005 年以前情绪感染研究关键词频次排名[①]

序号	关键词	频次	中心性
1	精神分裂症（schizophrenia）	2	0.01
2	焦虑（anxiety）	2	0
3	镜像神经元（mirror neuron）	2	0.06
4	自杀（suicide）	2	0
5	自杀企图（suicide attempt）	2	0
6	性别差异（sex difference）	2	0.13
7	社会认知（social cognition）	2	0.04
8	情绪障碍（mood disorder）	2	0

---

① 表1-8至表1-11剔除共同具有的 emotional contagion, emotional, contagion, mood, perception, recognition, behavior, consequence, performance, impact, expression, model 等12个高频共现关键词。

续表

序号	关键词	频次	中心性
9	自杀预防（suicide prevention）	2	0
10	压力（stress）	2	0
11	黑猩猩（chimpanzee）	2	0.15
12	人类杏仁核（human amygdala）	2	0.03
13	生理学（physiology）	2	0.07
14	实践指南（practice guideline）	2	0
15	情绪表达（emotional expression）	2	0.05

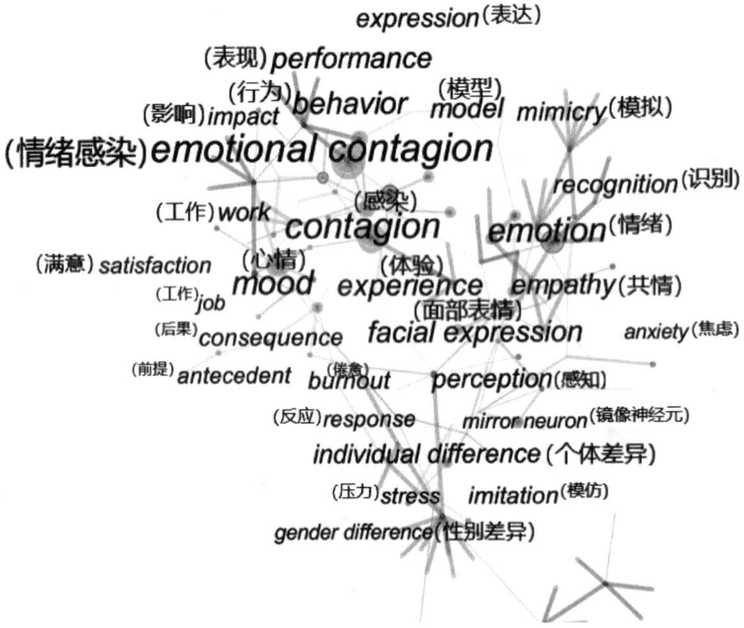

图1-20　2006—2010年情绪感染研究关键词共现图谱

2006—2010年时间段内，关键词集中在体验、面部表情、共情、工作、个体差异、模拟、倦怠、模仿、前提、满意、压力、反应、焦虑、镜像神经元、工作等上（见表1-9）。情绪感染研究开始重点关注个体差异，由宏观的感染机制研究向个体间表情模仿、情绪互动等方面转移，提出情绪循环理论等创新理论,关于情绪感染对个体决策、群体决策的相关社会学研究逐步增加。

表1-9 2006—2010年情绪感染研究关键词频次排名

序号	关键词	频次	中心性
1	体验(experience)	15	0.14
2	面部表情(facial expression)	14	0.1
3	共情(empathy)	12	0.03
4	工作(work)	10	0.12
5	个体差异(individual difference)	10	0.09
6	模拟(mimicry)	9	0.03
7	倦怠(burnout)	8	0.21
8	模仿(imitation)	8	0
9	前提(antecedent)	7	0.04
10	满意(satisfaction)	7	0.24
11	压力(stress)	7	0.23
12	反应(response)	7	0
13	焦虑(anxiety)	6	0.12
14	镜像神经元(mirror neuron)	6	0.03
15	工作(job)	6	0.04

2011—2015年范围内,关键词集中在共情、工作、面部表情、个性、个体差异、满意、反应、工作满意度、模拟、愤怒、传播、服务、性别差异、压力、微笑等上(见表1-10)。情绪感染相关研究在前一阶段研究成果的基础上不断细化,关注情绪感染中的内隐和外显背景信息,包括个性特质、性别差异、具体情境等多维度情况的互相影响和作用,提出情绪过程理论、背景相关模型等,并广泛运用于组织管理学、市场营销学等领域。

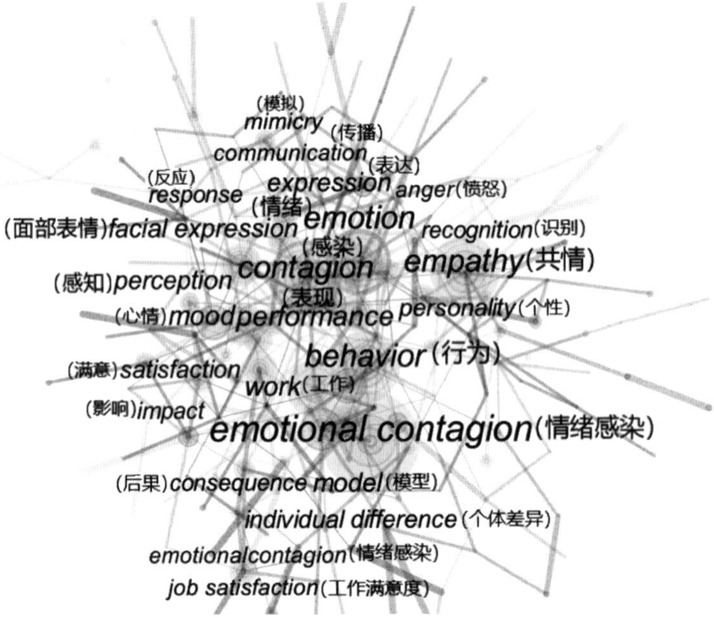

图 1-21　2011—2015 年情绪感染研究关键词共现图谱

表 1-10　2011—2015 年情绪感染研究关键词频次排名

序号	关键词	频次	中心性
1	共情（empathy）	60	0.1
2	工作（work）	30	0.2
3	面部表情（facial expression）	26	0.1
4	个性（personality）	23	0.1
5	个体差异（individual difference）	22	0.1
6	满意（satisfaction）	21	0.1
7	反应（response）	20	0.1
8	工作满意度（job satisfaction）	16	0.1
9	模拟（mimicry）	15	0.1
10	愤怒（anger）	15	0.1
11	传播（communication）	15	0.1
12	服务（service）	14	0.1

续表

序号	关键词	频次	中心性
13	性别差异（gender difference）	13	0
14	压力（stress）	13	0.1
15	微笑（smile）	11	0

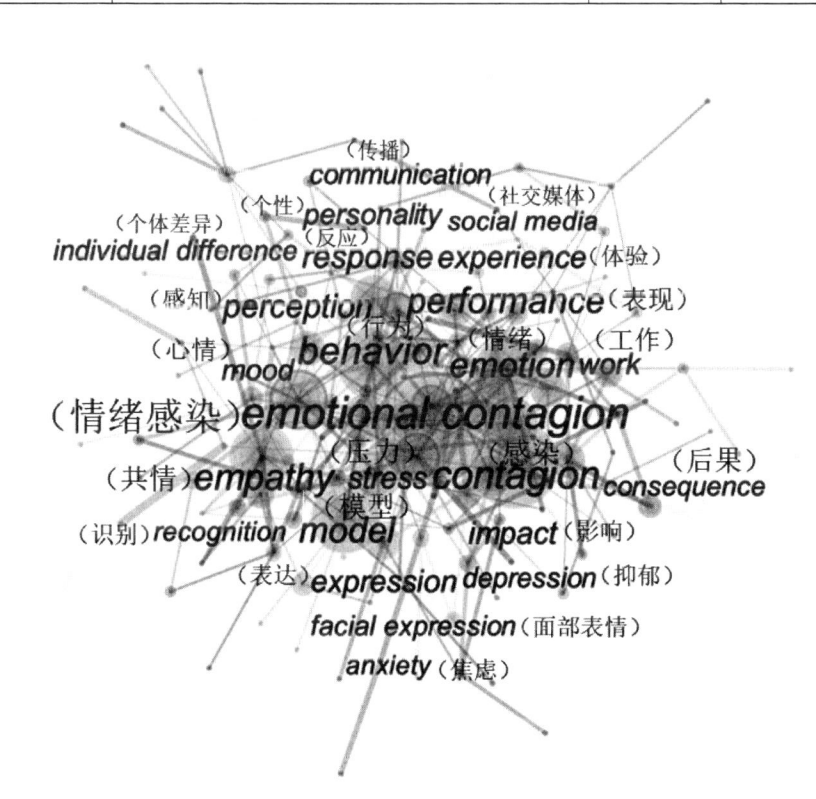

图1-22　2016年以后情绪感染研究关键词共现图谱

2016年以后，关键词集中在共情、反应、体验、压力、个性、工作、个体差异、抑郁、传播、面部表情、焦虑、社交媒体、满意、健康、新型冠状病毒等上（见表1-11）。随着人工智能和计算机科学的发展，计算机建模方法和仿真实验更多地应用于情绪感染研究领域，基于社交媒体的情绪感染研究逐步开始，全球新冠肺炎疫情暴发后，突发公共卫生事件中的人际情绪影响和情绪干预的研究集中出现。

表1-11 2016年以后情绪感染研究关键词频次排名

序号	关键词	频次	中心性
1	共情（empathy）	91	0
2	反应（response）	53	0
3	体验（experience）	44	0.1
4	压力（stress）	43	0.2
5	个性（personality）	35	0
6	工作（work）	34	0
7	个体差异（individual difference）	32	0
8	抑郁（depression）	32	0
9	传播（communication）	31	0.1
10	面部表情（facial expression）	29	0
11	焦虑（anxiety）	27	0
12	社交媒体（social media）	27	0
13	满意（satisfaction）	23	0
14	健康（health）	22	0
15	新型冠状病毒（covid-19）	22	0

四、结论与讨论

研究发现，在时间维度上，情绪感染研究始于2000年前后，初期发展较慢，在2008年前后开始快速发展，总体呈现逐年增长的态势。在地理空间维度上，研究成果大量集中在美国，中国、德国、英国次之，分布极不均衡，而中国的情绪感染研究较美国研究成果还有很大的发展空间。

就情绪感染相关研究的合作情况来看，情绪感染学术场域少有松散的科研合作团队，没有稳定的科研合作团队，研究成果多为个人研究成果。情绪感染研究的机构网络较为松散，各研究机构之间几乎没有联系。而情绪感染研究的国家合作网络较为紧密，国家之间合作较为密切。

目前情绪感染研究集中在心理学和经济管理学科上，尤其以心理学为主，《人格与社会心理学杂志》《心理学公报》《应用心理学杂志》等期刊有较高的共引频次，此外人工智能和计算机科学的发展也对情绪感染研究产生较大影响。从情绪感染研究关键词的聚合可以看出在心理学研究方向，情绪感染研究集中在个体情绪感染的机制研究及对面部表情模仿与表情加工的研究。

从情绪感染领域研究热点转移情况来看，起步阶段的情绪感染研究聚焦于心理学和神经科学领域，关注情绪在生理和心理上的感染机制，多采用实验的方法进行研究。而后情绪感染研究重点关注个体差异、个性特质、具体情境、关系网络的影响作用，由感染机制研究转向情绪交互作用研究，提出情绪循环理论、情绪过程理论、背景相关模型等创新理论。随着人工智能和计算机科学的发展，计算机建模方法和仿真实验更多地应用于情绪感染研究领域，基于社交媒体的情绪感染研究逐步开始，全球新冠肺炎疫情暴发后突发公共卫生事件中的人际情绪影响和情绪干预研究集中出现。

总体说来，由于研究发展时间较短，研究热点转移较小，研究重点大体经历了从心理学情绪感染形成机制到经济管理学实践应用的轻微转移过程，现在情绪感染形成机制、情绪感染与个体/群体行为关系仍然是研究热点。当前关于情绪感染形成机制的理论假设主要包括模仿—回馈机制、联想—学习机制、语言调节联想机制、认知机制、直接诱导机制等[1]。其中维伯克（Verbeke）在1997年阐述的模仿—回馈机制得到了大多数学者的认可，即个体倾向于自动和持续地模仿并同步自己与他人的面部表情、声音、姿势动作和工具性的行为，并通过这些模仿获得的反馈使主观的情绪体验受到影响。而情绪感染在经济管理领域的应用则多采用实验的方法，通过

---

[1] 王潇，李文忠，杜建刚.情绪感染理论研究述评[J].心理科学进展，2010，18（8）：1236-1245.

分组实验和控制变量的方法研究情绪感染中的领导评价和团队绩效[①]。

相关数据显示，目前情绪感染的主要研究较少涉及传播学领域，但是情绪感染在舆情实践中起着不可或缺的作用，未来的传播学研究者可以借鉴心理学及计算机科学实验的方法，结合情绪感染的模仿—回馈机制和情绪量表的使用，定量测量公众对于网络舆情的情绪感染动态变化情况，以将情绪感染研究应用于舆情研究相关课题，实现研究的创新和突破。

本研究中数据收集是关键一环，而其中使用的检索式尤为重要，本研究以TS=（emotional contagion or mood contagion）为检索式进行高级检索，检索式仍存在优化的可能性。此外，本研究利用CiteSpace引文可视化分析软件从大处着手，概括性地计量分析了情绪感染研究的现状，但具体到每篇文献时，对文献全文内容关注不足，需要后续研究加以补充和改进。

---

① 成达建，温碧燕.领导行为中的情绪感染研究述评［J］.商业经济，2013（20）：79-84.

第四节　中外情绪动员学术场域比较分析

情绪动员作为一种以情绪为工具和目的的社会动员形式，自诞生起就饱受争议。19世纪90年代以勒庞为代表的社会心理学家对集体行动中的情绪持相对负面态度，认为普通民众在情绪的操控下会演化成失控的暴民，对社会构成巨大威胁。20世纪50年代，当西方社会被理性主义主导时，因为情绪与理性的相对性，学者又一直试图将情绪排除在外，否定情绪在社会动员中的效用。即便到了情绪再次复归的20世纪90年代，人们仍在质疑这种情绪动员方式的道德合理性，担忧以情绪引导大众是否会导向混乱与失序。情绪动员尽管饱受争议，但仍已深深嵌入当下的网络社会中。"在社交媒体中，不能调动情感的抗争性谈话已无法进展为网络事件，唯有令人感动、令人震撼才能凝聚人心，达到广泛的影响力。"[1]随着网络热点事件的层出不穷，国内外关注情绪动员的研究也在逐年增多，形成两个既存在内在联系，又相互区隔的学术场域。本研究尝试回答的问题包括：国内外情绪动员学术场域分别有何特征？这些特征存在怎样的差异及差异形成的原因何在？

---

[1]　杨国斌.悲情与戏谑：网络事件中的情感动员［J］.传播与社会学刊，2009（9）：39-66.

一、研究方法

本部分利用CiteSpace引文可视化分析软件,对国内外情绪动员学术场域内的相关文献进行计量分析。

(一)研究工具

本研究主要采用CiteSpace5.8 R3开展文献计量学研究。根据CiteSpace对主题、关键词、类别生成的图谱,可发现研究的重点与热点。将热点聚类与时区结合起来,可分析研究该领域的学术发展脉络。由于CiteSpace与中文文献数据在个别地方不兼容,因此本节在进行学科领域与共被引分析时,以CNKI及WoS数据库自带的文献计量工具辅助数据分析。尽管WoS并不能代表国外的全部学术场域,但基于其在英语世界的代表性和权威性以及经济成本和便捷性等因素考虑,研究者仍选择WoS作为国外学术场域的代表。

(二)数据来源

为了保证数据的质量,本研究的数据均来自国内外数据库中的核心合集,国内数据来源于CNKI中的CSSCI和北大核心期刊,国外数据来源于WoS数据库中的Web of Science核心合集。在国内文献检索中,研究者以"情绪动员""情感动员""媒介动员"作为关键词,以"or"作为逻辑关联词进行衔接,得到142篇文献。在经过CiteSpace去重操作后,发现无重复文献,因而最终获得142篇有效文献,时间范围为2005—2021年。在WoS中,研究者以"emotion""mobilization"作为主题词,以"and"作为逻辑关联词进行衔接,共得到462篇有效文献。经过去重操作后,最终获得427篇有效文献,时间范围为1991—2021年。以上数据采集的截止时间为2022年1月8日。本研究使用的北京师范大学数据库的国内外文献收录范围均超过了情绪动员研究的发表年限，因此最终采集的数据囊括了本研究检索式下有关情绪动员的全部文献。

二、中外学术场域的内在联系

国外作为情绪动员研究领域的发源地，在研究的深度和广度上都领先于国内。因此国内学者在进行研究时会广泛引征国外学者的经典研究、权威书目，将其作为研究的理论基石。例如国内情绪动员领域被引量最高的《媒介动员、钉子户与抗争政治：宜黄事件再分析》中的引文就包括麦克亚当、蒂利、斯科特等知名学者的经典著作[1]。再如《网络抗争中谣言的情感动员：策略与剧目》[2]就参考了蒂利的《政权与斗争剧目》[3]、莫里斯、缪勒的《社会运动理论的前沿领域》等[4]。又如《新浪微博中网民的情感动员》则参考了特纳的《社会学理论的结构》[5]和布劳的《社会生活中的交换与权力》[6]等经典书目。近些年，国内的研究学者除了参考国外的经典论著外也开始更加注重前沿文献的引用，努力与国外的相关研究形成"对话"。反观国外，相关学者对中文学术文献的关注度却较低。从图1-23国外情绪动员研究共被引网络图中也可发现，中心度和关联度较高的都是国外学者，很难看到国内学者的身影。由此造成了国内外学术场域呈现出一种单向、失衡的局面。尽管面对着同一议题，尽管共同处在互联网技术带来的"社会抗争"变

---

[1] 吕德文.媒介动员、钉子户与抗争政治：宜黄事件再分析[J].社会，2012，32（3）：129-170.

[2] 郭小安.网络抗争中谣言的情感动员：策略与剧目[J].国际新闻界，2013，35（12）：56-69.

[3] 蒂利.政权与斗争剧目[M].胡位钧，译.上海：上海人民出版社，2012.

[4] 莫里斯，缪勒.社会运动理论的前沿领域[M].刘能，译.北京：北京大学出版社，2002.

[5] 特纳.社会学理论的结构[M].邱泽奇，张茂元，等译.7版.北京：华夏出版社，2006：276.

[6] 布劳.社会生活中的交换与权力[M].孙非，张黎勤，译.北京：华夏出版社，1988：104-141.

局之中，但只是国外的学术场域单方面地向国内学术场域施加影响，而国内研究的影响力却难以辐射至国外，两个场域未能形成对等的对话关系。

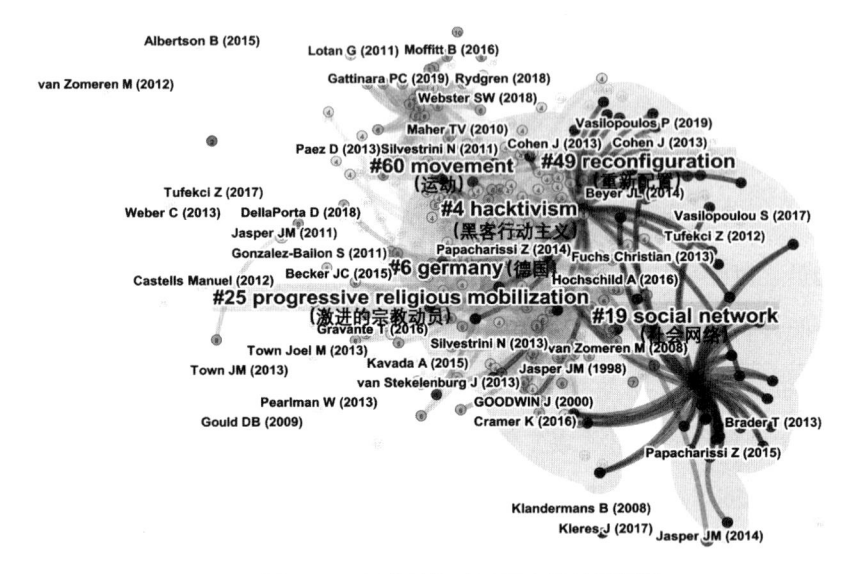

图 1-23　国外情绪动员研究共被引网络

三、中外学术场域的特征差异

由上可知，国内外情绪动员学术场域互动较少，二者在相对平行的发展历程中呈现出差异化的研究特征。

（一）发表年份：国外领跑情绪动员研究，国内奋起直追

国外情绪动员研究较早出现在 1991 年，为一项心理学研究成果。研究者分析一些案例后，发现一些外在刺激可能会引起个体愧疚、内疚和生气等负面情绪[1]。这项研究打破了"情绪是身体自然反应"的固有认知，验证

---

[1] PITMAN R K, ALTMAN B, GREENWALD E, et al. Psychiatric complications during flooding therapy for posttraumatic stress disorder[J]. The journal of clinical psychiatry, 1991, 52(1): 17-20.

了情绪是可被操纵、可被控制的。自此之后，国外有关情绪与社会动员关系的研究越来越多，并呈逐年上升趋势，目前共计427篇。

国内有关情绪动员的研究较早来自濮端华，他在探究大众传媒对战斗精神的整合时提到媒介的情感同化功能为军人提供了战斗精神的道德评价，由此初步开创了国内从情绪情感角度切入社会运动研究的先河。随后，情绪动员相关的研究迅猛发展起来。截至目前，国内与情绪动员有关的核心文献共计142篇。

国内核心文献数量约是国外的三分之一，二者虽在绝对值上存在较大差距，但二者的变化趋势却具有相似性（见图1-24）。具体体现在，国内外情绪动员学术场域中2010年前文献数量均较少，每年的产出数量稳定在10篇以下。2010年之后，都迎来了一个相对快速的增长阶段。增长的原因可能是互联网的快速发展一方面提升了社会运动的效率，另一方面赋予了大众更多话语权。这导致由情绪动员聚集的社会运动越来越频繁地发生，并引起了国内外学者

图 1-24 国内外情绪动员研究年份图

的广泛关注。但近几年情绪动员研究却又有所回缓，像是研究热度到达峰值后的一个自然"回调"。国外研究"回调"的原因可能在于同类型的情绪动员研究反复出现，新的学者已难以从中挖掘新的突破口。而国内研究"回调"的原因可能在于研究者关注的焦点已渐渐由"情绪动员"转向"情绪治理"。

（二）学科领域：国外多学科并驾齐驱，国内新闻传播一枝独秀

本研究依据两个数据库在情绪动员研究学科类属的分类，分别统计了两个学术场域中排名前五的学科类属发文量。结果发现，第一，国外有关情绪动员的研究所涉及学科比较多元，而国内则较为单一。国外的研究领域门类既包含社会科学学科，如政治科学、社会学、传播学等，又包括部分自然科学学科，如神经科学、实验心理学、心理学等。但国内却主要是社会科学下属的少数学科，如新闻与传媒、社会学及统计学、中国政治与国际政治等，不涉及自然科学研究内容。第二，国外情绪动员研究学科分布呈哑铃状，包括政治科学与社会学两个热门学科，这两个学科的文献占比分别是18.9%和16.1%。而中国则呈一枝独秀状，新闻与传媒文献占比65.7%，远高于排名第二的社会学与统计学（14.8%）（见表1-12）。

国外自然科学与社会科学之所以会在这一领域进行"联动"，是因为情绪动员的二重性。由于情绪动员既牵涉到"情绪"这种生理反应，又具备"动员"这一社会目的，所以跨越了两大学科类属。

国内研究领域之所以如此单一并集中在新闻与传媒、社会学、政治学等相关联的领域。首先是因为情绪动员在国内起步晚，目前研究者尚停留在宏观社会和中观群体层面，还未延展到情绪动员生理、心理等微观层面的探究，所以学科领域还仍集中在社会学范畴，未扩展到自然科学领属。其次，近几年情绪动员的发展与互联网媒介的兴起紧密联系，技术赋予民众更多话语权，在一定程度上改变了中国的政治格局，因此引起了关联领

域即媒介、社会学与政治学相关学者的高度关注。故而国内情绪动员研究呈现出学科类型单一、新闻与传媒学科独大的局面。

表1-12 中外情绪动员研究的主要学科类属

排名	WoS 学科	发文量	百分比	CNKI 学科	发文量	百分比
1	政治科学（political science）	87	18.9%	新闻与传媒	71	65.7%
2	社会学（sociology）	74	16.1%	社会学与统计学	16	14.8%
3	神经科学（neurosciences）	31	6.7%	中国政治与国际政治	7	6.5%
4	实验心理学（psychology experimental）	30	6.5%	中国文学	6	5.5%
5	传播学（communication）	29	6.3%	行政学与国家行政管理	5	4.6%

（三）研究范式：国外多种范式交相辉映，国内两种范式各表一枝

国外情绪动员学术场域中主要存在三种主流的研究范式：社会学研究范式、心理学研究范式和认知神经科学研究范式。

在社会学研究范式中，研究学者通常会选取具有影响力的社会运动，利用问卷、访谈等方法对社会运动组织者和参与者展开研究，从中挖掘情绪的作用。代表性研究有赫克斯（Hercus）所撰写的《身份、情感和女权主义集体行动》（Identity, emotion, and feminist collective action）。该文通过访谈集体行动参与者，发现了愤怒情绪对运动的特殊意义。压抑的愤怒会使女权主义者陷入孤立无援的境地，促使她们向集体行动靠拢，并从中获得情感能量和发泄不满情绪的机会[①]。与此同时，社会学研究范式的学者还

---

① HERCUS C. Identity, emotion, and feminist collective action[J]. Gender & society, 1999, 13(1): 34-55.

会采用符号分析、历史分析等方法对过去社会运动的情绪动员展开研究。例如，杨国斌就通过对比学生运动的官方叙述和民间叙述，探讨了集体行动中的情绪作用[①]。

而在心理学研究范式中，相关学者通常会采取实验法研究情绪对行为的影响及其作用机制。其中代表性的研究有特雷莫利埃（Trémolière）等人所撰写的《认知负荷调节情绪对分析性思维影响的中介作用》（Cognitive load mediates the effect of emotion on analytical thinking）[②]。该文采用实验法，验证了情绪所带来的认知负荷影响了个体的理性思考，进而导致个体产生冲动的行为。

在认知神经科学研究范式中，学者更注重从神经机制上阐释个体为何会被情绪驱使，采用的设备通常是脑电仪等神经科学研究的相关器械。代表性研究成果有托普斯（Tops）等人撰写的《任务参与和错误相关负性、宜人性、行为羞耻倾向与皮质醇的关系》（Task engagement and the relationships between the error-related negativity, agreeableness, behavioral shame proneness and cortisol）[③]，该文利用脑电仪发现了皮质醇对情绪动员的影响。

与国外多种范式相互补充的情况相比，国内情绪动员研究范式显得相对单一，体现为以传播学作为主范式，政治学作为次范式。在传播学主范式下，情绪动员研究主要通过文本分析、符号分析等方法讨论情绪何以在

[①] YANG G B. Achieving emotions in collective action: emotional processes and movement mobilization in the 1989 Chinese student movement[J]. The sociological quarterly, 2000, 41(4): 593-614.

[②] TRÉMOLIÈRE B, GAGNON M È, BLANCHETTE I, et al. Cognitive load mediates the effect of emotion on analytical thinking[J]. Experimental psychology, 2016, 63(6): 343-350.

[③] TOPS M, BOKSEM M A S, WESTER A E, et al. Task engagement and the relationships between the error-related negativity, agreeableness, behavioral shame proneness and cortisol[J]. Psychoneuroendocrinology, 2006, 31(7): 847-858.

短时间内掀起舆论风波。如郭小安的《网络抗争中谣言的情感动员：策略与剧目》①采用文本分析法，得出了网络抗争情感动员中谣言的作用。又如王雪晔的《图像与情感：情感动员实践中的图像框架及其视觉修辞分析》②则探究了情绪动员中的图像符号的作用。近些年，国内情绪动员研究又兴起了一种政治学研究范式，主要探讨情绪治理、舆论引导等相关话题，并且逐步发展成为网络治理的重要组成部分，如唐魁玉等人的《网络社会的情感治理》③等。

（四）研究方法：国外质化量化方法并重，国内"经验式漫谈"较多

国外情绪动员跨越自然科学和社会科学两大领域。以心理学、认知神经学为首的自然科学一派通常采用实验法、心理学量表、问卷调查、功能性核磁共振扫描、磁共振成像等方法对情绪动员展开讨论。而以社会学为首的社会科学研究者则主要借助案例分析、问卷调查、访谈法、情感分析等研究方法。较之于国外的量化与质化研究方向并重的情况，国内多数研究所使用的研究方法并不明确，仅从情绪动员角度泛泛分析热门社会事件④。仅有少数研究采用量化研究方法对情绪动员效果展开横向比较。如郭小安等通过对2002—2015年191个网络事件的内容分析探讨网络民粹事件中的情绪动员策略及效果⑤。徐亚倩则通过对118条谣言的内容分析探讨了

---

① 郭小安.网络抗争中谣言的情感动员：策略与剧目［J］.国际新闻界，2013，35（12）：56-69.
② 王雪晔.图像与情感：情感动员实践中的图像框架及其视觉修辞分析［J］.南京社会科学，2019（5）：121-127.
③ 唐魁玉，王德新.网络社会的情感治理［J］.甘肃社会科学，2019（3）：94-100.
④ 欧阳果华，王琴.情感动员、集体演出和意义构建：一个网络慈善事件的分析框架——以"罗一笑"刷屏事件为例［J］.情报杂志，2017，36（8）：68-75.
⑤ 郭小安，王木君.网络民粹事件中的情感动员策略及效果：基于2002—2015年191个网络事件的内容分析［J］.新闻界，2016（7）：52-58.

食品安全类微信谣言的情绪动员策略[1]。汤景泰等通过内容分析、情感分析与时间序列分析，探讨国际涉华虚假信息运动的情绪动员机制[2]。

总的来说，国外情绪动员研究在方法使用上较规范，量化与质化研究方法并重，而国内除少数研究采取了内容分析、话语分析等研究方法外，较多研究仍浮于"经验式漫谈"。国内研究在研究方法上的缺陷可能造成研究结论不够严谨，不利于研究成果受到学界公认，从而阻碍结论的进一步向外推广。

（五）研究路径：国外采用理论型路径，聚焦"情绪"，由表及里深化；国内侧重应用型路径，强调"动员"，由中心向四周辐射

由于国内外情境不同，彼此联系较少，因而形成了两条差异性的研究路径：国外的理论型研究路径与国内的应用型研究路径。在理论型研究路径中，学者更加关注动员过程中的情绪变化、行为转向的内在规律，试图分析出各类情绪的确切影响机制，并以此阐释当今社会运动为何发生又为何引起轰动性效果。而在应用型研究路径中，研究者则更期待解锁情绪的"动员"密码，热衷于以情绪为工具扩大社会动员的效用，更注重最终的动员结果以及所带来的社会变化。当然，这两种研究路径并非泾渭分明，一般情况下，理论型研究路径亦会在现实中寻找应用落地点，而应用型研究路径亦会从理论上寻找策略依据。两种路径的关键区别在于拟解决的核心问题是偏理论的还是偏应用的。国内外研究路径上的分野体现在研究热点静态结构与动态演进两个层面。

---

[1] 徐亚倩.食品安全类微信谣言的情感动员策略：基于"谣言过滤器"118条谣言的内容分析[J].青年记者，2018(26)：18-19.

[2] 汤景泰，陈秋怡，徐铭亮.情感共同体与协同行动：香港"修例风波"中虚假信息的动员机制[J].新闻与传播研究，2021，28(8)：58-76，127.

1. 研究热点静态结构差异：国外重"情绪"，国内重"动员"

关键词反映研究领域亮点和讨论重点，通过对国内外关键词共现网络的横向比较可呈现出国内外学术场域对情绪动员的关注范围和关注焦点间的异同。

从国内外情绪动员研究关键词共现网络来看（见图 1-25、图 1-26），国内外学术场域具有三个共同特点：第一，"情绪动员"（或称情感动员）一词都居于网络中心，是研究的核心话题，其他关键词都是由该词向外引申而来；第二，国内外情绪动员关键词网络都比较繁复，词语呈现较为密集，可见情绪动员研究经过多年发展已经积淀了较为丰富的研究成果；第三，国内外情绪动员研究都涉及"政治"议题的讨论。国外政治议题上产生了"政治（politics）""抗议（protest）""社会运动（social movement）"等关键词，国内政治议题则有"国民革命""革命

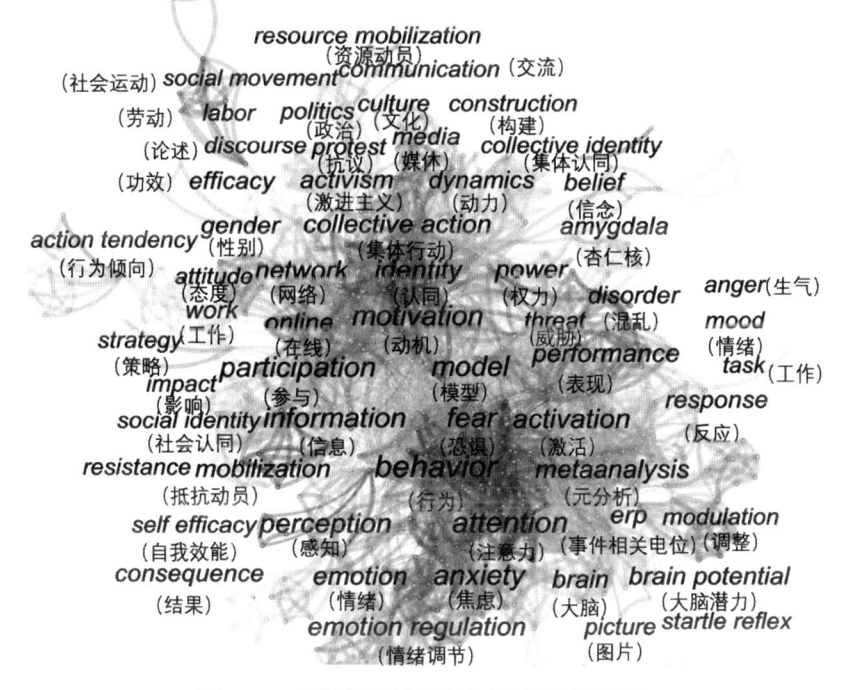

图 1-25 国外情绪动员研究关键词共现网络

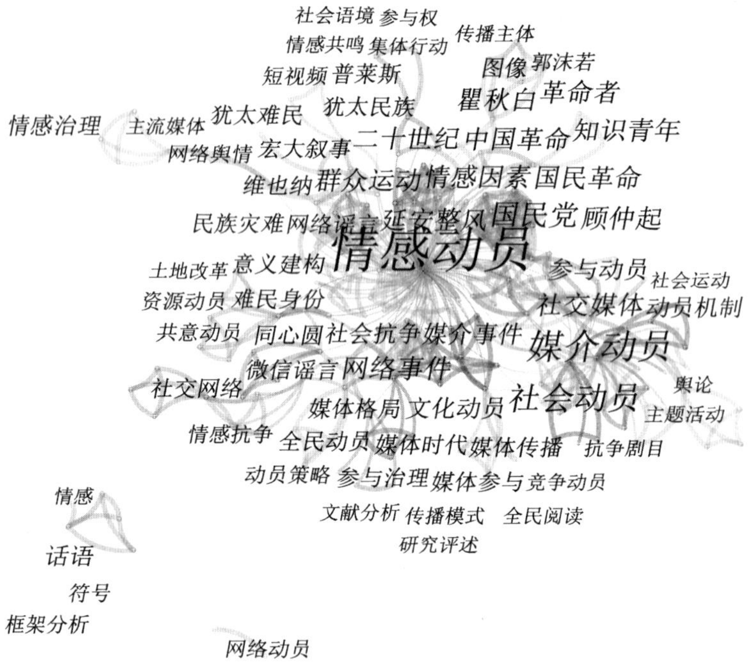

图 1-26　国内情绪动员研究关键词共现网络

者""社会抗争"等关键词,可见情绪动员研究不论在国外还是在国内都与政治关联紧密。

国内外学术场域的差异则主要体现在国外研究侧重在"情绪"上,而国内研究则更强调"动员",体现出较强的应用取向。国外研究更强调情绪动员中的情绪,试图探寻不同情绪类别作用机制间的差异,因此衍生出"恐惧(fear)""焦虑(anxiety)""生气(anger)""威胁(threat)"等关键词。除了注重区分情绪的影响,国外研究还重视"情绪动员"发生的心理生理机制,试图了解情绪这一"催化剂"是如何通过微观作用影响人们的行动,从而达到社会动员目的的。这一点体现在"注意力(attention)""认同(identity)""大脑(brain)""感知(perception)""动力(dynamics)""动机(action)"等关键词上。由此可见国外研究在情绪研究上的深耕。

相较于国外集中在情绪动员的前端研究，国内研究则更聚焦于情绪动员的后端"动员"结果这部分，试图分析轰动性社会运动事件所使用的符号、话语、工具以及达到的效果等。在这一研究方向牵引下，情绪动员中的"情绪"不再居于主体位置，而是转向影响动员的"情感因素"形式。因此国内的情绪动员衍生出多种情绪之外的名称，如"文化动员""媒介动员"等。"情绪"虽是这些动员形式中的关键变量，但研究者更加在意的是最终动员的结果而非"情绪"这一着眼点。于是关键词网络中高频出现"效果"以及探究达成"效果"的"动员策略"与"符号"等，如"动员效果""社会抗争""集体行动""情感治理""网络谣言""微信谣言""话语""图像"等。国内研究学者讨论情绪动员的目的已不再局限于解释人们为何会被情绪操纵而加入社会抗争中，而是期望能够掌握情绪动员背后的动员机制，进而将情绪动员纳入正常的社会运行轨道，使之成为团结社会成员、促进集体行动的工具。

2.研究热点动态演进趋势：国外递进式发展，国内辐射式发展

国内外研究热点的差异还体现在国内外研究话题的发展趋势中。相较于国外清晰的递进脉络，国内则更趋于平面式的辐射铺展。

（1）国外递进式的发展脉络

国外递进式的发展脉络（见图1-27）体现在由"肯定情绪"到"探寻情绪机制"再到"情绪动员的应用型研究"的发展脉络，每一个阶段都有一批能反映阶段特征的代表性著作。

1991—2005年为第一阶段。在此阶段中，研究者对情绪在社会动员中的作用并不确定，因此研究内容较为零星，产出文献数量不过十余篇，研究的主要目的亦是探寻情绪的作用。如布拉德利（Bradley）等所撰写的《情绪与动机：图像处理中的防御和青睐反应》（Emotion and motivation I: defensive and appetitive reactions in picture processing）一文采用实验法，发现了图像对情绪的激活作用，并推断了情绪反应会服务于行动动员、注意

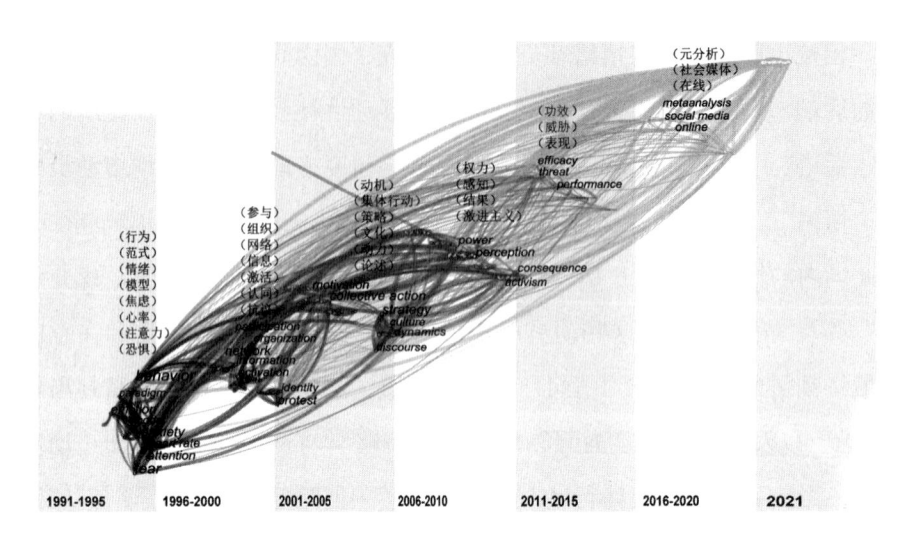

图 1-27　国外情绪动员研究关键词共现网络时序图

力和社会交流，由此验证了情绪的动员效果[1]。贾斯伯（Jasper）所撰写的《抗议的情绪：社会运动中的情感和反应性情绪》（The emotions of protest: affective and reactive emotions in and around social movements）也对当时的研究产生了较大影响，该文直接说明情绪会对社会行动的所有过程产生影响，表明情绪既是社会运动的目标，也是社会运动的动机，由此奠定了社会运动中的情绪影响基础[2]。

2006—2015年为第二阶段。相较于第一阶段，研究者探讨的重点已不再是情绪动员的作用，而是开始对情绪做细颗粒度的分析，讨论特定情绪的动员机制以及辨析理性与情绪两条路径对社会动员的作用。

首先，在特定情绪的动员机制上，自从学者贾斯伯通过分析20年的理论和研究得出当前情绪动员研究中存在情绪泛化的问题后，后继学者就开

---

[1] BRADLEY M M, CODISPOTI M, CUTHBERT B N, et al. Emotion and motivation I: defensive and appetitive reactions in picture processing[J]. Emotion, 2001, 1(3): 276-298.

[2] JASPER J M. The emotions of protest: affective and reactive emotions in and around social movements[J]. Sociological forum, 1998, 13(3): 397-424.

始更加注重区分不同的情绪以及探讨情绪给社会运动带来的差异性影响[1]。例如，伍兹（Woods）等认为愤怒、挫折感、绝望感是影响社会行动的关键情绪[2]。科斯塔里（Costalli）等则主要强调愤怒是促使个体不满于现状的一个推动因素，激进的意识形态则是拉动因素，二者相互作用筑成社会运动[3]。

其次，在"情绪"与"理性"的两条作用路径探析上，泰施（Tausch）等发现在感性路径上，愤怒通常与规范性行为相联系，蔑视则通常导致不规范行为。而在理性路径上，对社会运动动员效率的追求则正向影响规范行为而负向影响不规范行为，此研究深化了人们对理性与情绪不同作用方式的理解，明晰了为何社会运动会显现出不同表征[4]。学者范佐梅伦（Van Zomeren）也将影响情绪动员的不同因素，诸如集体身份、不公平、气愤、社会支持和效率归结成两条路径，分别为问题导向和情绪导向，各自代表非理性与理性两种范式[5]。

2016年至今为第三阶段。此阶段有关理论型研究的内容已经开始缩减，应用型研究进一步扩充。海斯（Heiss）等采用内容分析法研究政治人物脸书（Facebook）帖子后发现，帖子的情绪与用户参与度有显著相关性，幽

---

[1] JASPER J M. Emotions and social movements: twenty years of theory and research [J]. Annual review of sociology, 2011, 37: 285-303.

[2] WOODS M, ANDERSON J, GUILDERT S, et al. "The country(side)is angry": emotion and explanation in protest mobilization[J]. Social & cultural geography, 2012, 13(6): 567-585.

[3] COSTALLI S, RUGGERI A.Indignation, ideologies, and armed mobilization: Civil War in Italy, 1943—45[J]. International security, 2015, 40(2): 119-157.

[4] TAUSCH N, BECKER J C, SPEARS R, et al. Explaining radical group behavior: developing emotion and efficacy routes to normative and nonnormative collective action[J]. Journal of personality and social psychology, 2011, 101(1): 129-148.

[5] VAN ZOMEREN M, LEACH C W, SPEARS R. Protesters as "Passionate Economists": a dynamic dual pathway model of approach coping with collective disadvantage[J]. Personality and social psychology review, 2012, 16(2): 180-199.

默的内容更容易被评论、喜欢和分享[1]。而热巴多（Gerbaudo）则通过研究埃及、西班牙2011年抗议的线上反应后发现，线上的情绪交流有情绪感染的作用，有助于为大规模抗议活动创造有利的心理条件[2]。

（2）国内辐射式的发展脉络

国内研究起步晚于国外，建立在国外研究成果的基础之上，因此，并未经历国外研究那般"蜿蜒"的路线，而是相对平缓地围绕"情绪动员"这一轴心议题向外扩展，呈现出一种"辐射态"。国内情绪动员研究关键词共现网络时序图如图1-28所示。国内情绪动员研究按时间顺

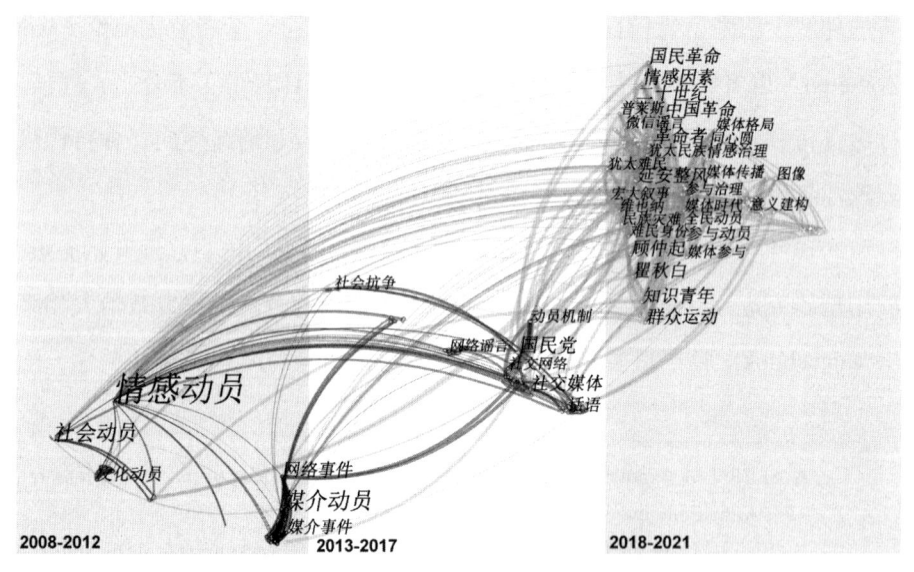

图 1-28　国内情绪动员研究关键词共现网络时序图

---

[1] HEISS R, SCHMUCK D, MATTHES J. What drives interaction in political actors' Facebook posts? Profile and content predictors of user engagement and political actors' reactions[J]. Information, communication and society, 2019, 22(10): 1497-1513.

[2] GERBAUDO P. Rousing the Facebook crowd: digital enthusiasm and emotional contagion in the 2011 protests in Egypt and Spain[J]. International journal of communication, 2016, 10: 254-273.

序依次出现"情感动员""文化动员""网络事件""社交网络""参与动员"等主题词。从关键词特征来看,国内情绪动员研究也可被划分成三个阶段。

2005—2010年为第一阶段。此阶段研究内容主要集中在新中国成立前的革命动员运动,代表性作者有李宇、林志友等人。2008年,李宇率先运用情绪动员视角来分析1946—1948年的北方土地改革。他认为无论是当时中国共产党采取的话语动员还是利益动员,都离不开情绪的积极参与和有效运作。情绪动员在当时的革命阶段扮演了一个核心的角色[1]。后来林志友、蔡海波等人又先后研究了抗美援朝、土地革命时期的情绪动员,通过多个革命时期情绪动员的研究确立了情绪在政治动员中的重要地位。此时,网络情绪动员也初露苗头,但关注度并不高,部分关于媒介情绪动员的研究探讨的也是大众媒介而非网络媒介。

2011—2015年为第二阶段。这一阶段是互联网技术在国内高速发展的时期,同时也是情绪动员现象频发的时期。"南京梧桐树事件""杨达才事件""APEC蓝"等一系列网络集群事件引起学者的高度关注,有关情绪动员的一系列研究也在此背景下相继产出。核心成果包括情绪动员的概念、策略、剧目、谣言的作用、政治影响等。白淑英等采用霍赫希尔德的"情感整饬理论"的主体框架,配合网络语境提出了情绪动员的概念[2]。郭小安进一步挖掘了"谣言"对情绪动员的作用,他认为中国的网络抗争最常用的手段就是谣言,谣言与情绪动员的互动是贯穿网络抗争事件的主线[3]。黄鹤归纳出网络情绪动员的几种典型方式,诸如悲情动员、愤怒动员、戏

---

[1] 李宇.中国革命中的情感动员[D].上海:复旦大学,2008:1.
[2] 白淑英,肖本立.新浪微博中网民的情感动员[J].兰州大学学报(社会科学版),2011,39(5):60-68.
[3] 郭小安.网络抗争中谣言的情感动员:策略与剧目[J].国际新闻界,2013,35(12):56-69.

谑动员等[1]。在政治影响上，刘娜提出网络空间中话语抗争的生成和传播机制主要分为权利抗议、社会动员、议题协商以及事件解决。议题协商是过程中的主要阶段，在此过程中，网络舆论、媒体报道与公权力动态博弈。事件解决是议题最终结果，后续改善则需要依赖公权力在法律和制度上的作为[2]。总体而言，这一时期的情绪动员已与网络紧密地关联在了一起，网络为情绪动员提供了空间，而情绪动员则扩大了网络的社会效应。

2016年至今为第三阶段。随着网络情绪动员现象越来越常见，相关研究也在继续开展。学者将情绪动员研究推进至符号、效果、负效应和情绪治理等领域。在符号研究上，研究者探讨图像、表情包、视频等媒介形式的情绪动员机制，得出了相应的符号动员策略。在效果研究方面，部分学者开始横向对比网络情绪动员事件的效果，如郭小安等基于对2002—2015年191个网络事件的内容分析，得出了情绪动员策略与行为结果之间具有显著的相关性，悲伤情绪与网络民粹主义事件中出现正面行为的趋势一致，愤怒情绪与出现负面行为的趋势一致[3]。通过对众多案例的探析，郭小安也重新反思了舆论引导中情感资源利用的正负效应。他认为公共舆论中的情感表达既可能是一种破坏性力量，也可能成为舆论治理的宝贵资源。相应的主管部门应树立好复杂性思维和开放性思维，处理好情感与理性、引导与监督、秩序与活力的辩证关系，由此建立新的舆论引导观[4]。陈华明等也认为当今的舆论治理关键在于情绪治理，以共识筑共情，打造新时代的集体记忆，塑造统一的价值观和认同基础，引导情感主导下的网络社会理性

---

[1] 黄鹤.悲情、愤怒、戏谑：网络集群行为的情感动员[D].上海：华中师范大学，2015.
[2] 刘娜.网络空间的话语抗争与议题协商：以网络事件中公民权利议题的讨论为例[J].新闻大学，2012(3)：106-115.
[3] 郭小安，王木君.网络民粹事件中的情感动员策略及效果：基于2002—2015年191个网络事件的内容分析[J].新闻界，2016(7)：52-58.
[4] 郭小安.舆论引导中情感资源的利用及反思[J].新闻界，2019(12)：27-37.

行为重塑[①]。可以预测，伴随着国内舆论治理的大环境，情绪治理方面的研究将成为新的热点。

从情绪动员的研究脉络对比可发现，国外情绪动员研究经历了"肯定情绪动员——讨论情绪动员中的情绪和动员机制——应用情绪动员框架分析社会运动"这种递进式的变化过程。而国内研究在前期以新中国成立前政治运动中的情绪动员为主，后期则转向网络情绪动员的符号、策略、效果、反思等相关研究，呈现出一种中心辐射式的研究脉络。

四、结论与讨论

本研究借助CiteSpace软件，利用CNKI数据库与WoS数据库中自带的文献计量分析工具，对比分析国内外情绪动员研究的相关文献后发现国内外情绪动员学术场域存在"单向引征"关系，形成了明显的区隔，两个学术场域在学科领域、研究范式、研究方法、研究路径等方面表现出差异。

首先，在学科领域上，国外情绪动员涉及学科较国内更加丰富，既包含社会学、传播学、政策法律等社会科学，又涵盖心理学、认知神经科学等自然科学。整体学术场域呈现出一种"百花齐放"的均衡状态。而国内情绪动员学术场域则是新闻与传媒学科"一家独大"，社会科学主导，相对单一。这种差异可能与国内外跨学科发展水平相关，国外较重视跨学科合作，跨学科人才较多，不同学科之间联系亦较为频繁。反观国内学科间界限较为分明，拥有各自核心议题，各自为政，合作较少，而国内情绪动员议题又隶属于社科类范围，因而较少涉及自然科学。

其次，在研究范式和方法上，国外的研究范式更加多样，所使用的主流范式包含社会学、心理学、认知神经科学三种。并且国外研究更加强调

---

① 陈华明，孙艺嘉.情感线逻辑下的网络舆情生发演化机理与治理研究[J].西南民族大学学报（人文社会科学版），2020，41（5）：157-163.

方法的运用，量化与质化研究在情绪动员研究领域齐头并进。而大多数国内研究范式不够明确，"经验式漫谈"的分析归纳较多。少数研究对情绪动员案例、符号文本开展了定量与定性结合的实证研究。所使用的主流范式有传播学范式与政治学范式两种。而这一现象映射的则是国内外学术场域发展成熟度的不同，由于国外领衔情绪动员研究，历经多年发展，较国内经过了更长的学术研究周期，因而发展得更成熟，研究范式也更多元，国内则因起步较晚，因而研究范式更单一。

再次，从研究路径上看，国外采用的是理论型研究路径，而国内则采用的是应用型研究路径。国外学者将情绪动员进行了理论肢解，对其中的情绪问题和动员机制进行了深入的理论探究。而国内因起步较晚，将国外理论借鉴到国内的社会运动分析中，呈现出一种应用型研究路径。但两者的区分并不绝对，研究发现当国外理论型研究发展到一定层次后，也开始了应用型研究，而国内在应用情绪动员框架时也试图探索出新的理论。国内外研究路径上的差异主要体现在两个方面。

第一，国外重视"情绪"而国内强调"动员"。此差异可能与国内外研究传统与研究目的不同相关。国外之所以重视情绪，是因为国外"理性至上"研究传统长期以来垄断学术领域，对理性的推崇压制了对情绪影响的探究。为了挣脱这种桎梏，国外研究学者不得不反复验证情绪的作用，考察情绪机制，试图确立与理性二分的研究地位。相较之下，中国社会是个人情社会，传统文化一直关注"情绪情感"，认为它是一种连接人与人的重要纽带，是令中华文化生生不息的精神源泉。因此在国内研究中，情绪和情感一直是学者考量的重要因素，"集群运动由情绪动员"的假定很容易就得到学界的一致认同，而无须经过国外研究那种曲折的情绪确立历程。在情绪动员具有显著效用的结论推广后，出于促进社会团结、对抗分裂的目的，国内学者开始进一步探索情绪动员的聚集成员机制、策略、符号和效果等方面，希望能将情绪动员"收编"，成为提升社会凝聚力与促进合作的

"利器"。于是在国内外研究者对待情绪的不同态度以及不同研究目的的影响下，两个学术场域一个关注"情绪"而另一个注重"动员"。

第二，国外呈现出一种递进式的发展路线，从肯定情绪到挖掘具体情绪的作用机制，再到应用情绪框架分析社会运动，步步推进，逐步进阶，"情绪"一直是研究的重心。国内研究则采取辐射式的研究路径，以"动员"为轴心，展开包括策略、符号、主体等各个方向的研究，试图囊括研究问题的各个角度。造成此差异的原因可能在于以下两方面。

1. 后发学术场域对前人的借力

国外对情绪的研究最早可追溯至1991年，迄今已有30余年，在此过程中，经历了由迷茫探索再到确立理论将之应用的曲折历程。而国内研究起步晚，通过吸取国外既有研究成果，略去了肯定情绪动员存在的过程，直接驶向"情绪动员"的发起机制、符号、策略等不同侧面研究。

2. 国内外讨论情绪动员的媒介环境有所不同

国外由大众媒介自然延伸至网络，而中国则聚焦于网络。在国外大众媒介时期，社会动员形式多样，情绪动员作为其中之一存在但不显著，因此并未引起国外学者的重点关注。但随着互联网时代的到来，情绪动员在网络情境下大放异彩，显现出高效的动员速率和强大的凝聚力。伴随着情绪动员由情境迁移而发生的地位转变，国外学者不得不重新审视这一概念，一方面为以往忽略的情绪动员"正名"，另一方面去追溯情绪动员机制背后的生理、心理学解释，同时运用情绪动员框架去解释更多新发生的社会运动。于是国外情绪动员研究就显现出了辗转的变化历程。而国内由于社会运动本身的发生概率就较低，因此在大众媒介时期并未对社会动员问题有过多的关注。但当国内也迎来互联网发展热潮之后，情绪动员现象也开始频现于网络，其中的部分事件还发展成为轰动一时的社会舆情事件，如"帝吧出征""罗一笑"等。于是关注社会发展和政治运动的学者就开始对此类现象进行分析讨论，触发了国内情绪动员应用型研究的高潮。

总的来看，国内外情绪动员的学术场域既相互交融，又存在明显的"壁垒"。这些差异一方面与二者开展研究的时间年限有关，另一方面又源于二者的地理、文化差异。未来国内研究要想走出"国门"，获得国际的认可，还应克服研究范式与方法的局限，秉承开放包容的态度，积极从国外研究中汲取经验，加强学科交叉合作，进一步扩展情绪动员研究的内容谱系，提升研究的国际影响力。

第二章
网络情绪表达研究

在网络空间中，情绪的表达是情绪得以迅速传播和广泛扩散的基础。在以微博为代表的社交媒体上，每天都充斥着大量网民的喜怒哀乐。尤其在一定的网络舆情事件中，网民情绪更是极容易通过这些事件而被迅速引爆，汇成汹涌澎湃的情绪流，影响着整个社会舆论场。同时，用户在网络空间中的情绪表达也并非完全无章可循，而是有意无意地遵循着一定的社会规范，体现出一定的普遍性特点。本章将重点关注网络空间中的情绪表达现象，从网络中的情绪表达方式、表达规范及情绪表达中的个体差异三个方面，尝试回答以下三个研究问题：①网络空间中的情绪表达有哪些方式，呈现何种优劣势？②网络社群中的情绪表达呈现哪些规范，何以形成？③不同主体在网络情绪表达的意愿和行为方面有何差异？

第一节　网络情绪表达的方式

与传统媒体时代以文字和图片为主的表达方式不同，互联网给予了网民更多的表达选择，除了文字之外，还出现了表情符、音视频、虚拟动作等全新的表达方式。那么，在网络世界中，不同的情绪表达方式呈现出何种优势和局限？新兴的表情符和表情包在情绪表达中的类型和特点有哪些？音视频和虚拟动作中蕴含了何种情感因素？这些问题我们将在这一节中分别进行探讨。

一、文字

（一）作为基本交流方式的文字

文字作为最基本的交流方式，在情绪表达中占有重要地位。文字的出现标志着人类进入有历史记录的文明社会。可以说，正因为文字的出现，人们才可以穿越时空，一品古人的喜怒哀乐，也可以将自己的所闻所见记录下来，留给后人感慨。

以汉字为例，汉字的发展已经有数千年的历史。其发展经过了甲骨文、金文、大篆、小篆、隶书、草书、楷书、行书等书体演变，使用的载体也从绳结、骨甲、陶器、竹片到布帛、纸张乃至今天的互联网。追溯文字的历史，在很大程度上就是审视一种文明的过程。

作为人类较早掌握的一种体外化媒介系统，文字作为情绪表达方式的优点有很多。早在1986年，学者彭内贝克（Pennebaker）等人首次通过实验证明了个体通过写作表露创伤性事件及情绪能促进健康水平的改善[①]。此后有许多研究探讨了情绪的文字化表达，但是相关的内在机制至今尚未有统一的答案。

（二）文字表达的优势

文字作为一种情绪表达形式具有诸多优势，因此也往往成为人们用来宣泄情绪的第一选择。

首先，文字作为一种个性化符号，其书写粗细、是否工整、字体颜色等选择具有较大自由度，这在一定程度上体现了书写者的情绪。而在网络上进行文字表达时，字体、字号以及文字组合方式都比较自由。在社交媒体中，采用繁简混杂、中英混杂、中韩混杂甚至火星文等亚文化群体的文字都可以体现出用户特定的个人喜好和情绪状态。

其次，文字的表达相对比较直接。比如，当看到某些具有恶劣影响的社会刑事案件时，直接用文字书写出"愤怒"可以直截了当地表达用户此刻的心情。当然，在面对一些不适合公开表达个人情绪的场景时，用户也可以通过文字的巧妙组织，隐晦地表达自己的情绪。有学者基于微博汉字文本进行的一项调查显示，汉语情绪强度的表达特点存在性别差异，在表达强烈消极情绪时，若涉及他人面子，言者会更多采用婉转的方式降低面子威胁程度，且女性较男性更注重情绪表达的礼貌性[②]。

---

① GREENBERG M A, WORTMAN C B, STONE A A. Emotional expression and physical health: revising traumatic memories or fostering self-regulation?[J]. Journal of personality and social psychology, 1996, 71(3): 588-602.

② 张晶，朱波. 微博文本的汉语情绪强度[J]. 华侨大学学报（哲学社会科学版），2020(6): 146-153, 160.

最后，由于文字的基本工具特性，键盘和输入法都是为了文字或字符而产生的。可以说，字符输入是成本最低的交互方式之一。社交媒体中的评论区最基本的功能也是支持语言文字的输入，这与人们长久以来的表达习惯密不可分。在计算机诞生之初，人机交互是通过输入简单的符号指令，直到今天这种方式也依然是基础的人机交互模式。比如，在某些网络游戏的局内聊天中，并不支持发送表情或图片，人们进行情感交流的方式就重新回到了文字输入。再如弹幕、弹窗气泡等也只能支持文字及一些简单的符号，而这些形式实际上是文字在互联网上表达的变体，可以承载远超文字表面之意的情绪意涵。哔哩哔哩视频网站作为我国弹幕文化的领导者，一直以来被众多研究者所关注。其形成的弹幕礼仪、弹幕规则都是研究情绪表达与表达规范的典型样本资源。例如，有研究发现，青年群体在通过弹幕进行狂欢化的情绪表达、游戏化的压力宣泄和符号化的偶像消费的同时，也在表达深层自我中的存在诉求[1]。由此可见，在日益发达的互联网空间中，看似简单的文字发送背后蕴含的情绪意涵是丰富、深刻而多样的。

（三）文字表达存在的问题

当然，网络中情绪的文字表达也存在一定的劣势和问题。首先，面对面的语言交谈可以不需要专业教育，但文字的组织需要传播者具有一定的文化水平，这就为传播者带来一定的进入"门槛"。由于文字的书写排列需要遵循一定的逻辑顺序与规则，因此当人们在书写文字时，原本感性化的情绪就需要经过一个相对理性的过程。用户必须要考虑如何措辞、以什么样的语气和行文方式以保证自己日后翻看或者与别人共享时具有合理的、共同的意义空间。

其次，汉字是一种高语境文字，在某些情绪表达中可能面临一定挑战。

---

[1] 陈志娟，丁靓琦.狂欢与理性：青年群体弹幕使用研究——以网络综艺类节目《创造101》为案例[J].中国青年研究，2019(11)：93-99.

比如2021年在网络上比较火热的"凡尔赛"文体就体现了这一点。一些故作隐晦的情绪表达很可能让人误解，反而阻碍原本的情绪表达与理解。在许多网络舆情事件中，由带有歧义的"文字游戏"造成的误解比比皆是。十几年前《魔兽世界》百度贴吧上的一句普普通通的日常用语"贾君鹏你妈妈喊你回家吃饭"，却意外受到了广大网友的解读与恶搞，成为中国互联网史上较早爆红的网络用语，直到今天依旧被人津津乐道。

再次，文字作为用户情绪表达的方式之一还面临着来自跨文化传播、亚文化传播等多元文化语境的挑战。比如，在如今国际化的社交媒体上，汉语文字的情绪表达会给国外非汉语使用者带来较为严重的理解障碍。在2019年关于香港问题的网络讨论中，我国网民在国外社交媒体上与国外网民进行探讨时，由于跨文化传播的障碍，不得不放弃文字，转而使用图片和表情包来表达情绪。共有的文化圈层和意义空间是文字被解码、理解的重要前提。诸如火星文、粉圈等亚文化群体的网络用语同样面临着类似问题。如果不是处在同一意义空间中，情绪的表达也只能是自说自话，难以相互理解。

最后，人们在书写自己情绪的同时，还必须承受再次直视情绪带来的压力负担。比如，在豆瓣上有关抑郁症的小组中，经常有网友为了宣泄情绪将自己的经历写入小组讨论。但是在后来某一时刻，当他再次陷入一种失落的负面情绪中时，再次回看自己过去的经历，这些文字会给其心灵带来更大的创伤，甚至可能给其他人也带来连锁影响。在一项有关自杀的学术研究中，有学者发现聚集在自杀博主遗言评论区的网友具有很高的负面情绪与自杀倾向[1]。

总的来看，语言文字及其所蕴含的文化是建构情绪的重要手段。有学者认为，个体情绪借助语言在社会网络间传播，实质是一场以情绪理解为

---

[1] 王呈珊，宋新明，朱廷劭，等.一位自杀博主遗言评论留言的主题分析［J］.中国心理卫生杂志，2021，35（2）：121-126.

内核的群体情感互动仪式①。文字作为一种书面语言，在人类的历史长河中稳定而富有生机地不断发展、进化。同样，在互联网空间中，它仍旧在情绪的表达和传播中起着不可替代的作用。

二、表情符和表情包

（一）互联网时代情绪表达的新手段

随着互联网技术，尤其是移动互联网的发展，人类的社会关系进入虚拟社交阶段。虚拟社交的优点和长处不胜枚举，但与传统的面对面沟通相比，网络虚拟社交不能全方位地传达人们的情绪，特别是缺乏面对面沟通中常用的"表情"②。而表情符、表情包的出现，很好地适应了这一需求。在"一图胜千言"的视觉传播时代，表情符和表情包因信息含量大、传播渠道广、用户喜闻乐见等特征而在各大社交媒体中被广泛运用，使用频次不断飙升③。因此我们可以毫不夸张地说，"表情"手段的多样性发展见证了网络文化的更迭与繁荣，使得人们在"不在场"的虚拟维度获得了更多的真实感。

从发展的时间顺序来看，表情符的出现早于表情包，表情包是表情符的一种升级变体。事实上，在网络交流中引入非语言的方式进行表达，以展现在网络环境中不便直观展现的情绪及态度的行为由来已久。在互联网早期阶段，表情符多为字符式表情，比如最简单的"：-）"，这一表示微笑的表情由简单的ASCII码中的字符组合形成，故这种表情也被称为"ASCII

---

① 隋岩，李燕.论网络语言对个体情绪社会化传播的作用[J].国际新闻界，2020，42（1）：79-98.
② 彭兰.表情包：密码、标签与面具[J].西安交通大学学报（社会科学版），2019，39（1）：104-110，153.
③ 谷学强，胡靖.非言语传播视角下网络表情的传播功能研究[J].新闻界，2017（3）：42-46，96.

码艺术"①。除此之外还有备受大家喜爱的日本颜文字拟图式表情，如"o（*≧▽≦）ッ"，这类符号因其相似性造型可以提高语言交流效率、通过丰富的视觉映射出使用者的情绪②。国内也有类似的表情符文化，比如以汉字为基础的象形表情符，"囧"字本义为光明，但是由于其形态比较有趣，引发了网友们的联想，使这个字慢慢代表了尴尬、无奈、苦涩的情绪。再如"QAQ"，由于这三个字母组合起来更像一个流泪的脸，因此，这个表情符又带了一层难过、伤心的情绪。

随着技术发展，图式表情慢慢进入公众视野，emoji就是大家常用的一系列表情包。由于其内容多样且不断更新，人们对其喜爱有加。有数据统计，"笑哭"这一表情在emoji中应用最为频繁③，而我们常用的各类社交软件中内置的表情也是其变种和延展。

（二）表情符表达的优点

表情符表达情绪具有直接、具象的特点，人们常常在文字后加以点缀以增强感情或者暗示本义。但是，这种表情符能表达的情绪比较基础，普适性强的后果就是不具有特色，对于某件特定的事难以表达更复杂的感情。对于追求个性化的用户，这种情绪表达还不够"过瘾"。

（三）表情包的标签化与分类

表情包作为传统网络表情符号的变体，俨然已经成为网络社会的一种新的表达方式和文化现象。在当下的网络语言中，表情包是指带有文字的

---

① 孙雨婷.从网络表情包看视觉化语言及情绪表达［J］.新闻知识，2016（10）：78-81，93.
② 靖鸣.颜文字：读图时代的表情符号与文化表征［J］.西南民族大学学报（人文社会科学版），2020，41（11）：149-155.
③ 远洋.最受欢迎的emoji排名：男女不一样［EB/OL］.（2019-07-18）［2022-07-20］.https://www.ithome.com/0/434/219.htm.

图片表情，并能传递出一定的情绪。起初，表情包是以"卡通脸型+真人表情"的形式出现的。网友们将一些已有的网络卡通表情的脸型和特定的恶搞真人表情结合，形成了熊猫头、人脸等形式的表情包。这些真人表情有的出自影视剧，比如电视剧《还珠格格》里的尔康；有的出自论坛、贴吧等平台中比较流行的趣图，比如姚明的大笑。除此之外，网友们还在这些图片上加上了一些网络流行词句，或通过增加新图标元素的方式为图片增加新的内容。随着技术发展，表情包素材来源扩展到了生活中的各种图片，有自然风光、动物甚至用户亲友和用户"自黑"的照片。

如果对表情包进行分类，依照分类的标准不同可以有不同的结果。依据表现动态分类，有静图表情包与动图表情包。静图表情包是固定的、静止的图片，而现在越来越多的表情包已经演进为截取一小段视频制作为动图。依据是否包含图片、文字，表情包又可以分为纯文字表情包、纯图表情包和图文表情包。纯文字表情包往往比较直观地将字体放大或者缩小，纯图表情包即只有图片，而不配文字，图文表情包即图文结合，有解释、拓展图片内涵的作用。依据次元壁的区隔又可以分为真人表情包、动漫表情包以及二者结合的表情包。依据适用人群将表情包粗略地划分为年轻人和老年人表情包、男性与女性表情包等。例如，带有自然风光或包含书画要素以及贺卡形式的表情包多被老年人群体采用，这类表情包大多有较高的色彩饱和度，且常常配有各类正式的问候以及正能量语句。而基于动漫角色或者影视剧的解构性、恶搞性、丧文化特征的表情包则更多地受到年轻人群体的欢迎。依据表现主体还可以将表情包分为以人物为主题的表情包和以动物为主题的表情包。甚至还可以依据素材来源将表情包分为影视表情包、综艺表情包、社会热点表情包等。

分类标准如此多元归根到底是由于表情包背后的多元化标签属性，这也是表情包最重要的一个特点。这一点与美国社会学家柯林斯提出的互动仪式链理论不谋而合。虽然有时候这些表情包也会频频破圈，被群体外成员借用，但总的来看，某一类表情包的标签属性依旧清晰可辨。

（四）表情包表达的优点

那么，为什么在当下的互联网中，表情包被当作情绪表达的主要手段呢？表情包作为情绪表达的手段有何优点？

首先，由于表情包以图片的形式出现，而图片的内容多样性和信息承载量本身就大于单纯的文字表达。并且，表情包可以以图画形式呈现出更明显的表情特征，而面部表情是情绪最直观、准确的表现。毕竟，当用户发来的表情包是流泪的样子时，无论如何也很难让接收方理解为他是正面的情绪。

其次，表情包的制作简单，素材易得，一张有趣的照片、一句流行语就可以组成一个最简单的表情包，而且由于制作过程完全自由，其表现出来的情绪也更加贴近传播者的本意。现在广为传播的表情包有很大一部分是创作者根据当下时事热点迅速"赶制"出来的。工序的简化使得一个热点可以快速裂变出大量的表情包周边供参与者加入狂欢。

再次，表情包具有很强的社交性和传播性。制作并传播表情包本身就是一种愉悦的情绪表达过程。在旧图上展开新创作，为旧表情包赋予新意义，每一次的劳动都是将情绪注入社交的过程。通过制作与传播，让共通的情绪实现"一切尽在不言中"。模因理论之所以被称为"模因"，就是因为其有类似于基因的一些特点——优势基因得以传承，劣势基因被淘汰。不同的表情包带有不同的模因，而这些表情包能否长久不衰地流传下去，从根本上说取决于其所带有的模因质量的高低。经过长久考验流传下来的模因就如同通过物竞天择胜出的优势基因一样，可以得到大众的认可，从而保证稳定的生存与传播，并通过"病毒式"传播引发一场场群体的狂欢。

最后，表情包的实时性、圈层性强。人们可以因为某一事件的影响而触发制作、传播某种表情包的行为。以游泳运动员傅园慧的神态、动作为素材的表情包就是在她赛后接受媒体视频采访后迅速被网友们赶制出来的作品。可以说,"紧跟时事"已经成为表情包创作者们内心的一条"职业守则",前一秒大事件发生,下一秒表情包产出,早已不再是一个段子。同样,表情包有着很强的标签感,很容易在特定群体内部实现较强的认同感和传播价值。《王者荣耀》的玩家制作的以英雄形象为基础的表情包发给非《王者荣耀》的玩家可能很难引起共鸣,而以《盗墓笔记》影视剧为素材的表情包可能在热衷于《仙剑奇侠传》影视剧的人群中也难以传播。这种属于"我们的秘密"的表情包暗语可以使人们在茫茫人海中发现"自己人",让个体快速找到群体归依。一些在线社区为了被自己的受众找到,常常会使用带有圈层烙印的表情包作为社区头像,其意也在于利用圈层标签聚拢圈层人气,强化圈层归属感。

(五)表情包情绪表达存在的问题

表情包在情绪表达的过程中也存在一些问题,比如,容易出现过度娱乐和虚假传播。在一些重大、严肃或者悲伤的事件中可能不适合采用带有"戏谑"意味的表情包进行情感表达。由于表情包的图片来源自由,一些暴力、血腥、淫秽的内容可能也会借机传播,甚至成为谣言的载体,从而给青少年群体带来不利影响,也容易给老年群体带来使用隐患。

同时,由于表情包的意义生产需要编码者与解码者共同参与[1],且图片相对于文字来说更具多重解读的可能,所以如何将表情包的意义控制在同一频道上显得极为重要。我们时常注意到,年轻一代尤其是"95后"在大量使用被他们称为具有中老年特色的表情包,其实是两种审美和价值观的对冲和调侃。有时候,由于情绪表达的复杂性,或是基于一定的隐晦表达

---

[1] 彭兰.表情包:密码、标签与面具[J].西安交通大学学报(社会科学版),2019,39(1):104-110,153.

策略，用户所发的表情包可能与其表面情绪相反或暗含了更深的含义。

总的来看，表情符和表情包在情绪表达上比文字直观、简单、生动且具有冲击性。但是，由于其基本组成要素仍是文字和图片，因此在听觉维度上还有缺失，且过分的娱乐化带来的意义解构仍被人们争议和讨论。

三、音视频

（一）具有多维展现特点的音视频表达

随着4G的全面普及和5G的展开，网络承载能力大大提升。音频、视频越来越成为当今社会人们表达情绪的方式和手段。互联网赋权的意义即在于它将以往偏精英主义倾向的文字表达彻底解放为低门槛的视频表达。有专家指出，5G时代是视频大行其道的时代，视频将成为社会主流表达方式[1]。与单纯的文字和表情包相比，音频增加了声音的维度。比如，当你在使用微信和朋友聊天时，通过微信的语音功能就可以直接表达自己的情绪。而视频更是在音频的基础上提供了更直观的视觉动态画面。因此，在情绪的表达上，音视频的表现更加丰富、多维、具有张力。

（二）主流媒体的音视频情绪表达

霍夫兰在其劝服理论中认为，动之以情有时候比晓之以理更能打动人。这一直以来也被媒体实践者视为实现宣传效果的一种方法。事实上，在新媒体环境下，通过更具情绪感染力的视频进行情绪表达已经成为报道新闻、引导舆论的重要路径。基于短视频平台，诸如抖音、快手的技术支持，主流媒体在此已经迈出了第一步。有学者通过对《人民日报》抖音号进行量

---

[1] 喻国明.5G时代：视频强势崛起唱主角的时代［J］.现代视听，2019（4）：84.

化分析发现,在其新闻类报道中,情感性表达已司空见惯[①]。与《人民日报》的传统载体相比,《人民日报》抖音号呈现出更符合时代特征和平台用户特征的软化情绪表达。一方面,这种尝试突破了原有客观、严肃的刻板规范,而这种规范很大程度上来源于文字和静态图片这种表达介质的局限,新媒体下的音视频可以承载更多的情绪与意蕴。因此在传统主流媒体中一贯被轻视的情绪表达在这一介质的帮助下被更多地释放了出来。另一方面,关注短视频平台的受众是更年轻和向往自由的一代人,他们不喜欢刻板、僵硬以及不容置疑的宣传方式,更喜欢情绪充沛的交流和对话。因此,《人民日报》抖音号也是在面向情绪化的受众时做出更细腻的情绪转向。2020年新型冠状病毒肺炎疫情期间,人民日报、新华社、中央广播电视总台三大主流媒体频频使用诉诸感情的软性视频报道,在背景音乐、特写镜头和同期声录制等方面下足了功夫,使得有关疫情的报道更加感人,更加具有吸引力[②]。借助视频这一多媒体的表现形式,情绪表达得以穿透屏幕,进而引发情绪共鸣,凝聚抗疫力量。

(三)"草根"自媒体的音视频情绪表达

除了主流媒体的改变,短视频的繁荣更是让诸多出身"草根"的无名小卒实现了情绪宣泄与传播。以"城乡对立"这一社会争议话题为例,有人说北上广是中国的颜色,而数以千计的小县城才是中国的底色。虽然在经济发展上,城乡之间呈现出一定的等级差异,但是在情绪的表达上,市民与村民却具有一定的相似性,只是他们情绪表达的方式与内容呈现出不同的特点。由于技术的进步,更多的人借助短视频以个体的情绪化叙事与

---

① 任志祥,肖莘宁.无情感不抖音:《人民日报》抖音号的表达特征分析[J].新闻界,2020(12):21-27.
② 赵淑萍,李超鹏.突发公共卫生事件报道中主流媒体情感传播策略研究:以三大央媒新冠肺炎疫情报道短视频产品为例[J].中国出版,2021(4):46-51.

释放参与到这一话语建构中。夹缝中的小镇青年在短视频中通过自我降格，在虚拟空间中展演"近乡土"的"草根"身份特点，从而试图对抗他们因主体被遮蔽而产生的"存在性焦虑"①。而这种行为的实质则是抒发个体对乡镇与大都市竞争中迅速落寞的不甘和快速城市化带来的被漠视的恐惧。因此，我们经常可以看到以农村、小镇为背景，以村民为对象，通过镜头以激励、粗犷甚至略显低俗、不时髦的风格呈现的"土味表演"。

如果说在城乡对立中只看到了单纯的对立，恐怕是单一、片面的。当我们身处水泥森林的城市喧哗中，总有一刻希望回到田野的闲云野鹤般的农村生活中。李子柒的视频就通过这一点抓住了人们的情感需求，通过记录田园生活实现了对现代都市人的"精神按摩"②。在李子柒的视频中很难看到直接叙述田园乡村的美好，而是以景色、劳作、配乐这些非语言的方式进行情绪传达。这就体现了视频表达情绪相较于文字和图片的巨大优势，即"一切尽在不言中"。视频以多种视觉、听觉元素结合，使得受众很容易得到情绪上的共鸣和认可。并且，李子柒的视频不仅在国内风靡一时，在国外社交媒体上也有意外收获，成为一个宣扬中国传统田园生活气息的窗口。当我们担忧文字会由于语言隔阂难以传达情绪时，视频早已将这些问题完美解决，毕竟全人类一些共通的情绪不会因为种族、国别、语言而消失。

（四）音视频表达的优点

事实上，以音视频表达情绪的优势早已被商界发现。通过合理的引导，视频的情绪表达甚至可以创造商机。诸如主播通过直播间卖货这种方式，

---

① 李天语，张焱，王成志. 抗"疫"报道中主流媒体"情感诉诸"短视频形态探究［J］. 电视研究，2020（7）：62-64.
② 曾一果，时静. 从"情感按摩"到"情感结构"：现代性焦虑下的田园想象——以"李子柒短视频"为例［J］. 福建师范大学学报（哲学社会科学版），2020（2）：122-130，170-171.

在视频中表达出的各种喜怒哀乐以人情味与买家达成了情绪契合，实现了商业上的成功。2020年新冠肺炎疫情暴发后，网络直播购物也进入爆发季，新华社、人民日报和中央广播电视总台等主流媒体也都参与了地方直播带货，比如为武汉加油的武汉专场带货等。还有"三农"类的短视频、直播也因为其特殊符号的价值得到诸多青睐，而其创作与接受也正是情感商品的生产与流通的过程[①]。试想，当老家的村支书在直播间售卖家乡的小吃，即使没有过多的宣传，用户也会因这些产品回忆起幼年的生活经历，继而被情绪感染而"购买"这些承载着童年记忆的产品。

具体来看，音视频在情绪表达中有以下优势。第一，音视频可随手即拍、随口即说，具有即时性的特点。记录生活的短视频软件将话语权交给了所有的普通互联网参与者。只要有一台接入互联网的智能移动设备，用户就可以与全世界分享生活中的快乐与悲痛。第二，进入门槛低，适用范围广。用户或许不能洋洋洒洒地书写万字文章，但是可以简单地对着镜头说两句，借此表达自己的思想和情绪。第三，表达元素丰富，生动性、准确性较强。视频拍摄者在说话时的口音、语速、音量、动作、眼神、周围的环境等都被同时记录了下来，所以网民常常也可以感受到拍摄者除了话语表达之外的"弦外之音"。视频将本来已经"退场"的人体再一次"重现"出来，实现了跨时空的"身体在场"。

（五）音视频表达存在的问题

由于视频的表达同时调动了视觉、听觉，在带来便捷的同时，也会存在一定的问题，比如不同的拍摄视角、拍摄者的周围环境和拍摄者的语音语调都会进入观众的判断系统中，从而使情绪的表达含有一定的"噪音"。与表情包一样，音视频情绪的表达是一个编码者与解码者共同参与的解密

---

① 石磊，黄婷婷.情感商品与情感流通："三农"短视频的传播机理［J］.编辑之友，2020（9）：69-74.

"游戏",一方的解密失败可能导致无效传播。

总的来说,简单、真实、冲击力强是音视频表达情绪的优点,但是音视频的情绪表达同样面临着一些问题,比如隐私问题和肖像权问题。诸如AI换脸、变声等可能会进一步扰乱本就嘈杂的网络舆论场,带来不良后果。如果有别有用心的创作者借用视频宣传错误情绪、扰乱视听,也将造成十分恶劣的后果。我们应当注意到,抖音上有些主播通过装穷卖惨、调动人们的同情心来牟利,微博上通过制作虚假视频带节奏、欺骗普通网友的事情屡屡发生。音视频作为一种多维的情绪表达手段,也为其健康、有序的传播监管带来不小的挑战。

四、虚拟动作

在传统的社交场景中,由于每个个体都处于真实的环境中,因此除了口头语言、面部表情等,身体语言也是供人们表达自身情绪和解读对方情绪的重要入口。但是在新媒体环境下,虚拟社交导致了肉身退场而精神在场的不平衡状态出现,我们惯用的身体语言维度在这一阶段并没有被很好地呈现出来。有学者认为,在传播研究中,身体问题虽然若隐若现,但却是不受重视的[①]。

(一)网络中动作回归初探

面对身体语言这一维度的缺失,互联网的开发者也有一定的补偿方案。诸如QQ空间、百度贴吧和微博中都有评论、点赞的功能。早期,点赞仅仅是一个竖立的大拇指,其意是当用户看到某个帖子写得十分精彩时,点下这个大拇指,则向创作者表达了自己的认同和赞赏的态度。这种设计就

---

① 刘海龙.传播中的身体问题与传播研究的未来[J].国际新闻界,2018,40(2):37-46.

是努力在复刻真实环境中当人们面对认同的观点时，竖起大拇指或鼓掌的真实体验。在后期的发展和更迭中，开发者还对应地设计了倒放的大拇指或者"踩一脚"。显而易见，这类操作复刻的是在现实中表示失望的摊手或反对的摆手。

（二）逃离单一情绪表达的困境

在现实生活中，人们的情绪是复杂多样的，在表达时情绪更可能是叠加的，单纯的"赞"或"踩"所能表达的意涵是十分有限的。随着社交媒体体验的不断完善，比如，在新浪微博现在的点赞按钮中，用户可以通过长按按钮选择其他的情绪，如悲伤、惊讶、高兴甚至是具有安慰意味的抱一抱等。这种多样选择在一定程度上丰富了虚拟动作对情绪表达的展现效果。

随着技术的发展，一些更生动、具体的尝试也越来越多地被人们所接纳。国内社交媒体QQ曾推出了"戳一戳"和"抖一抖"的功能，但这一功能后续并没有引起巨大反响，而是普遍被使用为提醒对方回复消息的手段。2020年6月17日，微信最新版本上线了"拍一拍"功能。在对话过程中，用户只要在聊天界面中轻轻双击对方头像，对话框中就会出现一行小小的灰色字体"某某拍了拍某某"，然后被拍者和拍者均会得到头像抖动、手机振动的反馈。这种虚拟动作，不仅在触发方式上完全照搬真实动作，也在触感反馈上努力还原现实。这一功能带来的是一种动作上的"情绪补偿"，这种亲昵的动作提高了传播主体之间的亲密度[①]。同时由于可以自定义自己"拍一拍"的后缀，因此可玩性很强，实现了个性化定制的有趣体验。有时候用户使用"拍一拍"只是为了了解对方的后缀是什么。

2021年5月底，微信的最新版本还实现了表情符之间的虚拟互动。当

---

① 高晗.从传播学角度看微信"拍一拍"[J].视听，2020(12): 164-165.

两人进行聊天时,可以通过互相发送特定的表情符引发特殊的动效,包括手机振动和视觉特效。这一改变更是将虚拟的互动提升至你来我往的类真实交互,就好像在现实中打雪仗一样,两者均参与其中,依据对方的行为获得感知并进行回馈。

(三)虚拟动作表达存在的问题

诸如微信"拍一拍"这类虚拟动作的出现,其实是非语言互动缺失的真实写照。但是由于"拍一拍"的力度无法控制,与现实中面部表情、语音语调等辅助判断情绪的匹配缺失,"拍一拍"表达的情绪往往是相对单调的。许多时候,由于对话双方在亲密感上不同的认识,还会导致错误情绪的理解,某些情况下的误触发也同样会令人头疼。

总的来看,目前网络虚拟行为表达情绪仍处在初级的开发阶段,在表达的丰富性上也相对较低,更多的是一种辅助作用。未来随着AR(增强现实)、VR(虚拟现实)、MR(混合现实)技术的大规模普及,或许这一领域将在情绪表达上展现出更多的活力。

整体而言,互联网时代的情绪表达与传统媒体时代相比,在表达方式上有了诸多突破。表达方式上的便利使得人们可以将复杂的情绪更好地、多样地展示出来。在这样一个充满创造力和主张个性释放的年代,这种自由和多样显得弥足珍贵。但同时,一些新的问题也无法回避,比如"凡尔赛"式新文体可能会造成一定误解;标签年龄化的表情包或会拉大辈际之间的理解偏差,不利于和睦关系的保持;音视频下的城乡问题往往会在不经意间流露进而加剧城乡对立。除此之外,将情绪表达的肢体维度更好地在网络世界中还原的尝试似乎还处于艰难的起步阶段。当然,互联网在过往岁月里带给我们前所未有的颠覆让我们有理由相信,网络场域中的情绪表达会朝着更加丰富化、智能化、精准化的方向迈进。

第二节　网络情绪表达的规范

社会学家戈夫曼（Goffman）认为，在所有的现实社会交往中，人们都倾向于扮演一定的角色并努力产生某种印象，这种印象要求成员遵循一定的规则，表现出适当的情绪[1]。基于戈夫曼的观点，美国社会学家霍赫希尔德（Hochschild）提出了"情绪劳动"的概念，认为从事服务行业的员工在日常交往或者组织环境中必须根据情绪规则来调整外在行为表达甚至内在情绪感受。并且情绪劳动可根据外在环境压力与内心期待之间的关系分为"表层扮演""主动的深层扮演""被动的深层扮演"[2]。

"表层扮演"指的是改变个体外部可见的行为来表现所要求的情绪，而内心情绪没有改变；"主动的深层扮演"是指通过积极思考和努力来改变自己的内部情绪体验，使情绪体验与需要表现的情绪行为相符合；"被动的深层扮演"指的是当个体内心感受的情绪与组织所要求的表现一致时，个体表现出与规则相一致的情绪行为[3]。

实际上，"情绪劳动"的现象并不局限在服务业。大千世界中的芸芸众

---

[1] GOFFMAN E. The presentation of self in everyday life[M]. New York: Anchor Books, 1959: 14-15.

[2] HOCHSCHILD A R. The sociology of feeling and emotion: selected possibilities [J]. Sociological inquiry, 1975, 45(2/3): 280-307.

[3] HOCHSCHILD A R. The managed heart: commercialization of human feeling[M]. Berkeley, California: University of California Press, 2012: 80.

生皆身处社会网络中,并作为网络中的节点承担着各自的角色。他们都能感受到来自群体环境与其他节点的压力,需要在自我内心期待与集体压力中权衡决策,进行有效的情绪管理[1]。而这种情绪规则扮演的正是情绪管理中的"指挥棒"和"调节阀"的作用。所谓情绪规则,指的是组织中关于情绪体验内容的合宜性、情绪展示的正规性方面的规范[2]。它始于表达,却并不终于表达,它的作用超脱于对行为的规范约束,对人的内心体验和价值评判亦有驯化作用。了解情绪表达规范能够帮助研究者更深入地解析当前网络中的情绪表达现象及其背后的成因与推动力。

一、网络中的情绪表达规范现象

社会交往规则中包含着情绪稳定或控制情绪的隐性要求,并已经内化到人际交往规范中。随着互联网的崛起,人们的线上交往激增,新的交往场域中亦衍生出了新的规范内容。一方面,相较于管理面部、肢体的情绪表达,网络空间中对符号的管理似乎更加简便,可控性更强。但另一方面,随着时空的放大,不同文化、生活背景的人在互联网中交汇碰撞,他们携带着对情绪符号的不同理解与认同,在互联网环境中杂糅碰撞,以符号互动达成共识的难度加大了。因此需要发展出新的规范来从中调和,缓解因符号误读而引起的矛盾。但是,由于网络空间的圈层化特点,整体难以达成一套通行网络的一致性规则,只能在不同圈子内部流行不同的规则,虽有交集但也有隔阂,网络互动中的情绪表达因此呈现出更加繁复的图景。

---

[1] 霍奇斯柴德.情绪管理的探索[M].徐瑞珠,译.台北:桂冠图书股份有限公司,1992:18.
[2] 汤超颖,衣冰,赵丽丽.消极情绪、情绪表达规范与工作压力下的员工心理健康[J].中国人力资源开发,2011(11):95-99.

（一）不同群体间情绪表达符号使用规范差异

情绪表达符号是情绪内容的载体，传递着不同的情绪信号。与现实交往中喜怒形于色的直观可感不同，线上的情绪符号随着元素组合方式的多元性[①]为编码解码增加了巨大的难度，也令其显现出巨大的群体差异性。

在年龄层群体方面，表情符号的使用区分出了年轻人与中老年人，二者在对表情符的编码和解码方面存在较大的分歧，呈现出群体的区隔性。这种差异具体体现在以下两个方面：

首先，在表情包的编码上，最初表情包的编码权掌握在平台专业生产者手中，他们将线下的情绪表达符号通过虚拟化的方式转移至线上。而后表情包生产主体变得更加多元，年轻人成为表情包创作的主导者，积极投身到表情符建构当中。年轻群体开始从社会文化的方方面面搜罗素材，其中包括社会热点、怀旧电视剧等。凡是具有共识性意义、能达到群体认同效果的素材都被纳入他们的生产材料中。然后，他们将收集的不同元素进行拼贴、组合，最终生产出具有全新表达意义的表情符号。反观中老年群体不仅较少参与到表情包生产中，而且他们群体内专属的表情包亦是由年轻群体生产。年轻群体根据对中老年人的审美特征和表达需要的理解，创作出中老年表情包。这些表情包以自然景物、传统文化等为基本元素，以高饱和度的鲜艳色彩为基调，配上各种"正能量"的问候语，成功获得中老年群体的认同，成为他们群体间通行的交流符号[②]。最终呈现出来的情绪表达现象便是年轻人占据了表情包的生产创作领域，还将势力范围扩大到中老年群体。

---

① 彭兰.表情包：密码、标签与面具[J].西安交通大学学报（社会科学版），2019，39(1)：104-110，153.
② 彭兰.表情包：密码、标签与面具[J].西安交通大学学报（社会科学版），2019，39(1)：104-110，153.

其次，在表情包的使用（解码）上，不同年龄层群体亦表现出巨大的差异性。中老年群体在表情符使用上中规中矩，遵循着表情包符号的原本释义，表达与内部意义一致。而年轻网民由于长期沉浸在各种网络亚文化中，崇尚解构、打破规则，因此他们不安于表情包一般性的使用规则与其表面上呈现出的意义，他们会在表情包的使用上刻意扭曲其原本释义，开发出新的内涵，并在群体内达成新的共识与认同。这些藏在表情包中的"梗"就是一种文化暗号，只有读懂暗号，才能用对表情包[1]。以"呵呵"为例，"呵呵"在使用初期是一种模拟现实微笑的情绪文字，但是年轻人却将其感情色彩定义为"轻蔑""不屑"，并在中老年群体使用该符号原本意义时感到"不适"与"尴尬"。最终甚至倒逼部分中老年人放弃"呵呵"的原本意义，接受年轻人定义的规则。还有，最初"微笑"表情本是模拟现实中的微笑，表达"示好""问候"之意，但是年轻人又将其意义扭曲成"尬笑""鄙视"。由此亦可见，在表情包解码上中老年群体和年轻群体存在分歧与矛盾。

即便在同一年龄层群体中，对于表情包的使用亦出现不同程度的分化，表现为社群间内部流行的小众表情包。早期，这种网络表情符与表情包在群体间的区隔是基于"空间"和"地界"的，而后又增加了文化趣味这一因素。相似的群体成员聚集在一起，共享着由兴趣触发的相似情绪体验并具有相近的表达欲望，他们会创造与选择相似的表情符号来诠释这种情绪[2]。久而久之，在相互感染下，社群成员在社群中使用的表情符变得越发雷同与接近，社群会话的表情符出现小群体的特异性和与其他群体的差异性。而表情符背后所承载的就是成员具有的公共"喜怒哀乐"。

---

[1] 彭兰.表情包：密码、标签与面具[J].西安交通大学学报（社会科学版），2019，39(1)：104-110，153.

[2] 彭兰.表情包：密码、标签与面具[J].西安交通大学学报（社会科学版），2019，39(1)：104-110，153.

（二）网络群体中情绪表达场域规范

网络空间作为现实世界的"镜像"亦存在戈夫曼所定义的"前后台"，不同场域内包含不同的情绪控制要求。在正式情境中，用户多讨论问题、商议事件，较少倾诉与宣泄情绪，以此来维持前台"专业""公正"的形象。而在非正式情境中，情绪控制的要求降低，诉诸情绪的会话内容亦会显著增多。这种前后台的不同情绪表达限制规范最直接的体现就是网络交往平台中多个聊天群现象，即聊天的"大小群"，小群是从大群中分化而来。在"人群"中，成员会更加注重情绪表达的礼貌与得体，较少出现个性化的发言与情绪展露。反观"小群"，由于人员更加集中，彼此间亲密度更高，会出现更多私人化的话题、吐槽和调侃等，与"大群"中的拘谨形成鲜明的对比。

二、趣缘群体情绪表达规范个案分析

人们社交空间的迁移所带来的情绪表达规范变化需要进行具体的探索与考究。本研究基于这一问题，以百度百科社群之一"文艺组"作为研究对象，运用网络民族志研究方法，历时一年，参与式观察这部分趣缘群体内建构起的情绪规范与表达策略。

作为百度百科的常驻牌社群，文艺组自2014年成立，至今已历时7年，经过多年的发展，已初现一定的规模，社群主要任务即编辑百度百科文艺类型的词条，完成词条的编撰、修改、审阅等任务。社群处于半固化状态，既存在始终坚守的常驻成员，亦存在来往的新进成员，共计192人。这种常驻成员与新进成员的划分是根据社群内的规定，规定要求当一名成员完成一个特色词条[①]

[①] 特色词条，曾定名为"优秀词条"，是由百科任务评审团成员评审并授予"特色词条"徽帜的词条，它是百科词条的典范之作，具有较强的知识性和专业性，且用词规范、行文有据、阐释适度、通俗易懂、排版美观，符合互联网阅读习惯。

后便可从新人群迁入内部群。于是，本研究同样依据社群内对一般成员与核心成员的认定将其界定为"新进成员"与"常驻成员"。新进、常驻成员处在不同的情绪规则驯化水平。常驻成员经多年的沉淀已将情绪规则内化为自身的自觉行动，进入霍赫希尔德所定义的"深层扮演"阶段；而新进成员由于初出茅庐、不谙世事，只能凭借过往现实生活经验进行程序化的情绪表达，处在"表层扮演"阶段。但不论是常驻成员还是新进成员，都在依照情绪规范的"指南"进行稳定的"情绪表演"。观照这批网络社群成员的情绪演出，可以洞察到网络互动中情绪表达的特点、模式以及策略，以便更深入地了解社群以及其背后的情绪图景。

（一）新进成员情绪表达规范——"表层扮演"下的虚假一致

新进成员的"情绪劳动"处在"表层扮演"阶段，最常采用的是"表演性策略"，即个体利用程序化的情绪表达范式表演出符合特定规则要求的情绪[1]。这是由于新进成员初入社群，在社群内的交往尚处于探索阶段，他们只能依照现实世界的经验"小心谨慎"地在社群中进行情绪表达，此时他们表达的情绪与真实的情绪可能并不一致。只是遵循礼貌、谦让、迎合他人情绪期待等相对程序化的反应模式。但随着新进成员转变成常驻成员，成员会展露出更多的个性化情绪，与其初期抑制情绪表达的收敛形成较大的差异。

1. 抑制情绪表达行为

尽管情绪表达行为可以拉近个体间距离，唤起成员间的共鸣，但是表达行为要求与规范区别于不同群体。不同于常驻成员被赋予的充分自由和包容，情绪表达规范对新进成员的要求是尽可能抑制情绪表达行为。在这一要求下，新进成员会有意识地减少会话过程中的情绪流露，单纯地就事

---

[1] 汪义贵，彭聪，吴国来.情绪劳动研究的回顾与展望[J].心理研究，2012，5（4）：63-72.

论事。例如，当新进成员询问词条的编辑问题时会直接抛出问题，在问题得到回复后便终结会话，不再交流其他内容。用户"北记馆"[①]在群聊内发问道："哪位大佬帮审下词'蓉子'？""柔儿组长"回复"明天吧"之后，他答"OK"，会话就结束了。这种现象背后的原因概括为两点。第一，新进成员以这种方式来抵御不确定的环境，进行自我保护。由于情绪的个人化，不同情绪的碰撞容易引发"情绪冲突"，一方的"喜欢"或许是另一方的"厌恶"，此方的"深恶痛绝"又可能成为他方的"挚爱"。因此新进成员在初涉社群，对相关情绪信息了解较少的情况下，避免表达情绪是一种有效的规避"情绪冲突"的方式。第二，较低的"情绪期待"也抑制了新进成员的情绪表达行为。"情绪期待"指的是个体在流露情绪时对情绪反馈的预设，当其预期能获得理想反馈时，这种"情绪期待"会催化情绪表达行为的产生，反之则可能会反向抑制行为的发生。新进成员由于进群时间较短，尚未建立人脉，在社群内影响力有限，情绪分享行为时常杳无回音。在情绪表达无法唤起共鸣、达到预期效果的情况下，新进成员的情绪展露动力也因此被削弱，最终造成了新进成员情绪表达行为较少这一结果。

2. 崇尚积极情绪，规避消极情绪

避免情绪表达行为并不意味着在新进成员的会话中不涉及情绪。尽管新进成员对其自发的情绪表达行为的"情绪期待"较低，但其仍是常驻成员情绪表达行为的接受对象，他们仍会为了迎合常驻成员的"情绪期待"而展开机械、程序化的情绪表达。

这种情绪规范的具体内容即为：崇尚积极情绪，规避消极情绪。而这一规范的达成既是新进成员主动修饰行为的结果，亦是外在环境强大压力下他们的无奈之举。

---

① 为保护用户隐私，本研究中所有用户名称均为化名。

一方面，新进成员需要利用积极情绪塑造正面形象。在文艺组中，社群成员间并非纯粹的交往关系，而是一种依赖—被依赖的关系。在社群交往的主要关联活动——词条生产中，常驻成员是主导者，新进成员是依赖者[①]。这意味着新进成员需要依靠"央求"常驻成员前往后台审核以完成编辑任务，才能提升等级并获得相应奖励。在这种依赖关系的基础上，取悦甚至谄媚常驻成员就成了新进成员达成目标过程的重要路径。正面形象的塑造可以使双方的依赖关系更加稳固，"写词—审词"活动进展得更加顺利。为了培植这种印象，新进成员需要正向回应常驻成员的"情绪期待"，尽管这种程序化的情绪反应显得刻板、机械，但却是他们融入社群的内在要求。例如，在进入社群后，新进成员需要主动与其他成员问好，表示愉悦和荣幸，在获得帮助后及时表达感谢，在常驻成员展示百科荣誉时表达"艳羡"之情等。尽管显得客套、生疏，但一旦这种常规模式被打破，就会引起双方的不适之感。

另一方面，这种程序化的情绪表达方式亦是在社群的压力环境下形成的。新进成员不愿轻易流露消极情绪，是因为这种消极情绪一旦显露、扩大便可能面临着被迫离场的惩罚。新进成员"土土土小地"就由于在被常驻成员批评时流露出了"轻蔑""鄙视"的负面情绪，与"评审-瑞"对峙时称："请问哪里不符合百科规则？""那你现在是评审了吗？"最终就被强制移出群聊。此事在社群内并非个案，这种在新进成员中积极情绪获得支持、消极情绪遭受批驳甚至被移出群聊的规律被反复验证后，消极情绪就成了新进成员当中的"情绪红线"。即便新进成员内心深处可能充斥着"傲慢"与"不屑"，但是他们落于键盘上的仍是"可爱""萌"的表情包，以及诸如"谢谢""请前辈们多多指教"等感恩的话语。

---

① 百度百科词条生产流程包括编辑词条、提交审核、退回、重新审核，直至达标，其中新进成员是普通写词者，而常驻成员身兼"写词者"和"审词者"双重角色。

（二）常驻成员情绪表达规范——"深层扮演"下的错落有致

不同于新进成员的小心谨慎，常驻成员经过长时间的社群互动已经可以在社群内大方自然地表达情绪。但是他们的情绪表达依然是个人期待与环境压力下的张弛结果，其中既蕴含着个性化的情绪内容，又烙印着群体影响的印记，使得社群中的情绪表达会话内容呈现出错落有致的状态。

1. 在不同场域内表达不同情绪

在文艺组社群内亦存在不同场域内的区别情绪表达规范现象。"文艺组新人群"是"大群"，其中混杂着文化资本优势方常驻成员与相对劣势方新进成员。社群目标明确即培训新人，围绕这一目标，成员具有不同的角色分工。为了高效完成工作目标和捍卫常驻成员的"权威形象"，常驻成员会有意缩减在这个场域内的情绪吐露。而情绪表达的主要场所则集中在文艺组"小群"即内部群当中。社群成员尤其是常驻成员会在其中表达情绪，分享百度编辑中的酸甜苦辣感受，包括感慨"数字劳动"薪资低廉、怅恨新编辑器使用体验差等。

之所以选择在这个场域内表达，首先是因为经过"新人群"的筛选，进入"内部群"的成员已具备了一定的编辑基础，相似的经历更容易触发情绪的共鸣，使社群成员获得期待的"交心"体验。其次由于成员之间更熟悉，非理性的情绪表达较少能影响成员间的关系、反而能因坦率真诚拉近彼此间的距离。例如当用户"高辛王"喊话"羽哥哥"前去审词时，"羽哥哥"直接回复"没有，快滚，再问老子打死你"这一带有明显负向情绪的句子，但是后来他又迅速加上了"回去审"。而"高辛王"也了解"羽哥哥"这种表达方式，并没有在回应中流露出愠色，而是欣然接受这一"安排"。再次，避免非理性的"吐槽"与"批判"影响"培训群"的培训效果。新进成员对百度百科认识往往不深，一些情绪上的过激言论很容易扭转其对百科的认识与看法，致使其丧失初步建立起来的编辑兴趣。

总的来说，在不同的场域内进行差异性的情绪表达规范既可以完成壮大社群的工作目标，同时又能为成员提供一个可供休憩的场域来展露"真性情"。在双重优势下，这一规范最终得到了常驻成员的认可并自觉遵循。

2. 捍卫"认同边界"

按照蒂利对认同的界定，认同包含着"一个将我与你或将我们与他们分割开的边界"①。行动者在建立起自身认同的同时，需要将某个"他者"树立为怨恨的指向予以攻击，通过这种净化、排斥机制，人们得以更有效地凝聚在一起。

（1）认同边界之一——文艺组

文艺组社群成员认同边界之一便是"文艺组"，即常驻成员所依附的编辑组织。为了守卫这一边界，一方面，常驻成员会在交流时以积极情绪为文艺组描摹"光韵"。例如，当文艺组举行了新一轮换届后，用户"198"将卸任百科文学与艺术组副组长，用户"雾月"和"长空"将为副组长。消息发布后，一些常驻成员纷纷在底下发表类似"也许有一天我会离开，大家要把文艺组做下去"的伤感话语，来表达他们对文艺组这种超越个人去留的社群的依附与依恋。

另一方面，他们坚定打压与文艺组相对立的人与事，避免他们带来的消极情绪在社群内扩散蔓延。当得知其他组的成员为牟取私利损害文艺组利益时，常驻成员集聚在社群内对该成员进行口诛笔伐。首先是"评审-瑞"在社群内公开称："在文艺组做特色想当蝌蚪的，如果还同时去花果山跟猴子一起玩，就不要来文艺组了，直接去花果山就行了，我们不和猴子共享蝌蚪，也不帮他培养。"随即"捡泡沫的"就在群中发出一个"拔刀相向"的表情。紧接着"伟i"回复，"还有这种人""我早就禁止了""要么去其他地方成为蝌蚪了再来找我玩，要么在我这成蝌蚪了再去其他地方"。

---

① 蒂利.身份、边界与社会联系［M］.谢岳，译.上海：上海人民出版社，2008：221.

除此之外，围绕着"猴子"讨伐的"展演"还在社群内不时发生，社群成员以这种方式表明与损害文艺组人事的绝对对立，捍卫着对文艺组推崇、保护与依恋的情绪。

（2）认同边界之二——编辑者身份

社群内的另一认同边界即"编辑者"这一身份。社群成员因百科而结缘，因共同的编辑兴趣而聚集于文艺组。尽管他们的现实背景、身份各异，但他们的共同身份是百度百科编辑者，这一身份象征的荣誉、权威等同样不容侵犯。因而当他们在面对一些利用编辑身份投机的成员时会变得异常愤慨，认为他们是"害群之马"，并极力与这部分成员划清界限。例如当"评审-瑞"发布："经用户反馈，官方核实，达人团成员'爱闹的在'的IP下存在多个营销账号，具有重大商业代编嫌疑。官方慎重考虑决定将'爱闹的在'开除出所有百科团队，永久封禁账号及同IP下异常账号，扣除账号'爱闹的在'的所有奖励，希望团队成员引以为戒，并请各个用户团队管理员对其进行清退。""柔儿组长"回复道："又一个灵魂堕落了。""评审-瑞"则称，"灵魂堕落的人我都喂其吃肥皂""喂人吃肥皂可以洗涤其灵魂"。用户"捡肥皂的"则吐槽道："浪费！""应该直接让其切腹谢罪。"除此之外，当用户"羽哥哥"谈到老一辈部分编辑者"有人故意分两次，好多拿点财富值"时，"评审-瑞"称，"多拿点财富值是老一辈人穷怕了的体现么""那么玩没骨气"。"羽哥哥"回应道："大概吧！""很让人看不起。""柔儿组长"则说，"我穷也不屑于那么做""还找官方摘掉自己早期质量太差的特色"。"堕落""不屑""看不起"等负面词汇都透露出常驻成员与这部分失范成员的决裂，他们以这种决绝的方式捍卫着"编辑者"们的荣光。

无论是文艺组还是编辑者身份，都是常驻成员共享情绪的主要内容，同时是他们情感寄托的主要载体。有学者称新媒体纵使能超越面对面交流，打破时空限制，实现更大范围的联通，但是这一切理解与认同的前提都是"声气相通"①。这部分常驻成员就以"物"为媒串联起人与人的联结，在共同的对认同边界的捍卫使命中实现"声气相通"，达到彼此间的理解与认同。

3. 常驻成员间个性化情绪表达规范

媒介的存在虽然在一定程度上破除了时空的藩篱，却又因失去了"具身性"而丧失了部分非语言的表达方式，包括表情、身体语言等重要的情绪信号。据调查，只有30%—35%的社会意义是通过语言符号传递的，而余下大部分的意义都是由非语言符号传递②。被抑制的非语言符号的传递导致了线上意义交流中的障碍，于是文艺组社群又采用了新的情绪表达方式来弥补线上情绪交流的缺憾，包括强化文字中的情绪意涵、创造出新的情绪符码（包括表情包、表情符等）。

（1）使用叠字传达情绪强烈程度

不同于现实交往中人们可以运用抿嘴一笑、笑容满面、开怀大笑的方式传递情绪的强烈程度，线上空间的交往消弭了情绪的强烈程度，将众多强烈的情绪滤于平淡。在文艺组社群中，成员们采用叠字的方式来强化情绪表达程度，并且默认叠加的次数越多，所传递的情绪越强烈，越接近于真实情绪。在文艺组社群中，最常使用的三种叠词分别是"哈哈哈""666""嘤嘤嘤"。以文艺组社群内的"哈"字为例，其总共在社群中出现了157次，并且随着"哈"字数的增加总体上呈现递减趋势。而且从上下文的情绪延续程度来看，"哈"的字数在某种程度上代表着社群成员的情绪强烈程度。"哈哈哈"或许只是社群成员为舒缓社群的尴尬氛围或是缓解语气所使用的助词，而"哈哈哈哈哈哈哈哈哈哈"才真正意味着社群成员

---

① 吉登斯.现代性与自我认同：现代晚期的自我与社会［M］.赵旭东，方文，译.北京：生活·读书·新知三联书店，1998：220-223.

② HUNT E E.Review of kinesics and context: essays on body motion communication, by R. L. Birdwhistell［J］. American anthropologist, 1971, 73(4): 948-950.

在某时某刻的会话中真的感觉开心,这种喜悦是从屏幕内延伸至屏幕外的。

(2)尽可能添加表情包

在文艺组"社交型"与"平衡型"互动场域——内部群中,"斗图"现象时常发生,纯表情包交流有时甚至都可持续99条以上。有成员还调侃过此事,称:"在这个群里以为能学到精深的编辑技巧,没想到啥(也)没学到,就偷到不少表情包。"社群中不仅时常发生类似"表情包"对白,聊"正事"、谈心事、说趣事都免不了要在文字表达的基础上添加表情包。现实世界互动时,人们需要在叙述不同的内容时匹配上应景的表情来描绘事情背后的情绪色彩。在赛博空间内,当人们失去了具身表情,表情包就成了成员的"表情面具",成员用它们展现言之未尽的情绪,使网络会话交谈更接近于具身的交互体验。

(3)专属的情绪表达符号

无论是哪一种文化,都存在相应的符号载体,服装、首饰、音乐、行话等符号载体折射出意义认同与意识形态。这种"有意图的沟通"背后的目的就在于通过风格的展演将自身与主流文化区隔开[①]。文艺组社群内亦有类似的小众情绪表达方式,通过赋予一些符号以特殊意义,将其转变为内部专用的"情绪信号"。由于这套符码只在他们内部循环,与外人和新进成员形成了一道天然的"情绪屏障",而他们内部却因这种亲昵耳语的交流方式变得更加亲密。

首先,在文字符上,他们开发出"丢肥皂""嘤"等词汇的新意义作为情绪辅助词。"丢肥皂"原意指的是抛掷肥皂,但在文艺组社群语境下它却用来表明负向情绪,人们用"丢肥皂"来表达"愤慨""无奈"等多层复杂情绪。当用户"日思夜想"感慨"十年后,百科将是无字天书",用以宣泄对百度百科过于严苛的词汇审查制度的不满时,用户"捡肥皂的"回

---

① 李欣,彭毅.符号化表演:网络空间丧文化的批判话语建构[J].国际新闻界,2020,42(12):50-67.

应"老老实实丢肥皂"以表达虽同样不满但又不能改变的无奈情绪。又如前文提到的,当遭逢内部成员因贪图私利而置编辑者守则于不顾时,用户"评审-瑞"反复提及要"喂其吃肥皂",指代对他们的愤慨。从以上两例中不难看出"丢肥皂"这个词在社群内已脱离其原本的意义,在不同的社群会话语境下呈现不同的情绪意涵,但都以负面为主。这种方式比起单纯的指责谩骂又更加含蓄,更易令人接受,更不容易造成对其他会话参与者的"误伤",因而逐步在文艺组社群内变得流行。"嘤嘤嘤"原本亦是一种网络热词,表示委屈哭泣的样子。但在文艺组社群中其又转变为用以扭转语气的情绪词,使一般性的叙事句子变得更具有情绪性,类似于日常生活中人们在交流中使用到的"呀""啊"。例如,当常驻成员开始回忆其当初的会面经历,但"柔儿组长"忘记了,便说:"那见过,不过我没印象了,嘤。"用户以这种方式扭转了原本会话内容中"尴尬""伤人"的负向色彩。

其次,在表情包上,常驻成员也有乐于使用的小众表情包,以传递他们内部才能体会与感知的意义。第一个是"丢肥皂"的表情包,主人公的肥皂落地,表情显露着不悦。社群成员以此来传递"不开心""不乐意"的情绪。第二个是"拔刀相向"表情包,主人公手拿尖刀,面色凝重,向前方征伐。社群成员用其来表示"愤怒"与"攻击性"的情绪。除此之外,社群成员还偏好使用"洗衣""转眼睛"等。它们都有特定的情绪意涵,需要社群成员经过较长时间的感受体验才能正确使用,由"不懂"转向"懂",由"他者"转变成"自己人",由普通的编辑沟通转向更深的"交心"与"知心"。

三、结论与讨论

社群内情绪表达规范并非自然形成,而是在成员中的互动交往中被建构起来，建构路径主要有以下三种方式。第一，平台设定的底线性要求。为了杜绝社群内发生的情绪失控事件，文艺组背后依附的百度平台对社群内的情绪沟通设立了底线性要求。社群内的管理人员曾发布过类似的群公告："希望每一位蝌蚪都能严格遵守蝌蚪团规章制度，在享受权利的同时，认真履行自己的义务，互相学习，互相鼓励，以合理的渠道、文明的方式进行沟通。如有违反，官方将进行严肃处理。"强调了社群会话当中的基本情绪表达要求。第二，线下情绪表达规范的线上迁移。即使互动场域发生了迁徙，但是人们仍然自觉遵循原先的情绪表达要求。例如在"尊者"面前保持情绪上的"恭敬""谦卑"。第三，社群成员在互动交往中逐步习得的情绪表达规范要求。这种习得的发生机制便是正负反馈效应。在社群内，情绪表达规范的内容会随着正负反馈的放大效应被成员所感知，影响成员对规范要求行为的情绪期待，进而影响成员的情绪表达行为，形成一个良性循环。但是情绪表达规范对情绪表达结果的预测并非完全准确。事件性质差异、个体表达差异都可能导致情绪出现逆转。例如，即使新进成员不再抑制情绪表达行为，并暴露出了消极情绪，但是因为其行为正义依然获得了正反馈结果。当"轨迹"问及曾伤害过文艺组的影视组有关问题时，高敏感度成员立马冲出来批驳该名成员，双方发生争执。但是其他成员却以该成员并不了解过多情绪信息并且指责常驻成员反应过激来保护新进成员，而不是依照规范对其进行"围攻"。

有研究认为，互联网是感性表达的场域[1]。在身份匿名化或半匿名化后，人们获得了卸下伪装、放下理性、去倾诉情绪、去宣泄愤怒的可能。但互联网的实践再次证明，无论何种场域，情绪的倾诉需要规范的引导才不致走向混乱。在卸下原始的情绪表达规范后，人们又因沟通的效率、情绪的诉求、规避冲突等各种因素而不得不重构一套适用于网络空间内的情绪表

---

[1] 崔林，朱玺.网络图像传播的社交化生产样态与消费机制[J].现代传播（中国传媒大学学报），2020，42（7）：24-30.

达规范，来解决在互联网语境中出现的情绪沟通问题。与现实世界情绪规范的对象是人的行动举止不同，网络空间中的情绪表达规范规约的是"符号"的使用，强调人们应使用怎样的符号，应怎样使用符号的规则与礼仪。并且在人员杂糅的网络空间内出现了情绪表达规则分化的现象。这种分化现象首先体现在不同年龄层的群体情绪表达符号使用的差异。年轻人使用的情绪表达符号更加丰富，而中老年群体使用的表情符号则相对单一。另外在规则界定上，年轻人向往对初始意义的解构，对原有规则的破坏，这种侵略性甚至倒逼部分中老年人改变情绪表达符号的使用方式。其次，在不同文化群体内亦出现了情绪表达符号使用的分化，每个文化群体在深入的交往与互动中在表情符号的使用上会逐渐趋同甚至形成专属的小众表情符号。

在研究者观察的文艺组社群内亦形成了特定的情绪表达规范与具体要求，并且其在不同的情绪能量群体中存在着较大差异，具体表现在抑制低情绪能量个体的情绪表达，规范高情绪能量个体的情绪表达方式。这背后与二者之间采取的不同表演策略有着紧密的联系。"表层扮演"因缺少内在的认同需要耗费更多的"情绪劳动"以维持符合规范的情绪，故而很容易造成社群成员的"情绪倦怠"，在消耗大的情况下，减少表达无疑成为一种理性选择。当成员进入"深层扮演"阶段，形成了对集体组织的认同后，规范会成为成员的自觉行动而非刻意演绎的内容，其目的就变成获得更多的回应与支持。在这种情绪消耗与展演目的的差异下，新进成员形成了抑制情绪表达、表达更多积极情绪而规避消极情绪的规范。而常驻成员中则形成了在不同场域内表达不同情绪、捍卫"认同边界"、遵守社群内定义的情绪表达规则等规范。

麦克卢汉曾提到"媒介即讯息"，认为真正有意义的并非媒介本身，而是一种媒介的存在对人们交往形态与文化形态的改变。互联网这种新兴媒介对人们交往模式的改变具有革命性意义，从情绪表达规范的变迁中就可洞察一二，其不仅改变了人们外在的情绪表达方式，而且改变了人们对内在情绪的思考方式。可以预见，在未来，情绪表达规范会因其承担的交往使命日趋完善，在崇尚感性表达的互联网场域内发挥越来越重要的作用。

第三节　网络情绪表达的个体差异*

在网络空间中,虽然网民的情绪表达遵循着一定的共同规范,但从个体角度而言,网民的情绪表达依然因各自不同的用户属性而呈现出多样化的特点。因此,本节主要采用案例分析法,从情绪表达的意愿及强度两个方面,分析网络情绪表达的个体差异。

在"后真相"的时代背景下,"情绪战胜事实"的特点在网络中体现得越发明显。尤其是当热点事件发生后,网民个体的情绪迅速被"点燃",很快汇聚成为汹涌澎湃的"情绪型舆论"[1]。事实上,网络舆情中之所以含有情绪,是由于作为网络舆情主体的人本身具有非理性的一面。从非理性的结构看,"低层次的非理性因素是指与人的本性和生理组织密切相关的非理性因素,如生理欲求、情绪、习惯等;中层次的非理性因素是指通过意志、信仰为中介影响理性或受理性影响的非理性因素,如情感、信念等;高层次的非理性因素指与理性接近,影响理性并受理性制约和指导,随理性变化而变化的非理性因素,如意志、信仰、灵感等"[2]。由此看来,情绪和情感是人的非理性因素中的重要组成部分。非理性主义哲学家基尔凯戈尔、尼

---

* 本部分原载于《新闻大学》2018年第4期。原文题目为《网络舆情中网民的情绪表达:以中关村二小"校园欺凌"事件为例》。

[1] 隋岩,李燕.论网络语言对个体情绪社会化传播的作用[J].国际新闻界,2020,42(1):79-98.

[2] 何颖.非理性及其价值研究[M].北京:中国社会科学出版社,2003:226.

采、海德格尔、萨特等都强调了人的欲望、意志、情感和情绪,强调人的非理性一面[1]。同时,符号是"人表达与解释意义的独一无二的方式"[2],而语言文字作为一种符号,能够反映出作为非理性的人的情绪。

本研究以2016年发生于北京中关村二小的"校园欺凌"事件为例,基于网民围绕此事件发布在微博上的文本内容,采用内容分析法,聚焦此事件所引发的网络舆情中的网民情绪,探究不同个体特征的网民在情绪表达上存在的差异。

一、事件概况

2016年12月8日晚,一篇题为《每对母子都是生死之交,我要陪他向校园霸凌说NO!》的文章开始在微信朋友圈等平台刷屏。文章作者自称是中关村二小四年级一名十岁男孩的妈妈。她称,孩子在学校被同学用厕所垃圾筐扣头后,出现失眠、厌食、恐惧上学等症状,被医院诊断为"急性应激反应",在之后与学校的沟通中未达成一致。此后,该事件在网络空间中持续发酵、传播,引起网民的广泛关注与讨论。12月10日,中关村二小发布声明,表示将对此事件做持续努力,力争达到多方认可的结果。12月11日,北京市教委首次回应,表示孩子的身心健康不仅是家长所盼望的,更是教育行政部门工作的重中之重;呼吁关注事件中每一个孩子的健康,特别是心理健康的疏导。12月13日,中关村二小公布《中关村第二小学关于"学生受伤害事件"的处理进展情况》,认定其为"偶发事件",尚不足以认定涉事学生构成校园"欺凌"或"暴力",并表示对该事件发生深深自

---

[1] 巴雷特.非理性的人:存在主义哲学研究[M].段德智,译.上海:上海译文出版社,2007:2-6.

[2] 赵毅衡.符号与物:"人的世界"是如何构成的[J].南京社会科学,2011(2):35-42.

责,对给学生及家长带来的伤害深表歉意。从12月15日至30日,该校聘请专业心理团队,为学生、教师、家长提供心理辅导服务。海淀区教委制定并公布了《海淀区中小学防止学生欺凌和暴力教育工作方案》,表示将成立"防止学生欺凌和暴力教育"工作小组。

此事件之所以在网络中引起广泛关注和大量讨论,原因是多方面的。首先,由于该事件的受害者是少年儿童,属于社会关注的热点,也是弱势群体,较易引起网民的关注和同情。其次,事件中涉及的主要单位和部门在事件传播过程中的回应态度与处理方式引起了网民的反感和不满,由此引发出不少网民的情绪宣泄。再次,作为社会化媒体的微博的普及,给广大民众提供了一个信息共享、意见表达和情绪宣泄的公开平台。这些因素共同引发了网民通过微博对此事件进行热切关注与讨论。

本研究将该事件作为网络情绪表达的个案研究,主要出于以下几点考虑。一是该事件的关注度较高,影响力较大,具有一定的典型性。此事件发生后,《人民日报》、新华视点、《环球时报》、中国新闻网、《北京青年报》等多家大型媒体对此事进行了报道和关注。新浪微博中以"中关村二小欺凌事件"为标签的话题阅读量累计达到4129.8万,讨论量达7.1万。二是网民在对该事件的参与和讨论中表现出了较强的情绪性特点。尤其是与自身利益密切相关的家长们在该事件中容易表达出更加激动的情绪,其他社会各界人士也都对此事件比较关注,表现出较强的同情、愤怒等情绪。三是由于此事件在网络中发酵、传播,网民的讨论较多,且微博作为一个开放的公共平台,相关资料较易获得,可利用爬虫工具获得关于该事件的相关数据。

二、研究现状

心理学从个体角度将情绪表达定义为与情绪体验相联系的个体行为的

变化，如情绪反应发生时的微笑、大笑、哭泣、皱眉和发泄等[1]。本研究的情绪表达主要是指个体情绪在网络中的语言表达。

（一）情绪表达的测量

在情绪表达的测量方面，目前主要采用的方法有情绪表达量表和内容分析法两种。

目前已有许多学者设计了不同的情绪表达量表，从情绪表达的极性和强度等方面来测量和解释个体情绪表达。例如，金（King）和埃蒙斯（Emmons）[2]设计的情绪表达问卷（Emotional Expressivity Questionnaire，简称EEQ）发展出了情绪表达的三因素模型，包括积极情绪表达、消极情绪表达和亲密性表达。格罗斯（Gross）和约翰（John）的研究将情绪强度纳入其中，包括正向情绪表达、负向情绪表达和情绪表达强度三个因子[3]。

另外，也有学者采用内容分析法，从网民情绪表达的极性、类型和强度上对个体的情绪表达进行测量。例如，靳明等人基于新浪微博的内容分析研究了黄金大米事件中的公众情绪，从情绪极性上对网民情绪进行了测量，根据微博主题将网民对事件的情绪分为中立的、消极的、积极的情绪[4]。叶勇豪等人研究了"7·23动车事故"中网民的道德情绪特点，对相关微博内容从道德情绪类型和强度方面进行了编码测量。其中，道德情绪类

---

[1] GROSS J J, JOHN O P. Facets of emotional expressivity: three self-report factors and their correlates[J]. Personality and individual differences, 1995, 19(4): 555-568.

[2] KING L A, EMMONS R A. Conflict over emotional expression: psychological and physical correlates[J]. Journal of personality and social psychology, 1990, 58(5): 864-877.

[3] GROSS J J, JOHN O P. Revealing feelings: facets of emotional expressivity in self-reports, peer ratings, and behavior[J]. Journal of personality and social psychology, 1997, 72(2): 435-448.

[4] 靳明，靳涛，赵昶.从黄金大米事件剖析指桑骂槐式的公众情绪：基于新浪微博的内容分析[J].浙江社会科学，2013（6）：91-98，159.

型主要包含愤怒、鄙视、厌恶、同情和爱；情绪强度则由编码者进行0—5分的评分标注[①]。本研究借鉴叶勇豪等人所采用的分析方法，对微博内容的情绪类型和情绪强度进行分类和测量。

（二）网民情绪表达的影响因素

根据既有研究，网民的情绪表达受到整体社会环境、互联网的特质、议题本身及网民个体特征等方面因素的影响。

从整体社会环境角度而言，有学者指出，随着社会的发展，我国目前已进入深刻的社会转型时期，随之产生的社会资源分配不公、民众利益诉求渠道不畅、社会代偿机制不健全、传统舆论和信息管控手段效力下降等问题日渐显著[②]。在这样的背景下，网络舆情较易出现情绪化的特点。

从互联网的特质角度而言，互联网的网络化、匿名性、开放性、弹性、去中心化逻辑正在逐渐渗透到整个社会[③]，在互联网上网民情绪也往往更容易被释放出来[④]，因而网络舆情常常表现为非理性、非逻辑的特点。

从议题本身角度来看，有学者通过对网络论坛上议题的实证分析，发现网络议题表达的情绪色彩浓厚而理性分析较弱，随着讨论的持续，部分议题表达出现了"先情后理"的变化[⑤]。

从作为网络舆情主体的网民个体特征角度而言，其人口学、心理学等个体特征影响着网络舆情中的情绪表达。根据中国互联网络信息中心

---

① 叶勇豪，许燕，朱一杰，等.网民对"人祸"事件的道德情绪特点：基于微博大数据研究［J］.心理学报，2016，48（3）：290-304.
② 喻国明.社交网络时代的舆情管理［M］.南京：江苏人民出版社，2015：21-28.
③ 喻国明.社交网络时代的舆情管理［M］.南京：江苏人民出版社，2015：21-28.
④ 曾润喜.热点事件网络舆情的传播与治理［M］.武汉：华中科技大学出版社，2017：63.
⑤ 王辰瑶，方可成.不应高估网络言论：基于122个网络议题的实证分析［J］.国际新闻界，2009（5）：98-102.

(CNNIC)2017年1月发布的第39次《中国互联网络发展状况统计报告》[1]显示,截至2016年12月,我国10—39岁群体占整体网民的73.7%,高中及以下学历的网民占79.4%,月收入3000元及以下的群体占60.2%。可见,低年龄、低学历、低收入的"三低"人群仍是网民主体。学者喻国明将当下网民的基本心理特征总结为:网民话语表达和社会参与需求强烈、具有正义感和使命感、观点重于事实本身、言论情绪化、群体感染性强等[2]。

本研究通过观察中关村二小"校园欺凌"事件的网络舆情内容,发现该事件网络舆情的情绪化特征突出,并且网民的情绪表达在其个体特征上的差异较明显。同时,从研究的可操作性角度出发,在新浪微博平台上,个体特征尤其是网民的性别及用户身份等信息比较明确、可获得性较强。因此,本研究在了解网民整体情绪分布的基础上,重点探究性别及用户身份在网民情绪表达上的差异。

三、假设的提出

大量心理学研究表明,男性与女性在情绪表达方面的差异显著,整体上女性比男性具有更多的情绪表达[3][4][5]。施默(Schirmer)等人通过研究情

---

[1] 中国互联网络信息中心.第39次中国互联网络发展状况统计报告[R/OL].(2017-01-22)[2020-06-20]. http://www.cac.gov.cn/2017/01/22/c_1120352022.htm.

[2] 喻国明.社交网络时代的舆情管理[M].南京:江苏人民出版社,2015:44-47.

[3] BRITON N J, HALL J A. Beliefs about female and male nonverbal communication [J]. Sex roles, 1995, 32(1/2): 79-90.

[4] KRING A M, GORDON A H. Sex differences in emotion: expression, experience, and physiology [J]. Journal of personality and social psychology, 1998, 74(3): 686-703.

[5] HESS U, SENÉCAL S, KIROUAC G, et al. Emotional expressivity in men and women: stereotypes and self-perceptions [J]. Cognition & emotion, 2000, 14(5): 609-642.

绪影响言语加工的脑机制发现，女性左侧额下回比男性的激活程度更高。这说明女性在言语加工过程中更容易受到情绪的影响[1]。

具体来看，有研究认为，女性更倾向于表达悲伤和焦虑的情绪，而男性更倾向于表达生气和轻蔑的情绪[2][3]。比如，卓别林（Chaplin）和阿尔丹（Aldao）通过对性别在情绪表达中的差异与中介作用进行元分析，发现女性容易表达出内化情绪（如悲伤、焦虑、同情），男性容易表达出外化情绪（如生气）[4]。赫斯（Hess）等人通过实验研究发现，女性在描述个人事件中较易表达更多的悲伤情绪，而男性在负面情绪的状况下更易表达出相对积极或平静的情绪[5]。也有研究发现，在青少年群体中，男性和女性的情绪表达差异虽不显著，但也存在不同，女性在家庭冲突中对生气情绪的表达频率略高于男性[6]。希伯（Sheeber）等人也发现在家庭互动中女性对生气情

---

[1] SCHIRMER A, ZYSSET S, KOTZ S A, et al. Gender differences in the activation of inferior frontal cortex during emotional speech perception[J]. Neuroimage, 2004, 21(3): 1114-1123.

[2] JORDAN J V, SURREY J L, KAPLAN A G. Women and empathy: implications for psychological development and psychotherapy[M]//JORDAN J V, KAPLAN A G, STIVER I P, et al. Women's growth in connection: writings from the stone center. New York: The Guilford Press, 1991: 27-66.

[3] ZAHN-WAXLER C, COLE P M, BARRETT K C.Guilt and empathy: sex differences and implications for the development of depression[M]//GARBER J, DODGE K A. The development of emotion regulation and dysregulation. Cambridge: Cambridge University Press, 1991: 243-272.

[4] CHAPLIN T M, ALDAO A. Gender differences in emotion expression in children: a meta-analytic review[J]. Psychological bulletin, 2013, 139(4): 735-765.

[5] HESS U, SENÉCAL S, KIROUAC G, et al. Emotional expressivity in men and women: stereotypes and self-perceptions[J].Cognition & emotion, 2000, 14(5): 609-642.

[6] EISENBERG N, HOFER C, SPINRAD T L, et al. Understanding mother-adolescent conflict discussions: concurrent and across-time prediction from youths' dispositions and parenting[J].Monographs of the society for research in child development, 2008, 73(2): 54-80.

绪的表达频率显著高于男性[1]。与此不同的是，贝克·斯托尔（Becker-Stoll）等人的研究认为青少年群体中的女性对生气情绪的表达频率略低于男性，而在轻蔑情绪的表达频率上略高于男性[2]。

维吉尔（Vigil）从社会关系框架的视角出发，从理论上解释了这种差异。他认为，由于不同性别在社会中逐渐形成了独特的社交需求和关系约束，个体需要通过情绪行为来表现出"有能力"与"值得信赖"的形象，比如主导的或顺从的、阳刚的或阴柔的。受此影响，男性与女性在情绪表达上会出现显著差异[3]。李想从发展的角度提出了情绪表达性别差异的生物—心理—社会背景模型，认为从生物学角度而言，个体在出生时的行为性别差异较小，随着社会化压力的增加，逐渐被强化和塑造成了与性别角色一致的情绪表达差异[4]。由此可以看出，心理学研究普遍认为，男性与女性在情绪表达方面是存在差异的，在此基础上，本研究提出假设1和假设2：

假设1：男性网民与女性网民在是否表达情绪上存在显著差异。

假设2：男性网民与女性网民在情绪表达强度上存在显著差异。

同时，网民不同的用户身份也使网络舆情中的情绪表达与传统社会中的舆情相比呈现出不同特点。新浪微博虽已实行实名制，但采用的是"前台自愿，后台实名"的方式，也就是说用户的真实信息只有后台能够显示。

---

[1] SHEEBER L B, ALLEN N B, LEVE C, et al. Dynamics of affective experience and behavior in depressed adolescents[J]. Journal of child psychology and psychiatry, 2009, 50(11): 1419-1427.

[2] BECKER-STOLL F, DELIUS A, SCHEITENBERGER S. Adolescents' nonverbal emotional expressions during negotiation of a disagreement with their mothers: an attachment approach[J]. International journal of behavioral development, 2001, 25(4): 344-353.

[3] VIGIL J M. A socio-relational framework of sex differences in the expression of emotion[J]. Behavioral and brain sciences, 2009, 32(5): 375-390.

[4] 李想. 基于社会发展视角的情绪表达性别差异研究[J]. 心理学进展, 2017, 7(3): 359-365.

因此，对于广大普通网民来说，微博中仍然存在一定的匿名性。并且，新浪微博为了保障名人的权益、增加识别度，推出了名人认证系统，认证的标识即为认证用户名字后的"V"字，分为个人认证用户（黄V）和团体认证用户（蓝V）。认证用户匿名性相对较低，社会身份更加公开。

以往关于用户匿名性（anonymity）与自我表露（self-disclosure）行为之间的关系研究中，研究者对用户匿名性的类型进行了区分。一类被称为"话语匿名性"（discursive anonymity），即信息无法追溯某一明确的信息源[1]。用户可通过管理身份信息来控制自己的话语匿名性程度[2]，比如姓名、年龄、所在地、就读学校、就职单位等。奥梅尼克（Omernick）和苏德（Sood）的研究通过比较话语匿名性用户和真实身份用户的评论内容，发现真实身份的用户较匿名用户在互联网中的表达更加积极正面，而匿名用户在愤怒和消极情绪上的表达更多[3]。李（Lee）等人通过对238位线上社区用户的实证研究，发现网络匿名性会对用户信息分享的质量和数量产生正向影响[4]。

另一类被称为"视觉匿名性"（visual anonymity），指的是他人能够看到或听到用户的程度，比如，用户的任何照片和视频等视觉影像都是用户

---

[1] SCOTT C R.Benefits and drawbacks of anonymous online communication: legal challenges and communicative recommendations[J]. Free speech yearbook, 2004, 41(1): 127-141.

[2] VIÉGAS F B.Bloggers' expectations of privacy and accountability: an initial survey [J/OL]. Journal of computer-mediated communication, 2005, 10(3)[2022-07-23]. https://doi.org/10.1111/j.1083-6101.2005.tb00260.x.

[3] OMERNICK E, SOOD S O. The impact of anonymity in online communities[C/OL]// 2013 International Conference on Social Computing, January 8-14, 2013, Alexandria, VA. Washington D. C.: IEEE, 2013: 526-535[2022-07-21]. https://ieeexplore.ieee.org/document/6693377.DOI:10.1109/SocialCom.2013.80.

[4] LEE H, CHOI J, KYU K, et al.Impact of anonymity on information sharing through internal psychological processes: a case of south korean online communities[J]. Journal of global information management, 2014, 22(3): 57-77.

线下真实身份信息的暴露[1]。霍伦堡（Hollenbaugh）和爱维利特（Everett）对154个个人博客内容进行分析，来研究不同类型的用户匿名性在自我表露的数量和程度上的差异。研究发现，与网络的去抑制性效应假设相反，用户的视觉匿名性越低，信息表露得越充分[2]。有学者通过对YouTube上的50个视频进行质化分析，也发现人们在视觉非匿名的情况下同样十分倾向于分享和表达[3]。

这说明，不同类型的匿名状态对用户的信息分享和表达行为的影响是不同的。本研究所关注的用户身份的认证信息属于"话语匿名性"范畴，为探究用户身份对网民情绪表达行为的具体影响，本研究提出假设3和假设4：

假设3：不同用户身份的网民在是否表达情绪上存在显著差异。

假设4：不同用户身份的网民在情绪表达强度上存在显著差异。

四、研究方法

本研究采用内容分析法，对微博数据进行编码、分析，从而验证所提出的假设，进而得出结论。

（一）数据收集

本研究以"中关村二小""校园霸凌""校园欺凌""每对母子都是生

---

[1] SCOTT C R. Benefits and drawbacks of anonymous online communication: legal challenges and communicative recommendations[J]. Free speech yearbook, 2004, 41(1): 127-141.

[2] HOLLENBAUGH E E, EVERETT M K. The effects of anonymity on self-disclosure in blogs: an application of the online disinhibition effect[J]. Journal of computer-mediated communication, 2013, 18(3): 283-302.

[3] MISOCH S. Stranger on the internet: online self-disclosure and the role of visual anonymity[J]. Computers in human behavior, 2015, 48(7): 535-541.

死之交"为关键词，利用爬虫工具通过新浪微博API接口获得关于该事件自2016年12月9日至2016年12月18日的微博共505条。剔除样本中与事件本身无关的微博26条，共获得405位微博用户的有效微博内容样本477条。

（二）变量设定

本研究涉及的自变量分别是性别（1为男性，0为女性）和用户身份（1为个人认证用户，2为团体认证用户，3为非认证用户）。

本研究涉及的因变量有两个：一是网民是否在微博中表达情绪（1为表达，0为不表达）；二是网民的情绪表达强度，通过编码者对样本数据在各种情绪类型上进行0—5分标注来表示。其中，对情绪类型的划分借鉴目前认可度较高的埃克曼（Ekman）的六大基本情绪类型。他基于自己的研究提出人类存在快乐、悲伤、愤怒、恐惧、厌恶和惊讶六种基本情绪[1]。

（三）编码信度检验

为保证研究质量，需在编码前对编码者间信度进行测试，以检验不同编码者对问题理解的一致性。本研究有两位编码员，研究者采用克伦巴赫的阿尔法（Cronbach's Alpha）信度系数分析两位编码员的首次编码结果后发现愤怒、厌恶、恐惧三个变量的信度均低于0.8。经过沟通和对编码者进行重新培训并重新测量，最终，六个变量的编码者间信度均达到0.8及以上（见表2-1）。

---

[1] EKMAN P. Strong evidence for universals in facial expressions: a reply to Russell's mistaken critique[J]. Psychological bulletin, 1994, 115(2): 268-287.

表 2-1 编码者间信度测试报告

变量类型	项目		Cronbach's Alpha
自变量	用户身份		1
	性别		1
因变量	是否表达情绪		0.971
	情绪表达强度	愤怒值	0.827
		厌恶值	0.925
		恐惧值	0.817
		快乐值	0.950
		悲伤值	0.800
		惊讶值	0.808

五、数据分析

（一）描述性统计分析

首先，本研究对情绪类微博和非情绪类微博进行了区分。非情绪类微博指内容只包含对客观事实的描述，不包含发布者主观情绪的微博。比如@新华网发布的一条微博，其内容为："【#中关村二小欺凌事件# 这四个问题需要搞清楚】北京市海淀区中关村第二小学一位家长近日在网上发文，称孩子遭同学'霸凌'，事后出现'急性应激反应'，质疑校方处理不当，引发公众广泛关注。中关村二小因此被推上舆论的风口浪尖。"情绪类微博指内容包含发布者主观情绪的微博。比如某网友发布的一条微博，其内容为："中关村二小，校园霸凌，一拖再拖，一删再删！每每看到此类事件也会臆想，如果我的孩子遭遇了校园霸凌，我会怎么做？我能理智对待吗？你们呢？能吗？我的答案是：绝不，我必要死磕到底！"据统计，在收集到的477条微博样本中，非情绪类微博有196条（占比41.1%），情绪类微博有281条（占比58.9%）。

在收集的405个微博主体中，非认证主体有166个（占比41.0%），个人认证主体为131个（占比32.3%），团体认证主体为108个（占比26.7%）。在297位个人主体中，女性为131个（占比44.1%），男性为166个（占比55.9%）（见表2-2）。

表2-2 微博主体信息

变量	类型	数量	百分比
用户身份	非认证	166	41.0%
	个人认证	131	32.3%
	团体认证	108	26.7%
性别	男	166	55.9%
	女	131	44.1%

在281条情绪类微博的情绪类型分布上，厌恶的情绪值最高，均值为3.19，其次是愤怒和悲伤，均值分别为2.67和2.05，再次是恐惧情绪，均值为1.07，情绪值最低的为惊讶和快乐，均值分别为0.30和0.10。本研究以24小时为一个时间单位，用"所有微博在该情绪类型上的得分总和/总微博数"表示该时间区间内的情绪强度，画出该事件发生时间内网民的情绪变化走势图（见图2-1）。

从图2-1可以看出，在2016年12月9日至12月18日，网民的厌恶与愤怒情绪一直居高，成为此事件中的两种最主要情绪。通过对原始样本的观察，发现网民的厌恶与愤怒情绪主要是对校园霸凌事件中"施暴者"的反感，以及对学校处理此事件的态度和结果的不满。比如，某用户发布微博认为"#中关村二小霸凌事件#听闻此事，再把相关新闻搜索了一遍，太气愤了！都TM想骂人了！真是应了那句话：龙生龙，凤生凤，老鼠生的娃儿会打洞！施暴者家长态度都如此恶劣还能教育出怎样的有礼貌的孩子！

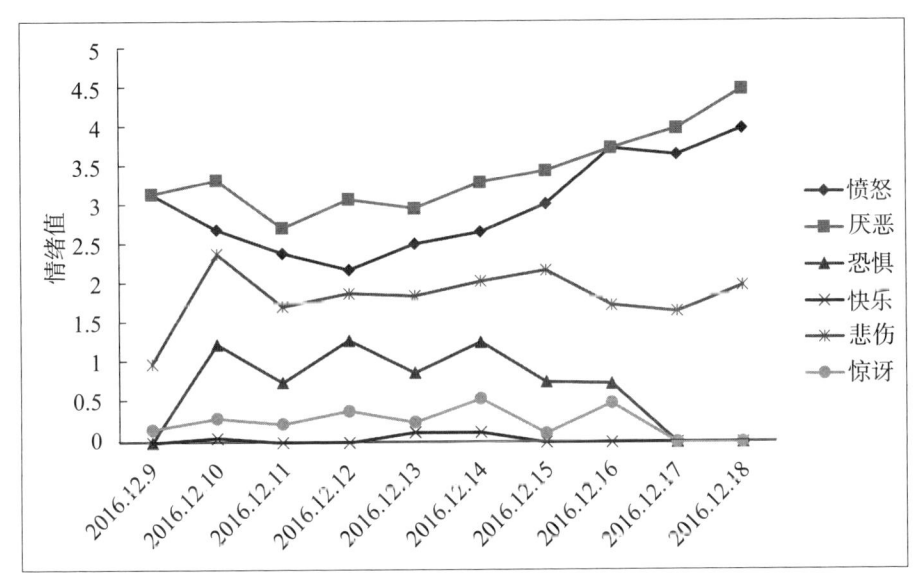

图 2-1　情绪变化走势图

小心风水轮流转，以后就是这种娃用这种态度对你!……"另一用户发布的一条内容为："#中关村二小霸凌事件#我从未见过如此不要脸的声明，意思就是家长夸大其词呗。还有七万多阅读为什么只有这么几条评论，评论放的全是帮学校说话的，最后成了学校歌功颂德会。什么叫学校的问题回归学校，学校能解决问题人家妈妈会写文章吗？这就是所谓名校，真长见识。"12月13日，中关村二小公布《中关村第二小学关于"学生受伤害事件"的处理进展情况》的公告，并且，北京市中关村二小校长杨刚于12月13日凌晨接受《中国教育报》记者独家专访时表示"通过学校掌握的信息和情况，这件事情构不成霸凌"。在此之后，网民的厌恶及愤怒情绪一直呈现上升态势。网民的悲伤情绪整体居中，在经过12月9日事件在网络上传播发酵后，网民的悲伤情绪达到顶点，此后基本处于平稳状态并略有下降。网民的恐惧情绪主要来自校园霸凌事件对被害人造成的身体及心理伤害，以及对自己曾经遭遇过校园霸凌事件的回忆。比如，@青年之声发布的一条微博内容为："【天呐！你知道校园霸凌的后遗症有多严重？！】近日，

'中关村二小欺凌事件'闹得沸沸扬扬。虽然真相还没彻底搞清楚,但校园霸凌四个字还是戳痛了不少人的心,让他们回忆起曾经校园时光中的那段'灰色记忆'。"

(二)假设验证

为验证假设1和假设3,本研究采用二元Logistic回归分析,将性别与用户身份作为自变量共同加入模型,发现模型系数未通过综合检验(Sig.=0.117),并且模型的-2对数似然值较高(291.833),Nagelkerke R方较小(0.023),说明模型的拟合优度不理想。究其原因,可能是仅通过性别和用户身份预测网民是否进行情绪表达是不全面的,除此之外还可能存在其他因素。但这一方法仍可通过变量系数分析网民是否表达情绪与性别和用户身份之间的关系[①]。于是,本研究以性别与用户身份分别为自变量建模,发现以性别为自变量的模型系数未通过系数综合检验(Sig.=0.374),说明男性与女性在表达情绪的概率上无显著差异。接下来,本研究以用户身份为自变量,以其中的非认证用户为对照组建立模型后,通过了模型系数的综合显著性检验(Sig.=0.000),说明不同用户身份的网民在是否表达情绪上存在显著差异(见表2-3)。

表2-3 不同用户身份的网民是否表达情绪的差异

	B	S.E.	Wals	df	Sig.	Exp(B)	Exp(B)的95% C.I. 上限	下限
用户身份			93.859	2	0.000			
个人认证	-0.595	0.293	4.112	1	0.043	0.552	0.310	0.980
团体认证	-2.884	0.312	85.145	1	0.000	0.056	0.030	0.103
常量	1.684	0.214	62.15	1	0.000	5.385		

---

① 薛薇.SPSS统计分析方法及应用[M].3版.北京:电子工业出版社,2013:228.

表2-3反映了不同用户身份的网民在是否表达情绪上的差异。由于参照水平为非认证用户，因此表示个人认证用户较非认证用户使Logit p平均增长–0.595个单位。结合发生比可知，个人认证用户的发生比是非认证用户的0.552倍，且有95%的把握在0.310至0.980之间。这说明个人认证用户与非认证用户相比，在微博中对该事件表达情绪的概率较低。与非认证用户相比，团体认证用户使Logit p平均增长–2.884个单位。结合发生比可知，团体认证用户的发生比是非认证用户的0.056倍，且有95%的把握在0.030至0.103之间，显然要低许多。这说明团体认证用户与非认证用户相比，在微博中对该事件表达情绪的概率极低。总之，男性与女性网民在是否表达情绪上不存在显著差异，说明假设1未得到验证；不同用户身份的网民在是否表达情绪上存在显著差异，非认证用户表达情绪的概率较高，其次是个人认证用户，团体认证用户的情绪表达概率最低，从而验证了假设3。

为验证假设2和假设4，本研究分别以个体在该事件中所有微博各情绪类型的平均值为因变量，以性别和用户身份为控制变量，采用单因素方差分析的方法，分别探究性别和用户身份在网民情绪表达强度上的差异（见表2-4）。

表2-4 性别与用户身份对情绪表达强度的单因素方差分析

情绪类型		平方和	df	均方	F	显著性
愤怒	性别	0.008	1	0.008	0.004	0.953
	用户身份	39.186	2	19.593	8.575	0.000
厌恶	性别	0.881	1	0.881		
	用户身份	41.847	2	20.924	10.115	0.000
恐惧	性别	0.635	1	0.635	0.204	0.652
	用户身份	4.079	2	2.04	0.673	0.511
快乐	性别	0.751	1	0.751	2.972	0.086
	用户身份	0.928	2	0.464	1.772	0.172

续表

情绪类型		平方和	df	均方	F	显著性
悲伤	性别	2.750	1	2.750	1.104	0.295
	用户身份	4.786	2	2.393	0.984	0.375
惊讶	性别	0.206	1	0.206	0.249	0.618
	用户身份	0.249	2	0.125	0.151	0.860

表2-4反映了性别与用户身份在网民情绪表达强度上的差异。如果显著性水平为0.05，性别变量对六种情绪强度的显著性均大于0.05，说明不同性别的网民对校园霸凌事件的情绪表达强度不存在显著差异，即假设2未得到验证。用户身份在愤怒和厌恶的情绪表达强度上的显著性为0.000，说明用户身份对愤怒和厌恶的情绪强度存在显著影响；而在恐惧、快乐、悲伤、惊讶这四种情绪强度上的显著性均大于0.05，说明用户身份对网民这四种情绪强度不存在显著影响，因此假设4得到了部分验证。为探究用户身份这一控制变量的不同水平在网民情绪表达强度上的具体差异，本研究进一步对用户身份对愤怒和厌恶情绪的影响进行了方差齐性检验和多重比较检验。

方差齐性检验是对控制变量不同水平下观测变量总体的方差是否相等进行分析，控制变量不同水平下观测变量总体方差无显著差异是方差分析的前提要求[1]。因此，有必要对方差是否齐性进行检验。单因素方差分析的基本分析只能判断控制变量是否对观测变量产生了显著影响，多重比较检验可以确定控制变量的不同水平对观测变量的影响程度如何。在多重比较检验的多种方法中，最小显著性差异法（LSD方法）具有检验敏感性较高的特点，因此，本研究采用最小显著性差异法对其进行多重比较检验（见表2-5）。

---

[1] 薛薇. SPSS统计分析方法及应用 [M]. 3版. 北京：电子工业出版社，2013：228.

表2-5 愤怒情绪的多重比较检验

用户身份		均值差	标准误	显著性
个人认证	团体认证	1.383*	0.339	0.000
	非认证	0.151	0.199	0.450
团体认证	个人认证	−1.383*	0.339	0.000
	非认证	1.232*	0.328	0.000
非认证	个人认证	−0.151	0.199	0.450
	团体认证	1.232*	0.328	0.000

注：均值差的显著性水平为0.05。

对愤怒情绪的方差齐性检验显示，不同用户身份下的情绪强度的方差齐性检验值（Levene 统计量）为1.673，概率值为0.19，因此认为不同用户身份下的愤怒情绪强度无显著差异，满足方差分析的前提要求。对愤怒情绪的多重比较检验发现，团体认证用户与个人认证用户和非认证用户的愤怒情绪表达强度均有显著差异，而个人认证用户与非认证用户之间的愤怒情绪表达强度无显著差异。具体来看，个人认证用户与非认证用户的愤怒情绪表达强度显著高于团体认证用户（见表2-6）。

表2-6 厌恶情绪的多重比较检验

用户身份		均值差	标准误	显著性
个人认证	团体认证	1.407*	0.322	0.000
	非认证	0.094	0.189	0.619
团体认证	个人认证	−1.407*	0.322	0.000
	非认证	−1.313*	0.312	0.000
非认证	个人认证	−0.094	0.189	0.619
	团体认证	1.313*	0.312	0.000

注：均值差的显著性水平为0.05。

六、结论与讨论

本节以中关村二小"校园欺凌"事件为例，采用埃克曼的六大基本情绪类型的划分，对网络舆情事件中网民的情绪表达特点进行研究。本研究通过对新浪微博中405位用户的477条微博内容进行分析后发现，厌恶与愤怒是网民情绪表达强度最高的两种情绪，且在整个事件发展过程中其强度呈上升态势。这主要来自网民对该事件中"施暴者"的反感，以及对学校处理态度与结果的不满。悲伤情绪居中且比较平稳，主要来自网民对受害者的同情。恐惧情绪强度相对较低，主要来自对受害者所受伤害的恐惧以及对自己曾遭遇类似事件的回忆。由于该事件在发展过程中未出现明显的反转，因此，惊讶的情绪强度很低。快乐的情绪强度最低，这与事件本身的负面性质也比较相符。

心理学中关于性别在情绪表达中的具体影响结论虽有不同，但总的来说认为男性与女性在情绪表达上是存在差异的。本研究未发现不同性别的网民在情绪表达上的显著差异，原因可能有以下四点。一是实验材料不同。心理学相关研究采用的实验材料多是面部表情、场景图片或一定的生活情境任务，在情绪刺激上具有一定的一般性和普适性。而本研究中作为情绪刺激的该"校园欺凌"事件的性质较为特殊和敏感，具有比较明显的负面事件特征。在对未成年人的校园安全问题上，男性网民和女性网民的情绪反应可能存在共同的一致性。二是研究情境不同。心理学相关研究多是在实验室环境下采集被试的情绪反应数据，干扰因素较少。而本研究关注的用户的情绪表达行为发生于多种因素共同作用下的网民日常生活，单一因素的影响力可能并不显著。有学者也在其研究中指出，用户的线上自我表露行为除了受到性别、年龄的潜在影响外，还与传播情境、渠道特征、用户动机、用户个性以及东西方文化氛围等因素息息相关[①]。三是研究方法不同。心理学相关研究多是采用问卷和量表的方法测量被试的情绪反应，或者通过功能性磁共振成像、脑电波等方法直接收集被试生理上的情绪反应数据。而本研究是通过对网民在微博平台所表达的语言文字进行情绪判断和赋值来间接测量其情绪状况。用户在社交网站中的表达行为除了受到情绪化、无意识自然反应的影响外，也包含一定的理性思考过程[②]。因此两者的研究结论可能存在差异。四是在研究对象方面，本研究的研究对象是发表过关于此事件微博正文内容的网民，样本量有限，实际上在网络中还存在大量采用微博评论或新闻评论的方式对此事表态的网民未包含在此研究中，因而可能存在一定的误差。

对不同认证类型的网民群体而言，不同用户身份的网民在是否表达情绪上存在显著差异，其中，情绪表达概率最高的是非认证用户，其次是个人认证用户，团体认证用户的情绪表达概率最低。并且，用户身份在愤怒及厌恶类型的情绪强度上也存在显著差异。两两比较来看，个人认证用户与非认证用户的愤怒和厌恶情绪表达强度无显著差异，个人认证用户与非认证用户的愤怒和厌恶情绪表达强度显著高于团体认证用户。

已有关于话语匿名性与用户的信息传播行为关系的研究大多认为，在网络传播环境下，人们的整体表达意愿会比面对面交流时显著增高，其中，话语匿名性起到了决定性作用[③][④]。罗德姆（Rodham）和加文（Gavin）的研究也

---

① MISOCH S. Stranger on the internet: online self-disclosure and the role of visual anonymity[J]. Computers in human behavior, 2015, 48: 535-541.
② VAN GOOL E, VAN OUYTSEL J, PONNET K, et al. To share or not to share? Adolescents' self-disclosure about peer relationships on facebook: an application of the prototype willingness model[J]. Computers in human behavior, 2015, 44: 230-239.
③ BARGH J A, MCKENNA K Y A, FITZSIMONS G M. Can you see the real me? Activation and expression of the "true self" on the internet[J]. Journal of social issues, 2002, 58(1): 33-48.
④ CHIOU W B.Adolescents' sexual self-disclosure on the internet: deindividuation and impression management[J]. Adolescence, 2006, 41(163): 547-561.

发现，当人们不担心自由表达会受到其他参与者的责备时，这种匿名性会使用户在分享和表达信息时呈现去抑制效应[①]。这与本研究的结论是一致的。与个人认证用户和团体认证用户相比，非认证用户的话语匿名性最高。前台用户一般无法通过微博中的信息确定用户的真实身份，因而，非认证用户情绪表达的概率更高。而团体认证用户的话语匿名性最低，普通用户均可以通过微博昵称识别出其所在机构的名称，这意味着团体认证用户所发布的微博内容代表了所在机构的态度。因而，团体认证用户在情绪表达上最保守，并且与非认证用户和个人认证用户在愤怒和厌恶的情绪强度上均存在显著差异。

除愤怒与厌恶情绪外，不同用户身份的网民在恐惧、悲伤、快乐、惊讶四种情绪强度上的差异并不显著。原因可能是在这一事件中，网民的愤怒和厌恶情绪一直占据主导，成为此事件中最主要的两种情绪，代表性较强。而其他四类情绪在此事件中表现并不明显，样本量较小，代表性较弱。因此，可能导致在此事件中，用户身份在网民恐惧、悲伤、快乐、惊讶四种情绪类型上的影响并不显著。

当然，本研究对网络舆情中的情绪表达研究也存在一些不足之处。首先，本研究抓取的是用户发布的微博正文内容，因而样本量有限。在网络空间中，还存在大量的文本内容可供挖掘，比如微博评论、新闻评论等。在今后的研究中，可将微博正文内容与用户评论内容共同纳入研究范围，从而对网民的情绪进行更加全面的研究。其次，在变量的选择方面，由于微博中的性别和认证信息比较全面，因此仅将这两个变量纳入研究。在今后的研究中，可尝试获取用户更加广泛的信息，对用户群体进行多维度刻画，探究更多因素在网络情绪表达中的作用。最后，随着大数据、文本挖掘等技术的深入发展，未来的研究可采用更加先进和科学的技术方法对在线文本进行计算和分析，推进研究向纵深方向发展。

---

① RODHAM K, GAVIN J. The ethics of using the internet to collect qualitative research data[J]. Research ethics review, 2006, 2(3): 92-97.

第三章
网络情绪感染机制研究

在传统的面对面交流中，个体情绪主要通过面部表情、声音、肢体语言等实现传递。在社交媒体中，没有了面对面传播中的表情、声音等线索，海量网民主要通过发帖、评论等形式交流观点、表达情绪。那么，个体情绪是如何在虚拟的网络空间中相互感染而实现大规模传播的呢？情绪在网络空间中的传播呈现怎样的特点？本章将以网络热点舆情事件为典型案例，从时间和空间两个维度分析网络情绪感染的时间演变和空间结构。在时间维度上，本研究借助大数据分析法和机器学习算法，在网络文本自动化情绪识别的基础上，分析舆情事件不同阶段的网民情绪演变特点。在空间维度上，本研究采用社会网络分析，构建网络情绪的感染网络，并识别情绪网络中的关键节点，从而明确网络情绪感染的内在机理。最后，本研究从外源性动力（网络社会心态和媒介技术）与内源性动力（议题本身的属性）两个方面分析影响网络情绪感染的因素，从而探究情绪感染现象背后的动力机制。

第一节　情绪感染的时间维度[*]

近年来，社会化媒体以其快速发布、即时共享、高介入性及公共对话性质，对政府的危机传播带来诸多机遇和挑战①，以"情绪压倒事实"为特征的"后真相"逐渐成为舆情走向的主导性因素②。同时，大数据及计算机文本挖掘等相关技术的发展为基于大规模的文本情绪分析提供了基础。在此背景下，本研究选取发生于2017年底的"红黄蓝幼儿园虐童事件"（简称红黄蓝事件）为个案，以"整合危机图式"（Integrated Crisis Mapping，简称ICM）为理论指导，采用大数据分析法和机器学习算法，对微博文本中的公众情绪进行实证测量和分析。主要探究以下问题：①这一危机事件中公众的主导情绪类型是什么？②此危机事件中的公众情绪经历了怎样的变化？为何变化？本研究通过上述问题的探索，旨在丰富和发展ICM理论模型和危机传播相关理论体系，并为政府危机传播的策略决策提供一定借鉴。

2017年11月22日晚，十余名家长反映朝阳区管庄红黄蓝幼儿园（新天

---

* 本部分原载于《新闻大学》2020年第12期。原文题目为《从愤怒到厌恶：危机事件中公众的情绪图景》。

① 许静.社会化媒体对政府危机传播与风险沟通的机遇与挑战[J].南京社会科学，2013(5)：98-104.

② 史安斌，邱伟怡.社交媒体环境下危机传播的新趋势新路径：以"美联航逐客门"为例[J].新闻大学，2018(2)：122-130，154.

地分园）国际小二班的幼儿遭遇老师扎针、喂不明白色药片，并提供了孩子身上多个针眼的照片。随后，该事件迅速在网络中发酵、传播，引发了大量媒体关注和网民讨论。11月23日晚，北京市朝阳区政府发布情况通报称，警方已成立专案组进行调查，区政府工作组已进驻幼儿园。11月24日，红黄蓝教育机构发布声明称，涉事老师已暂停职。11月28日晚，北京市公安局朝阳分局发布情况通报称，涉事教师涉嫌虐待被看护人已被刑事拘留。此外，经检查，涉事女童人身均未见异常；另经鉴定部门工作，未发现有人对儿童实施侵害。"'爷爷医生、叔叔医生'脱光衣物检查女儿身体"的言论系赵某某编造。2018年5月，北京检察机关对此案提起公诉。2018年12月26日，北京市朝阳区人民法院公开宣判，以虐待被看护人罪一审判处被告人刘某有期徒刑一年六个月，同时禁止其自刑罚执行完毕之日或者假释之日起五年内从事未成年人看护教育工作。2019年6月11日，北京市第三中级人民法院做出二审宣判，裁定驳回刘某上诉，维持原判。

本部分之所以选择这一案例，主要出于以下几点考虑。第一，该事件涉及虐待甚至性侵儿童，具有较强的道德冲突，容易引发公众的愤怒、同情、震惊等情绪，网民对此事件的讨论具有较强的情绪性色彩，比较适合分析危机事件中公众的情绪特点。第二，该事件的关注度较高，影响力较大，具有一定的典型性。事件发生后，《人民日报》、新华网、《法制日报》等多家大型媒体参与报道此事件，并且在微博中经过大量娱乐明星转发，该事件关注热度持续高涨，影响力迅速扩大，具有较强的研究价值。第三，事件发生时，该事件在微博中的讨论量最多，占比98%以上[1]，作为公开的社交媒体平台，微博数据较易获得，可操作性更强。

---

[1] 鹰眼舆情观察室.2017年11月社会舆情热点分析［EB/OL］.（2017-12-01）［2021-08-09］. https://www.eefung.com/hot-report/20171201104342.

一、基于情绪视角的危机传播理论：整合危机图式

危机传播研究中的两大主导理论——伯努瓦（Benoit）和庞（Pang）提出的形象修复理论（Image Repair Theory）[1]和库姆斯（Coombs）提出的情境式危机传播理论（Situational Crisis Communication Theory，简称SCCT）[2][3]旨在理解组织应在什么情况下采取怎样的策略，这些理论往往基于具体情境的视角，源于组织基于危机情境的反应。随着实践发展，研究者开始关注情绪在说服和危机传播中策略决策的重要性，有学者指出，理解情绪将成为危机传播研究中的下一个前沿[4]。例如，有学者认为，当我们能够认识到利益相关者（stakeholders）的情绪反应并将其纳入危机应对的策略选择时，危机沟通可以更有效地保护组织声誉[5]。

在此背景下，金（Jin）等人[6]提出了一种基于情绪视角的危机传播理

---

[1] BENOIT W L, PANG A. Crisis communication and image repair discourse[M]//HANSEN-HORN T, NEFF B D.Public relations: from theory to practice. Boston: Pearson Allyn & Bacon, 2008: 244-261.

[2] COOMBS W T. The protective powers of crisis response strategies: managing reputational assets during a crisis[J]. Journal of promotion management, 2006, 12(3/4): 241-260.

[3] COOMBS W T. Ongoing crisis communication[M]. Los Angeles: Sage, 2007.

[4] JIN Y, PANG A. Future directions of crisis communication research: emotions in crisis—the next frontier[M]//COOMBS W T, HOLLADAY S J. The handbook of crisis communication. Chichester. UK: Wiley-Blackwell, 2010: 677-682.

[5] COOMBS W T, HOLLADAY S J. An exploratory study of stakeholder emotions: affect and crises[M]//ASHKANASY N M, ZERBE W J, HÄRTEL C E J. The effect of affect in organizational settings. Bingley. UK: Emerald Group Publishing Limited, 2005: 263-280.

[6] JIN Y, PANG A, CAMERON G T. Integrated crisis mapping: toward a publics-based, emotion-driven conceptualization in crisis communication[J]. Sphera pública, 2007(7): 81-95.

论——"整合危机图式"。这一模型通过理论推导提炼出在危机传播中公众最主要的四种情绪：愤怒（anger）、惊吓（fright）、焦虑（anxiety）和悲伤（sadness），并分别依据公众的应对策略（X轴）和组织的参与水平（Y轴）建立了危机矩阵（见图3-1）。在这里，公众（publics）的概念等同于利益相关者，也有学者称其为受众（audience）[1]，主要是指"一群面临共同问题的人"[2]。

如图3-1所示，在这一矩阵中，公众的应对策略分为意动型应对（conative coping）和认知型应对（cognitive coping）。意动型应对主要是指通过实际措施和步骤改变公众与组织之间的实际关系；认知型应对主要是指只改变公众阐释这种关系的方式。组织的参与水平分为高参与度和低参与度。高参与度意味着强烈、持续而巩固的参与，并在处理危机的资源分配中处于优先；低参与度则意味着组织投入相对较少的资源和精力。据此，危机矩阵被分为四个象限。每个象限中的危机事件分别对应两种不同的主导情绪。

在理解公众情绪方面，ICM理论借鉴了拉扎勒斯（Lazarus）1991年的研究[3]，将公众的情绪评估反应分为两类，一类是初级评估（primary appraisal），主要指公众评估危机事件是否与自身相关以及如何相关，其内容包含目标相关性、目标一致性及其他团体的参与；另一类是次级评估（secondary appraisal），主要指公众对自己的选择及处理危机的资源和未来前景的评估，这意味着在危机期间，公众需要评估是否需要采取行动及采

---

[1] BENOIT W L, PANG A. Crisis communication and image repair discourse[M]// HANSEN-HORN T, NEFF B D. Public relations: from theory to practice. Boston: Pearson Allyn & Bacon, 2008: 244-261.

[2] HERRERO A G, PRATT C B. An integrated symmetrical model for crisis-communications management[J]. Journal of public relations research, 1996, 8(2): 79-105.

[3] LAZARUS R S. Emotion and adaption[M]. New York: Oxford University Press, 1991.

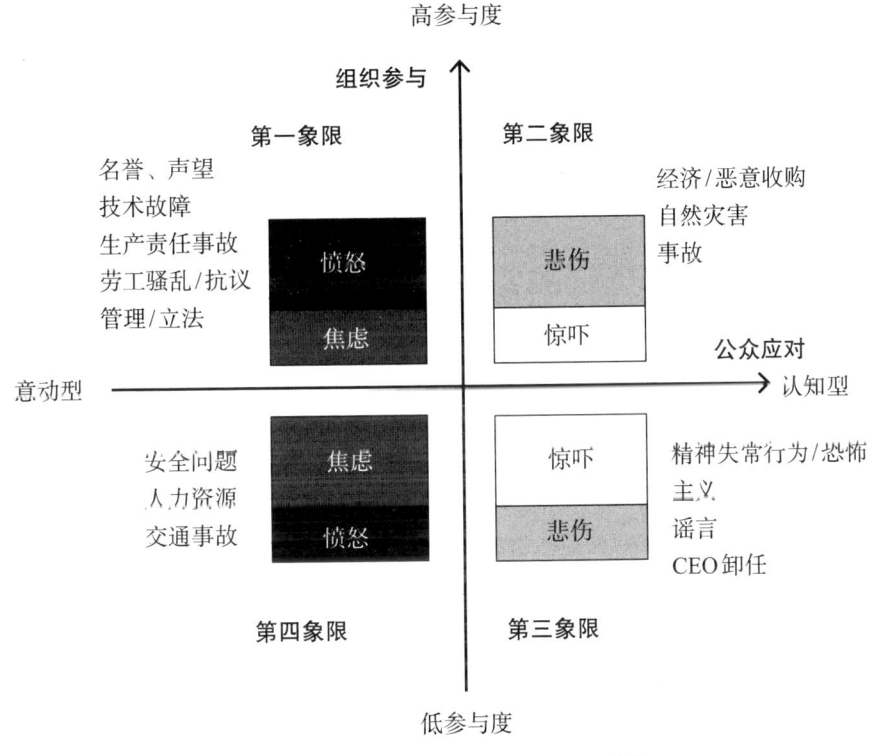

第三章 网络情绪感染机制研究 / 163

```
                          高参与度
                             │
                        组织参与│
                             │
            第一象限          │     第二象限
   名誉、声望                  │                经济/恶意收购
   技术故障                    │                自然灾害
   生产责任事故   ┌──────┐    │   ┌──────┐    事故
   劳工骚乱/抗议  │ 愤怒 │    │   │ 悲伤 │
   管理/立法     ├──────┤    │   ├──────┤
                │ 焦虑 │    │   │ 惊吓 │        公众应对
                └──────┘    │   └──────┘
   ─────────────────────────┼──────────────────────────►
   意动型                    │                         认知型
                            │
                ┌──────┐    │   ┌──────┐    精神失常行为/恐怖
   安全问题     │ 焦虑 │    │   │ 惊吓 │    主义
   人力资源     ├──────┤    │   ├──────┤    谣言
   交通事故     │ 愤怒 │    │   │ 悲伤 │    CEO卸任
                └──────┘    │   └──────┘
            第四象限          │     第三象限
                             │
                          低参与度
```

图 3-1 "整合危机图式"理论模型 [1][2]

取何种行动来对危机事件施加影响。基于以上分析，ICM 理论认为危机事件中的公众可能会经历两种水平的情绪。初级情绪（primary level emotion）是公众在危机发生的第一时间所经历的情绪，次级情绪（secondary level emotion）是公众在后续情况下经历的情绪，并取决于组织对危机的回应。次级情绪可由初级情绪转变而来，也可与初级情绪同时存在。据此，ICM 提炼出四个象限主要的情绪类型：第一象限主要的初级情绪是愤怒、次级

---

[1] JIN Y, PANG A, CAMERON G T. Integrated crisis mapping: toward a publics-based, emotion-driven conceptualization in crisis communication [J]. Sphera pública, 2007(7): 81-95.

[2] 史安斌，邱伟怡. 社交媒体环境下危机传播的新趋势新路径：以"美联航逐客门"为例 [J]. 新闻大学，2018（2）：122-130，154.

情绪是焦虑，第二象限的主要初级情绪是悲伤、次级情绪是惊吓，第三象限的主要初级情绪是惊吓、次级情绪是悲伤，第四象限的主要初级情绪是焦虑、次级情绪是愤怒。

ICM理论在现有的基于情境的危机应对研究路径外，提供了一种新的研究路径——基于情绪视角的危机传播，以理解参与危机事件的公众可能经历的情绪变化，以便组织能够制定合理化策略满足公众的具体需求[①]。在此基础上，本研究通过借鉴这一理论框架，聚焦于危机事件中的公众情绪，旨在对ICM理论模型的本土化应用做出尝试，并进一步丰富和发展这一理论模型。

二、文献综述与假设推导

（一）公众的主要情绪类型

在"红黄蓝事件"中，一方面，由于公众主要将危机责任归因于幼儿园，将监管及调查责任归因于政府、公安机关等部门。事件发生后，政府和公安机关第一时间进驻幼儿园展开调查工作，并通过微博向公众通报最新进展，幼儿园也先后两次发布情况说明及致歉信，说明政府部门和商业组织在危机事件中的卷入度较高，属于ICM理论模型中纵轴上的组织高参与度。另一方面，大量网民在微博中关注危机事件进展、谴责涉事教师、呼吁相关部门严查事实真相，并且，部分家长在幼儿园门口聚集，希望得到园方回应。这些行为说明公众有针对危机事件采取具体动作的趋势和表现。具体来看，在此事件中，红黄蓝幼儿园作为提供育幼服务的商业组织，

---

① JIN Y, PANG A. Future directions of crisis communication research: emotions in crisis—the next frontier [M]//COOMBS W T, HOLLADAY S J. The handbook of crisis communication. Chichester, UK: Wiley-Blackwell, 2010: 677-682.

在提供服务的过程中出现问题，应属于第一象限中责任事故类危机。因此，在ICM模型的横轴上应属于公众意动型处理，处于第一象限。根据ICM理论模型，愤怒和焦虑应是此类事件的主要情绪。

但已有实证研究表明，在第一象限的危机事件中，公众的主导情绪与ICM理论模型并不一致。例如，有研究表明，在第一象限的五类危机中，声望危机（如惠普内部泄密）和技术故障危机（如戴尔电池召回）中的主要初级情绪是愤怒、次级情绪是焦虑；责任事故（如美国Sago煤矿爆炸）和劳工骚乱/抗议（如福特公司裁员）中的主要初级情绪是焦虑、次级情绪是悲伤；管理/立法类危机（如美国《2006年军事委员会法》）中的主要初级情绪是焦虑、次级情绪是愤怒[1]。由此来看，在第一象限的五个案例中，有三个案例表现出ICM模型所提示的愤怒与焦虑情绪。在这两种情绪中，焦虑作为初级情绪或次级情绪在所有案例中均有体现；愤怒作为初级情绪或次级情绪在五个案例中的其中三个中都有体现。而悲伤情绪是这一象限中的一种新类型，在其中的两个案例中均有明显表现。上述研究表明，在第一象限的危机事件中，可能存在三种主要情绪而非两种。据此，他们基于美国语境下的危机事件修正了ICM理论模型，认为第一象限中除了焦虑情绪作为默认情绪外，主要情绪还有愤怒与悲伤。而史安斌、邱伟怡以"美联航逐客门"事件为例，将该事件归为ICM理论模型中第一象限中的危机事件，他们虽未具体区分公众的初级情绪或次级情绪，但通过对微博文本的内容分析，发现这一案例中公众的主要情绪是厌恶和愤怒[2]。

通过以上研究可以看出，实证研究中发现的第一象限危机事件的主导

---

[1] JIN Y, PANG A, CAMERON G T.Toward a publics-driven, emotion-based conceptualization in crisis communication: unearthing dominant emotions in multi-staged testing of the Integrated Crisis Mapping (ICM) model[J]. Journal of public relations research, 2012, 24(3): 266-298.

[2] 史安斌，邱伟怡.社交媒体环境下危机传播的新趋势新路径：以"美联航逐客门"为例[J].新闻大学，2018（2）：122-130，154.

情绪类型与ICM理论模型存在差异。并且,已有的模型修正基于西方语境,在中国语境下的本土化应用相对较为缺乏。由于本研究案例与"美联航逐客门"事件相比存在一定的共性,两者同属ICM模型第一象限中的责任事故类危机,并且所研究的情绪主体均为中国公众。因此,本研究假设此案例中公众的主导情绪与"美联航逐客门"相同,据此提出假设1:

假设1:在本案例中,公众的主导情绪类型是厌恶与愤怒。

(二)公众的情绪—时间变化

前文提到,ICM理论在理解公众情绪时将其分为两个水平:初级情绪与次级情绪。初级情绪是公众在危机发生后的当下所经历的即时情绪反应,主要是公众判断危机事件是否与自身相关;而次级情绪是公众后续经历的情绪,主要是对危机应对和未来前景的选择与资源的评估[1]。可见,ICM理论对危机事件中公众情绪的变化已有提及,但未具体从时间维度上对不同阶段的公众情绪演变进行详细刻画。关于这一点,目前已有文献有过相关论述。

余红、吴雨青、晏慧思以"山东辱母案"为例,研究发现,在危机爆发期内,公众的厌恶、悲伤、愤怒等负面情绪较强,随着事件发展过程中政府与媒体的信息释放与议程转移,公众的负面情绪逐渐减弱,正面情绪和无情绪表达明显增多,情感态度逐渐由感性转向理性[2]。王英、龚花萍以"南昌大学自主保洁"事件为例,研究发现,在危机高峰期内,负面情绪占比最多,随着事件发展,中性情绪比重逐渐上升,成为主要情绪,负面情

---

① JIN Y, PANG A, CAMERON G T. Toward a publics-driven, emotion-based conceptualization in crisis communication: unearthing dominant emotions in multi-staged testing of the Integrated Crisis Mapping (ICM) model[J]. Journal of public relations research, 2012, 24(3): 266-298.

② 余红,吴雨青,晏慧思.网络抗争事件的情绪传播和引导:以山东辱母案为例[J].情报杂志,2018,37(5):117-122.

绪比重则略微下降[1]。艾哈迈德（Ahmed）等人以Twitter中印度的尼尔巴娅（Nirbhaya）抗争事件为例，研究发现，愤怒情绪在抗争早期比较强烈，随着事件发展而逐渐减弱；悲伤情绪在抗争行动之前最高，在抗争行动之后最低；焦虑与确定感（certainty）呈相反趋势，焦虑在抗争行动前最强烈，在抗争过程中开始下降，之后降至最低，而确定感在抗争前最低，在抗争过程中最高；成就感（achievement）在抗争前期最低，在后期达到最高[2]。

整体来看，在危机前期和危机爆发的过程中，公众情绪多以愤怒、厌恶、悲伤、焦虑等负面情绪为主，随着事件发展，在危机事件后期，公众的负面情绪逐渐减弱，而正面情绪有所上升。本研究借鉴埃克曼对人类基本情绪类型的划分[3][4]，在这一划分中，快乐（happiness）是唯一的正面情绪类型，并且根据谢里（Cherry）[5]和范登博思（VandenBos）[6]的定义，快乐整体上是一种愉悦的（pleasant）情绪状态，其内涵较为广泛，包含了满足/满意（contentment/gratification/satisfaction）、高兴/愉快（joy/gladness）、幸福（well-being）等多种特点。因此，本研究提出假设2：

假设2：随着危机事件发展，本案例中公众的愤怒、厌恶等负面情绪逐渐减弱，快乐的正面情绪逐渐增强。

---

[1] 王英，龚花萍.基于情感维度的大数据网络舆情情感倾向性分析研究：以"南昌大学自主保洁"微博舆情事件为例[J].情报科学，2017，35(4)：37-42.

[2] AHMED S, JAIDKA K, CHO J. Tweeting India's Nirbhaya protest: a study of emotional dynamics in an online social movement[J]. Social movement studies, 2017, 16(4): 447-465.

[3] EKMAN P. Strong evidence for universals in facial expressions: a reply to Russell's mistaken critique[J]. Psychological bulletin, 1994, 115(2): 268-287.

[4] EKMAN P, FRIESEN W V. Constants across cultures in the face and emotion[J]. Journal of personality and social psychology, 1971, 17(2): 124-129.

[5] CHERRY K. The 6 types of basic emotions and their effect on human behavior[EB/OL].(2021-04-05)[2022-07-21]. https://www.verywellmind.com/an-overview-of-the-types-of-emotions-4163976.

[6] VANDENBOS G R. APA dictionary of psychology[M]. Washington DC: American Psychological Association, 2015.

三、研究方法

本研究以微博文本为研究对象,通过机器学习算法对"红黄蓝事件"相关微博进行自动化情绪分类,进而对公众情绪进行测量与分析。

(一)数据获取

本研究借助拓尔思舆情分析大数据平台,以"红黄蓝幼儿园""三原色""性侵""虐童"等为关键词搜索相关微博内容,抓取时段为2017年11月22日(事件发生)至2017年12月2日(公安机关公布事件调查结果后4天)。这一时段内,网民的讨论热度较高,且基本包含了从危机事件发酵、爆发到逐渐平息的过程,能够较为全面地体现网民的情绪变化。因平台数据处理能力上限约为10万条,需从总数据约460万条微博中,随机抽取约2.2%作为研究样本。在此基础上,剔除已失效的微博链接后,共采集到有效微博数据63863条。

(二)情绪识别

由于研究样本量较大,按照大数据研究的一般思路,本研究从总数据集中随机抽取10%的数据(约6386条微博)作为训练数据集,采用人工标注的方法对微博文本中的情绪进行0—5分标注,将打标后的数据用于训练机器学习的分类模型。用训练好的分类模型对剩余90%的数据(57477条微博)进行自动化情绪标注。

在情绪分类方面,金(Jin)等人的研究使用的实证材料是小样本新闻报道(n=328)[①],其语言表达较为明确、规范和完整,因此,可采用人工编

---

① JIN Y, PANG A, CAMERON G T.Toward a publics-driven, emotion-based conceptualization in crisis communication: unearthing dominant emotions in multi-staged testing of the Integrated Crisis Mapping (ICM) model[J]. Journal of public relations research, 2012, 24(3): 266-298.

码的方式区分危机事件中的初级情绪评估与次级情绪评估。但这一操作化方法对本研究并不适用。由于网民在微博中语言表达的口语化、多样性与模糊性，区分初级情绪评估与次级情绪评估难度较大。因此，本研究借鉴史安斌、邱伟怡[①]的研究思路及大数据情绪分析的常用方法[②③④]，在此不区分网民的初级与次级情绪，而采用目前心理学中较公认的埃克曼的六种基本情绪类型[⑤⑥]将情绪分为愤怒、厌恶、恐惧、悲伤、快乐、惊讶。

在人工情绪标注方面，参考已有研究思路[⑦]，招募40名传播学相关专业学生作为编码员，并对他们进行统一培训。为尽量减少误差，首先从样本数据中随机抽取100条，分别请40名编码员进行试评，取40名编码员对每条微博评分的平均数作为标准示例。待编码员达成共识后，再对训练数据集中的所有微博进行情绪值标注。最终，训练数据集中的每条微博都会在六种情绪强度上分别有一个对应值。

---

① 史安斌，邱伟怡.社交媒体环境下危机传播的新趋势新路径：以"美联航逐客门"为例[J].新闻大学，2018（2）：122-130，154.

② QUAN C Q, REN F J. A blog emotion corpus for emotional expression analysis in Chinese[J]. Computer speech & language, 2010, 24(4): 726-749.

③ WANG W, CHEN L, THIRUNARAYAN K, et al. Harnessing Twitter "Big Data" for automatic emotion identification[C/OL]//2012 International Conference on Privacy, Security, Risk and Trust and 2012 International Confernece on Social Computing, September 3-5, 2012, Amsterdam, Netherlands. IEEE, 2012[2021-06-03]. https://ieeexplore.ieee.org/abstract/document/6406313.DOI:10.1109/SocialCom-PASSAT.2012.119.

④ LARSEN M E, BOONSTRA T W, BATTERHAM P J, et al. We feel: mapping emotion on Twitter[J]. IEEE journal of biomedical and health informatics, 2015, 19(4): 1246-1252.

⑤ EKMAN P. Strong evidence for universals in facial expressions: a reply to Russell's mistaken critique[J]. Psychological bulletin, 1994, 115(2): 268-287.

⑥ EKMAN P, FRIESEN W V. Constants across cultures in the face and emotion[J]. Journal of personality and social psychology, 1971, 17(2): 124-129.

⑦ 叶勇豪，许燕，朱一杰，等.网民对"人祸"事件的道德情绪特点：基于微博大数据研究[J].心理学报，2016，48（3）：290-304.

在机器学习情绪分类方面，本研究借助拓尔思舆情分析大数据平台，对微博文本进行自动化情绪标注。由于机器学习算法局限，部分少于20字的微博内容因有效信息过少无法识别出所含情绪，最终有效打标的微博为63607条。

四、数据分析

（一）公众的主要情绪类型

整体来看，愤怒（M=1.48，SD=1.007）[①]是此事件中最主要的情绪类型，其次是厌恶（M=1.24，SD=0.911），恐惧（M=0.32，SD=0.739）和悲伤（M=0.31，SD=0.634）较弱，快乐（M=0.03，SD=0.330）和惊讶（M=0.03，SD=0.247）最低。可见，在本研究的案例中，公众的主要情绪是愤怒与厌恶。因此，假设1得到了验证。

（二）公众的情绪—时间变化

首先，本研究以此事件中两次重要的官方回应为节点，将整个危机分为导入期、爆发期和衰退期。节点一是11月23日朝阳区政府发布首个情况通报，意味着该事件已受到官方的关注，并开始进入调查阶段，此后，该事件的讨论热度迅速高涨；节点二是11月28日北京警方公布事件调查结果，意味着该事件告一段落，随后危机逐渐平息。据此，本研究将危机事件划分为导入期（2017年11月22日）、爆发期（2017年11月23日至2017年11月28日）和衰退期（2017年11月29日至2017年12月2日）。

其次，为验证假设2，本研究以24小时为一个时间单位，以每天"所有微博在该情绪类型上的得分总和/总微博数"表示每天的情绪强度，绘

[①] M: Mean，即平均数；SD: Standard Deviation，即标准差。

制情绪—时间走势图（见图3-2）。从中可以看出，在危机事件发生后，公众的愤怒情绪迅速上升至顶点，随后略有下降，11月29日愤怒再次上升后保持平稳。而厌恶在危机事件前期呈现小幅度波动后，于11月30日迅速上升至顶点，随后逐渐下降。悲伤在整个过程中呈现先下降后上升并保持平稳的态势。恐惧主要在危机事件早期有所上升，随后保持平稳并略有下降。快乐和惊讶在此事件中始终较弱，未有明显变化。

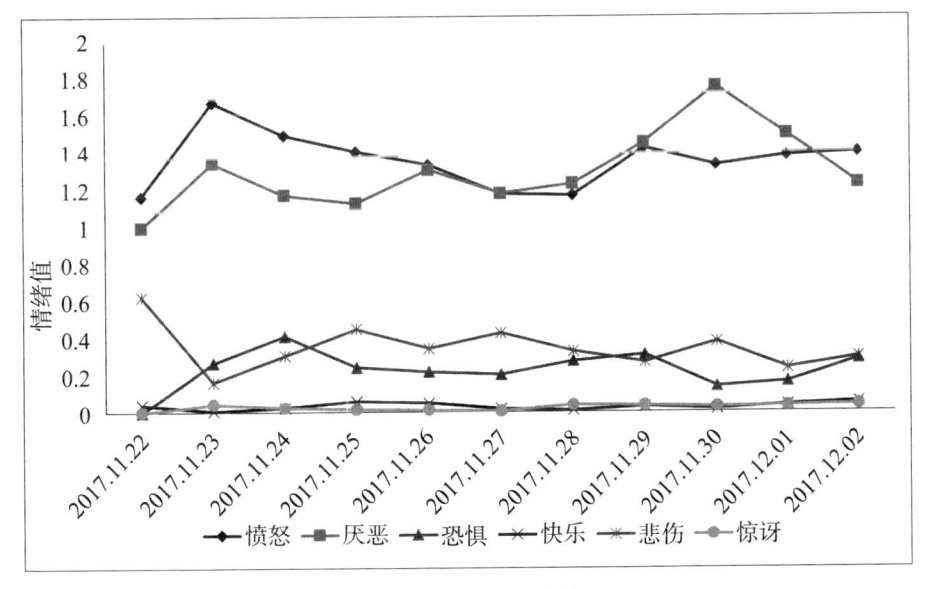

图 3-2　情绪—时间走势图

为了更直观地看出不同危机时期内公众主要情绪类型及强度变化，本研究通过计算各危机时期内的情绪强度均值来分析不同危机时期的公众情绪演变（见表3-1）。从表3-1可以看出，在整个危机事件过程中，负面的愤怒和厌恶情绪始终占据主导地位。具体来看，在事件发生之初，因家长反映的幼儿园虐待儿童一事引发了公众的"道德震撼"（moral shock）[①]，

---

① JASPER J M, POULSEN J D. Recruiting strangers and friends: moral shocks and social networks in animal rights and anti-nuclear protests[J]. Social problems, 1995, 42(4): 493-512.

网民愤怒和厌恶情绪被迅速触发，其次是对受害者的悲伤情绪与支持公众和媒体发声的正面情绪；在危机爆发阶段，公众愤怒情绪依然最为强烈，其次是厌恶。随着事件中关于"爷爷医生""叔叔医生""性侵"等信息的传播，恐惧情绪也开始上升，正面情绪逐渐降低；在危机的衰退期，警方调查结果的公布并未使负面情绪减弱，厌恶情绪反而成为最主要的情绪类型，其次是愤怒情绪，悲伤和恐惧情绪较弱，惊讶和快乐情绪最低。

表3-1 各危机时期内的主导情绪类型

导入期		爆发期		衰退期	
情绪类型	情绪强度	情绪类型	情绪强度	情绪类型	情绪强度
愤怒	1.17	愤怒	1.48	厌恶	1.51
厌恶	1.00	厌恶	1.21	愤怒	1.40
悲伤	0.63	恐惧	0.33	悲伤	0.29
快乐	0.04	悲伤	0.31	恐惧	0.26
恐惧	0	惊讶	0.03	惊讶	0.03
惊讶	0	快乐	0.03	快乐	0.03

据此可以看出，在整个危机事件过程中，公众的主要情绪由愤怒逐渐演变为厌恶，负面情绪一直占据主导，而正面情绪在整个过程中则始终较弱。因此，假设2未被验证。

最后，为进一步探究在该事件中负面情绪未得到明显缓解的原因，本研究对微博内容进行了文本解读，发现主要是由于公众对警方公布的调查结果产生了失望和不满。比如，有网民表示："我真的不相信……我们要看视频。"类似言论体现了政府与公众之间存在"信任鸿沟"[1]。

---

[1] 何子英，陈丽君，黎灿辉. 突发公共事件背景下的有效政府沟通与政府公信力：一个新的分析框架[J]. 浙江社会科学，2014（4）：40-46，156.

具体来看，公众对官方公布调查结果的反感与不信任主要源于以下两点。

第一，大量网民表示政府在危机事件过程中存在许多删帖、关闭评论等言论管制行为，这导致公众认为政府在此事件中有处置不当之处，例如，有网民表示："为什么要删评论，如果真是这个调查结果，视频人证物证供词都大大方方放出来呀……删评论只会让别人觉得（你们）心虚。"从中可以看出，官方试图避免负面影响扩大的做法非但没有起到正面引导的效果，反而造成了网民负面情绪的反弹和高涨。

第二，由于此前许多其他事件的调查结果显示"监控或视频已损坏"，这种回应方式给公众造成了一种不负责任、故意隐瞒的印象，这降低了公众对此次政府危机应对的接受度，导致网民对此次调查结果中"视频储存硬盘已有损坏"的说法抱有质疑和反感。例如，有网民表示，"为什么监控永远在最关键的时刻就会坏……""……监控又坏了……""每次关键时候的录像都是坏的……"。由此可见，以往的不良危机应对会降低公众对政府的信任程度，并在公众心中产生累积效果，在新的危机事件中极易被重新触发，从而对公信力造成负面的认知循环。

五、结论与讨论

（一）公众情绪类型分布与时间演变

本研究通过对"红黄蓝事件"中相关微博的情绪分析，从静态的情绪类型分布与动态的情绪—时间演变两个角度描绘了此次危机事件中公众的情绪图景。

1. 公众情绪的主要类型

从静态的情绪类型分布来看，愤怒和厌恶是此事件中的两种主导情绪。在ICM模型第一象限的责任事故类危机事件中,与金(Jin)等人的研究[①]以及史安斌、邱伟怡的研究[②]相比,本研究的结论与前者不同,与后者基本一致,但也存在一定差别。"红黄蓝事件"中公众的愤怒情绪最强,厌恶次之;"美联航逐客门"事件中的主导情绪类型虽然与此相同,但厌恶最强,愤怒次之;而在美国Sago煤矿爆炸事故中,焦虑最强,其次是悲伤。具体来看,产生这些异同的原因主要体现在以下三个方面(见表3-2)。

表3-2 责任事故类危机事件研究比较

项目	"红黄蓝事件"	"美联航逐客门"	美国Sago煤矿爆炸
主导情绪	愤怒、厌恶	厌恶、愤怒	焦虑、悲伤
危机主体	政府、商业组织	商业组织	商业组织
公众群体	社交媒体用户	社交媒体用户	煤矿安全与健康管理局、受害者家属和Sago居民
案例本身	道德冲突	服务纠纷	安全生产

(1)危机主体

在危机主体方面,"美联航逐客门"的危机主体是美国联合航空公司,政府并未参与其中,网民情绪主要是对美联航暴力拖拽乘客行为的不满与愤怒。美国Sago煤矿爆炸事故的危机主体是煤矿所有者ICG集团,公众情绪主要指向对公司开展救援行动的质疑等。与此相比,在"红黄蓝事件"中,虽然红黄蓝教育机构已于美国上市,但仍是一家中国企业,且

---

① JIN Y, PANG A, CAMERON G T.Toward a publics-driven, emotion-based conceptualization in crisis communication: unearthing dominant emotions in multi-staged testing of the Integrated Crisis Mapping (ICM) model[J]. Journal of public relations research, 2012, 24(3): 266-298.

② 史安斌,邱伟怡.社交媒体环境下危机传播的新趋势新路径:以"美联航逐客门"为例[J].新闻大学,2018(2):122-130,154.

因教育业具有一定的公共性质，涉及政府的监管职责，因此，公众情绪不仅包含了对幼儿园的谴责与声讨，而且随着政府介入，公众情绪由对商业组织逐渐"偏移"向政府。而在中国语境下，这种危机主体的"偏移"现象并不罕见，本以企业为危机主体的商业危机往往演变为一个政府危机。

这种危机主体的"偏移"现象在一定程度上根植于中西方政治、经济与社会之间的结构差异。在西方社会中，政治力量与经济、社会三者相对分离。而在中国社会中，政治力量则渗透于经济和社会领域之中。在政治与经济的关系方面，经济从来就被定义为政府责任的内在部分，政府以推动经济发展为己任[①]。

一方面，我国社会管理存在较强的"行政依赖"，政府部门出于维稳等目的考虑，往往倾向于对危机事件进行强力干预，进而将自己代入危机主体的角色中。但政府并非万能，在面对复杂状况时常常无法迅速给出准确答案，这种做法实则不利于政府公信力的构筑，易使公众对政府产生怀疑。

另一方面，中国公众在遇到问题时往往倾向于直接向政府讨要答案。在教育模式方面，中国的记忆型基础教育局限了公众批判性思维成长；在掌握知识的目标下，学生成为一个"知识容器"，思维的自主建构能力逐渐弱化，惯于直接寻求一个现成答案而非探索答案[②]。久而久之，公众倾向于直接向政府要一个说法。

因此，在中国特殊的社会背景下，政府在危机事件中主动的主体角色代入与公众一贯对政府部门抱有的巨大期待，使得危机主体往往由商业组织偏移向政府部门，导致公众的情绪表达也存在差异。在本研究的案例中，

---

① 郑永年.国家与发展：探索中国政治经济学模式[J].文化纵横，2019（1）：30-37，142.
② 肖薇薇.批判性思维缺失的教育反思与培养策略[J].中国教育学刊，2015（1）：25-29.

公众的情绪除了指向幼儿园外,也指向了政府。

(2)公众群体

在公众群体的界定方面,美国Sago煤矿爆炸事故研究对公众的界定等同于利益相关者。具体来说,这类公众有以下三个特征:①他们受危机的影响最大;②他们有共同的利益;③他们对组织的声誉和运作有长远的兴趣和影响[1]。因此,这一案例中的公众主要是指煤矿安全与健康管理局(MSHA)、受害者家属和Sago居民,其情绪主要是对事故中死亡矿工的同情、悲痛及受害者家属对公司救援行动的焦急、质疑等,因而悲伤和焦虑在此事件中占据主导。而"红黄蓝事件"与"美联航逐客门"的研究以社交媒体中的海量用户为公众群体,其中,绝大多数是普通网民。根据范(Fan)等人对新浪微博用户的大数据研究[2],微博中愤怒情绪的用户相对更加活跃,并且,愤怒情绪在传播过程中更偏好弱关系,这使得在网络空间中,愤怒情绪更容易被传播并占据主导。因此,"红黄蓝事件"与"美联航逐客门"事件的研究中,愤怒情绪均较明显。

(3)案例本身

案例本身的不同特点也导致了公众情绪的差异。"红黄蓝事件"因涉及虐待儿童甚至性侵等话题,触及人类基本的道德底线,存在较强的道德震撼,因而容易激发公众的愤怒情绪。而这一过程中因警方调查结果的公布又引发了公众的厌恶与不信任。"美联航逐客门"属于服务纠纷,故公众的情绪大多是对美联航暴力行径的强烈指责,以厌恶为主,由于其中也涉

---

[1] JIN Y, PANG A, CAMERON G T. Toward a publics-driven, emotion-based conceptualization in crisis communication: unearthing dominant emotions in multi-staged testing of the Integrated Crisis Mapping (ICM) model[J]. Journal of public relations research, 2012, 24(3): 266-298.

[2] FAN R, XU K, ZHAO J C. An agent-based model for emotion contagion and competition in online social media[J]. Physica A:statistical mechanics and its applications, 2018, 495: 245-259.

及种族歧视等违背社会基本价值观的行为，因而也引发了公众的愤怒情绪。而美国Sago煤矿爆炸属安全生产事故，公众更关注的是事故中的伤亡人员与救援状况，大多引发公众对遇难者的悲痛、同情及等待救援情况的焦灼、担忧等情绪。

2.公众情绪的时间演变

通过对不同类型情绪在时间维度上的变化分析，本研究发现，在危机前期及爆发过程中，公众的愤怒情绪主要是对幼儿园及涉事教师涉嫌虐童甚至性侵等违反社会道德行为的愤慨，而到危机后期，公众的愤怒情绪逐渐演化为厌恶，负面情绪持续高涨的原因主要是对处理方案的反感与不信任。

具体来看，一方面，在危机事件的应对中，舆情处理不再以解决问题为导向，而以消除负面信息为目的[1]。但这一做法非但不能有效疏导公众情绪，反而造成公众负面情绪的反弹，本是关于危机事件本身的公共讨论逐渐衍生出次生舆情，将政府置于更加不利的舆论环境中，加剧了危机威胁。

另一方面，组织的"过往表现"（performance history）在危机传播中的重要性日益凸显。组织的过往表现这一概念是库姆斯提出的[2][3][4]。研究表明，与过往表现不佳的组织相比，公众更愿意原谅有良好过往表现的

---

[1] 李彪.后真相时代网络舆论场的话语空间与治理范式新转向[J].新闻记者，2018(5): 28-34.

[2] COOMBS W T. Choosing the right words: the development of guidelines for the selection of the "appropriate" crisis-response strategies[J]. Management communication quarterly, 1995, 8(4): 447-476.

[3] COOMBS W T. An analytic framework for crisis situations: better responses from a better understanding of the situation[J]. Journal of public relations research, 1998, 10(3): 177-191.

[4] COOMBS W T. Impact of past crises on current crisis communication: insights from situational crisis communication theory[J]. Journal of business communication, 2004, 41(3): 265-289.

组织[1][2]。具体来讲，过往表现又分为危机历史（crisis history）和关系历史（relationship history）。危机历史主要是指组织过去是否有过相似的危机，而关系历史主要指组织对公众的良好或不良行为记录。不同的危机史和关系史会改变公众对危机责任的看法，从而影响组织声誉[3]。在此案例中，由于官方此前在其他危机事件中多次用"视频已损坏"的类似说法，导致公众对此类说法怀疑与抵触。这种不良的过往表现降低了公众对政府公信力的信任，加强了公众对政府责任的归因。

（二）ICM理论发展与策略建议

通过以上实证案例的分析与比较，本研究主要在以下两方面对ICM理论模型在中国语境下的本土化应用进行了一定的修正与完善（见图3-3）：一是在公众的情绪类型上，第一象限的主要情绪类型由愤怒与焦虑转为愤怒与厌恶；二是增加了时间维度，将原二维模型转变为三维模型，并发现了公众情绪类型由愤怒到厌恶的演变过程。

在情绪类型方面，通过研究发现，在公众意动型应对—组织高参与度危机事件中，公众的主导情绪并非ICM理论模型所提示的愤怒与焦虑，而是愤怒与厌恶。这一结论与史安斌、邱伟怡的研究[4]结论基本一致，说明根植于西方语境下的这一理论模型并不能完全适用于中国语境。至少在已有

---

[1] BARTON L. Crisis in organizations: managing and communicating in the heat of chaos[M]. Cincinnati, Ohio: South-Western Publishing Company, 1993.

[2] GRIFFIN M, BABIN B J, ATTAWAY J S. An empirical investigation of the impact of negative public publicity on consumer attitudes and intentions[M]//HOLMAN R H, SOLOMON M R. NA-Advances in consumer research: volume 18. Provo. Utah: Association for Consumer Research, 1991: 334-341.

[3] COOMBS W T. Impact of past crises on current crisis communication: insights from situational crisis communication theory[J]. Journal of business communication, 2004, 41(3): 265-289.

[4] 史安斌, 邱伟怡.社交媒体环境下危机传播的新趋势新路径：以"美联航逐客门"为例[J].新闻大学, 2018（2）: 122-130, 154.

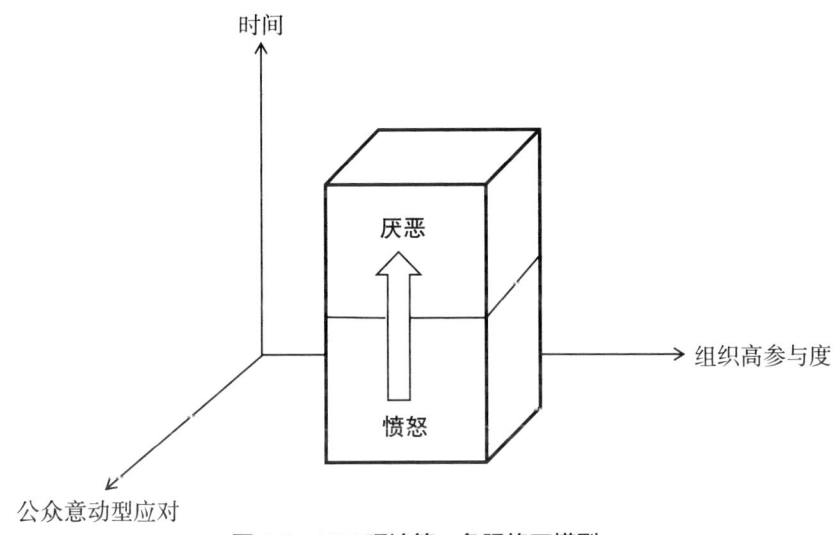

图 3-3　ICM 理论第一象限修正模型

的两个案例中，第一象限危机中的主导情绪应是愤怒和厌恶。

在时间维度方面，本研究通过探究危机事件中的公众情绪—时间演变，增加了危机事件发展的时间维度，扩展了原有的ICM理论框架。已有的ICM理论模型仅提到了公众情绪的两种不同类型——初级情绪与次级情绪，且这两种情绪主要是基于公众的认知判断，并未将时间维度纳入模型当中具体考察。本研究发现不同危机时期内公众的主要情绪类型经历了由愤怒到厌恶的演变过程，且整个过程中公众的负面情绪持续高涨。时间维度的引入强调了危机事件过程中公众情绪的动态演变，有助于危机传播者更好地把握公众情绪，以评估危机威胁和制定传播策略。当然，目前这方面的实证研究还比较缺乏，有待于今后更多案例研究来修正和充实此理论模型。

目前学界对危机传播中情绪要素研究还处于较为初级的阶段，作为一项探索性研究，本研究也存在诸多不足之处。首先，由于机器学习算法的局限性，大量的评论内容因字数不足，无法通过机器学习进行情绪分析而未纳入此研究当中。未来研究可尝试其他方法，将评论内容纳入考察当中，对公众情绪进行更全面的描述和分析。其次，由于本研究主要关注危机事件中公众情绪的演变，因此，未对政府的危机处理策略进行详细的理论分析。今后的研究可将情境式危机传播理论（SCCT）与ICM理论相结合，深度探究危机传播策略与公众情绪的关系。最后，由于危机事件涉及政府、企业、公众、媒体等多种参与主体，今后的研究可对多元主体共同参与下的危机情境建构及其与公众情绪的关系进行更为深入的解读。

第二节 情绪感染的空间维度

英国政治经济学学者戴维斯（Davies）曾指出，关于真相的共识观念是西方社会为解决宗教冲突而提出的解决方案[①]。在理性主义思想的驱使下，人们基于事实来分析社会问题，从而解决了西方社会无法就宗教真理而达成共识所引起的社会冲突。如今，理性优于感性的时代已经结束。在互联网时代，随着大众媒介和社会精英所奠定的共识理念瓦解及公众与精英之间的信任崩塌，自启蒙运动以来长期占据主导地位的理性遭遇感性挑战，当代社会进入了感性战胜理性的"后真相"时代。网络舆情的研究对象也从信息流、意见流开始逐渐转向情绪流。伴随着舆情的发酵，用户通过发帖、转发、评论等形式构成了一个个关系网络。在这些关系网络中，个体情绪也在不断传播、演化和沉淀，并根据用户在网络中的影响力大小，衍生出一幅幅浓淡交织的情绪图谱[③]。

在此背景下，本研究同样以"红黄蓝事件"为例，采用大数据分析法和机器学习算法，描述和测量网络舆情中的愤怒情绪，并通过社会网络分析法，识别愤怒情绪感染中存在的关键节点，重点探究关键节点的类型、主体差异及其作用机制，以厘清网络舆情中愤怒情绪感染的内在机理。同

[①] 胡海娜.后真相、党派斗争与信息战［J］.读书，2020（10）：105-112.
[②] 戴杏云，张柳，戴伟辉，等.社交网络的情感图谱研究［J］.管理评论，2016，28（8）：79-86.

时，也为政府进行网络舆情研判和治理提供一定智力支持。

此事件中网民的情绪复杂多样，如对受害儿童的同情与悲伤、对涉事幼师及教育机构的不满与愤怒、对幼儿教育及安全问题的担忧等。本研究之所以重点关注愤怒情绪，主要出于以下三点考虑。首先，愤怒是社会抗争行动的核心，明确愤怒情绪的传播机制有助于从本质上把握网络情绪感染的内在机理。大量社会学研究表明，基于群体的愤怒（group-based anger）是抗争行动中的重要动员力量[1][2]。它不仅能够动员抗争行动参与[3]，而且能够为行动者提供社会问题的责任归因对象，并引导行动者的策略选择。如果没有愤怒情绪、没有被指责的对象，也就没有了抗争行动的起因[4]。其次，愤怒情绪具有较强的负面性，且对社会稳定具有较强的潜在破坏性，是网络舆情监测和研究的重点，也是引导和纾解网络负面情绪、建立有效舆情预警机制的关键。最后，根据已有研究，愤怒是该事件中强度最大的情绪类型，是该案例中最主要的情绪[5]，具有较强的代表性。

---

[1] LEACH C W, LYER A, PEDERSEN A. Anger and guilt about ingroup advantage explain the willingness for political action[J]. Personality and social psychology bulletin, 2006, 32(9): 1232-1245.

[2] VAN ZOMEREN M, SPEARS R, FISCHER A H, et al. Put your money where your mouth is! Explaining collective action tendencies through group-based anger and group efficacy[J]. Journal of personality and social psychology, 2004, 87(5): 649-664.

[3] VAN STEKELENBURG J, KLANDERMANS B. The social psychology of protest [J]. Current sociology, 2013, 61(5/6): 886-905.

[4] JASPER J M. The emotions of protest[M]. Chicago: University of Chicago Press, 2018: 46.

[5] 刘念.启动、爆发与消退：网络抗争事件中的情绪周期[D].北京：中国人民大学，2020：121.

一、文献综述

（一）网络舆情中的情绪感染

大量研究已表明，情绪不仅可以在面对面的人际交往中传递，而且可以在非面对面的社交网络中传播[1][2][3][4]。已有关于网络舆情中的情绪感染研究大致可分为三个方面：一是基于情绪感染现象的理论性描述分析，二是从时间维度上的情绪演进角度进行模型建构，三是空间维度上的情绪感染特点分析。

首先，不少学者已关注到社交媒体中的情绪感染现象。譬如，有学者指出，依托弱关系建立的社交网络促进了个体情绪在感染范围上的量变及情绪性质上的质变，从而形成了社会情绪型舆论[5]。党明辉通过对在线新闻

---

[1] KRAMER A D I. The spread of emotion via Facebook[C/OL]//CHI'12: Proceedings of the SIGCHI Conference on Human Factors in Computing Systems, May 5-10, 2012, Austin, Texas. New York: Association for Computing Machinery, 2012: 767-770[2022-07-21]. https://dl.acm.org/doi/abs/10.1145/2207676.2207787. DOI:10.1145/2207676.2207787.

[2] KIM S, BAK J, OH A. Do you feel what I feel? Social aspects of emotions in Twitter conversations[C/OL]//Sixth International AAAI Conference on Weblogs and Social Media, June 4-8, 2012, Dublin. Association for the Advancement of Artificial Intelligence, 2012: 495-498[2021-06-23]. https://www.aaai.org/ocs/index.php/ICWSM/ICWSM12/paper/view/4630/5041.

[3] KRAMER A D I, GUILLORY J E, HANCOCK J T. Experimental evidence of massive-scale emotional contagion through social networks[J]. Psychological and cognitive sciences, 2014, 111(24): 8788-8790.

[4] COVIELLO L, SOHN Y, KRAMER A D I, et al. Detecting emotional contagion in massive social networks[J/OL]. Plos one, 2014, 9(3)[2021-06-03]. https://doi.org/10.1371/journal.pone.0090315.

[5] 隋岩，李燕.论网络语言对个体情绪社会化传播的作用[J].国际新闻界，2020，42(1)：79-98.

跟帖评论进行计算机辅助内容分析发现，公共舆论中的负面情绪表达较为普遍，负面叙述框架和认知叙述框架对负面情绪表达有显著影响[1]。

不少学者对情绪感染现象进行了案例实证分析。有研究者基于对24起公共事件的分析发现，在微博中负面情绪容易指向事件当事方、社会和政府，不同身份类型用户在情绪表达及方式上差异明显，粉丝最容易受到个人认证用户的情绪感染[2]。周云倩、胡丽娟通过对"福喜事件"的分析发现，网民的愤怒情绪会相互感染，并与舆情事件的刺激因素呈正相关，呈现出启动快、时间集中的特征[3]。有学者对近年来反腐案件中的网络情绪进行实证分析发现，在反腐议题的网络讨论中，低唤醒度的负面情绪化表达较为明显，宏观的社会环境因素和微观的事件特征均对网络情绪具有显著影响[4]。

其次，许多研究者从时间维度上采用计算机仿真建模等方法分析网民情绪的演进规律及其影响因素。例如，王雷等通过建立群体情绪感染的仿真模型发现，群体情绪在传播过程中会先经历一个较快的上升期，在达到一定峰值后逐渐下降，最终趋于一个较低的稳定值[5]。叶琼元等以网民情绪强度为指标模拟情绪演化，并从网民群体、媒体和政府三个方面分析了影响情绪感染的关键因素[6]。张亚明等通过引入负面情绪累积效应构建了

---

[1] 党明辉.公共舆论中负面情绪化表达的框架效应：基于在线新闻跟帖评论的计算机辅助内容分析[J].新闻与传播研究，2017，24(4)：41-63，127.

[2] 刘丛，谢耘耕，万旋傲.微博情绪与微博传播力的关系研究：基于24起公共事件相关微博的实证分析[J].新闻与传播研究，2015，22(9)：92-106，128.

[3] 周云倩，胡丽娟.微博舆论场愤怒情绪的传播与疏导：以"福喜事件"为例[J].江西社会科学，2015，35(11)：247-251.

[4] 周莉，王子宇，胡珀.反腐议题中的网络情绪归因及其影响因素：基于32个案例微博评论的细粒度情感分析[J].新闻与传播研究，2018，25(12)：42-56，127.

[5] 王雷，方平，姜媛.基于系统动力学的群体情绪传播模型[J].心理科学，2014，37(3)：678-682.

[6] 叶琼元，兰月新，王强，等.面向突发事件的网民情绪演化系统动力学模型研究[J].情报杂志，2017，36(9)：153-159，105.

网民情绪感染模型[①]。除此之外，研究者在建模时引入的影响因素还包括情绪信息偏差[②]、正面情绪净化率[③]、情绪的不稳定性以及情绪的自我调节能力等[④]。

最后，也有研究者从空间维度上探究情绪的感染特点。如，戴杏云等通过对社交网络成员关系、群体情感指数和用户影响力进行计算，提出了社交网络情感图谱的计算分析方法[⑤]，但并未具体分析用户情绪的传播结构和特征。有研究者通过计算机仿真模拟建立了新浪微博中的情绪感染模型后发现，与快乐相比，愤怒情绪的用户在微博中更活跃，愤怒情绪的微博具有更小的转发间隔，且可在弱关系中广泛传播。在负面事件中，愤怒情绪由于其高影响力及弱关系偏好，很容易大规模影响用户，甚至主导整个网络[⑥]。

综观国内外研究，网络舆情中的情绪感染虽然受到了国内部分学者的关注，但是，在研究角度上大多是基于案例的描述性分析及时间维度上的情绪演进分析，较少有人从空间维度上探究情绪感染的结构特点及其中的关键节点。事实上，从情绪感染的理论体系建构及网络舆情治理的现实需求来看，明确情绪感染过程中的关键节点不仅有助于把握网络情绪感染的

---

① 张亚明，何旭，杜翠翠，等.负面情绪累积效应下网民群体情绪传播的IESR模型研究[J].情报科学，2020，38(10)：29-34.
② 姚晶晶，姜靓，姚洪兴.基于SIR模型的情绪信息传播研究[J].情报科学，2018，36(10)：25-29.
③ 田世海，孙美琪，张家毓.基于改进SIR模型的网络舆情情绪演变研究[J].情报科学，2019，37(2)：52-57，64.
④ 陈业华，张晓倩.网络突发群体事件网民群体情绪传播模型及仿真研究[J].情报科学，2018，36(3)：151-156.
⑤ 戴杏云，张柳，戴伟辉，等.社交网络的情感图谱研究[J].管理评论，2016，28(8)：79-86.
⑥ FAN R, XU K, ZHAO J C. An agent-based model for emotion contagion and competition in online social media[J]. Physica A: statistical mechanics and its applications, 2018, 495: 245-259.

内在规律,而且对建立直接、有效的网络舆情预警及治理机制均具有重要价值。

(二)从"意见领袖"到"关键节点"

在情绪感染研究中,有研究者将社交媒体用户划分为易受情绪感染的用户与不易受情绪感染的用户[①]。但是,关于哪些用户在情绪感染过程中发挥了关键作用则少有研究。在这方面,大众传播学关于"意见领袖"(opinion-leader)的研究或能够为我们解决此问题提供一定线索。

"意见领袖"的概念来自传播学奠基人之一拉扎斯菲尔德(Lazarsfeld)基于1940年在美国俄亥俄州伊里县开展的"人民的选择研究"[②]。研究者在调查中发现大众媒介并非人们做出投票选择的直接信息来源,而是人际圈子中比较活跃的一部分人。因此,研究者将人际网络中积极向他人传播信息、产生影响的人称为"意见领袖"。在情绪感染的领域内,国内学者徐翔在论述媒介的"情绪设置"效应时曾提出从"意见领袖"到"情绪领袖"延展的理论设想[③]。这一设想虽未对"情绪领袖"进行严格的概念界定,但在一定程度上提示我们,在情绪流的传播中也可能存在少数的关键节点对整体的情绪感染产生重要影响。

在意见领袖的识别方面,已有大量实证研究表明,社交媒体看似给了普通民众同等的话语权,实则是从话语平权到话语再集权的过程[④]。在社交媒体中依然存在掌握着较多话语权的意见领袖,且他们能够对网络舆论的

---

① FERRARA E, YANG Z.Measuring emotional contagion in social media[J/OL]. Plos one, 2015, 10(11)[2021-06-23]. https://doi.org/10.1371/journal.pone.0142390.
② 刘海龙.大众传播理论:范式与流派[M].北京:中国人民大学出版社,2008:167-170.
③ 徐翔.从"议程设置"到"情绪设置":媒介传播"情绪设置"效果与机理[J].暨南学报(哲学社会科学版),2018,40(3):82-89.
④ 李彪,郑满宁.从话语平权到话语再集权:社会热点事件的微博传播机制研究[J].国际新闻界,2013,35(7):6-15.

整体态势和走向产生影响[1][2][3]。陈福集、陈婷的研究进一步发现,意见领袖对舆情事件的情绪状态能够有效预测网络舆情的演化趋势[4]。

在意见领袖的主体构成方面,多数研究已证实,在现实社会中拥有较大话语权的媒体机构和名人明星往往可以成为社交媒体中的意见领袖。例如,禹建强、李艳芳的研究发现,新闻整合媒体(微博服务商)和传统媒体依然是微博中意见领袖的重要部分[5]。王家合、杨倩文的研究发现,在"红黄蓝事件"中,娱乐明星在意见领袖排名中比较靠前,新闻媒体的活跃度较高,名人在现实中的影响力也会渗透到社交媒体中从而获得更高的认同度[6]。除此之外,在社交媒体中也崛起了一部分由互联网催生的"草根"领袖,他们通过在互联网中赢得的声望而在网络舆论中产生较大的影响力[7]。

在意见领袖对舆情演变的作用方面,刘林沙、陈默的研究发现,名人意见领袖因其自身社会地位和庞大粉丝量的压力,倾向于中性表达,而草根意见领袖的价值取向则主要是针对政府的批评,在言论上更加自由和尖锐,容易击中网民脆弱的心理[8]。吴江等的研究表明,在医疗事件中意见领

---

[1] 丁汉青,李华.网络空间内意见领袖在消费者维权活动中的作用:以惠普"质量门"事件为例[J].新闻大学,2010(3):128-137.

[2] 王佳敏,吴鹏,陈芬,等.突发事件中意见领袖的识别和影响力实证研究[J].情报学报,2016,35(2):169-176.

[3] 干晞巍,张柳,韦雅楠,等.社交网络舆情中意见领袖主题图谱构建及关系路径研究:基于网络谣言话题的分析[J].情报资料工作,2020,41(2):47-55.

[4] 陈福集,陈婷.舆情突发事件演化探析:基于意见领袖引导作用视角[J].情报资料工作,2015(2):23-28.

[5] 禹建强,李艳芳.对微博信息流中意见领袖的实证分析:以"厦门BRT公交爆炸案"为个案[J].国际新闻界,2014,36(3):23-36.

[6] 王家合,杨倩文.自媒体时代意见领袖的识别与引导对策研究:基于议程设置理论视角[J].湖北社会科学,2019(1):181-188.

[7] 李良荣,张莹.新意见领袖论:"新传播革命"研究之四[J].现代传播(中国传媒大学学报),2012,34(6):31-33.

[8] 刘林沙,陈默.突发事件中的微博意见领袖与舆情演变[J].电子政务,2012(10):50-55.

袖多是官方媒体,他们在事件中主要扮演着两种角色:一是报道事件进展,二是安抚公众情绪[①]。姜珊珊等的研究发现,在舆情事件前期,网络意见领袖主要由网络活跃分子、精英、明星和版主构成,他们往往在事件发生后能够较快形成自己的观点,从而影响网络舆情走向,而在事件后期,意见领袖则主要由国家政府部门、专家学者等群体构成,他们主要通过发布权威信息来引导网络舆情发展[②]。王平、谢耘耕的研究发现,在微博中意见领袖与普通网民之间是一种弱交互关系,信息传播以单向的链状结构为主,并且,传统媒体依然是微博意见领袖的重要信源[③]。

整体而言,目前大量研究已证实了在网络舆情意见流的传播中存在着少数意见领袖,且不同群体的意见领袖能够利用各自的优势影响甚至左右网络舆情的演变。那么,在情绪流的传播中是否也存在类似的关键节点,他们在情绪感染的过程中又有哪些特点、扮演了何种角色,是本研究尝试探讨的问题。具体来看,本书拟解决以下三个研究问题:①在该事件的愤怒情绪传播网络中是否存在影响力较大的关键节点?②这些关键节点的主体构成有何差异?③这些关键节点在愤怒情绪的感染中如何发挥其作用?

二、研究方法

本研究以新浪微博中关于"红黄蓝事件"的相关微博文本为研究对象,通过机器学习算法对文本进行自动化情绪分类及打分标注,从中提取包含

[①] 吴江,赵颖慧,高嘉慧.医疗舆情事件的微博意见领袖识别与分析研究[J].数据分析与知识发现,2019,3(4):53-62.
[②] 姜珊珊,李欲晓,徐敬宏.非常规突发事件网络舆情中的意见领袖分析[J].情报理论与实践,2010,33(12):101-104.
[③] 王平,谢耘耕.突发公共事件中微博意见领袖的实证研究:以"温州动车事故"为例[J].现代传播(中国传媒大学学报),2012,34(3):82-88.

愤怒情绪的文本;通过社会网络分析法,在把握传播网络结构的基础上,对节点中心度进行测量,识别其中的关键节点;通过对微博内容的文本分析,尝试揭示这些关键节点在情绪感染中的作用机制。

(一)社会网络分析与关键节点界定

社会网络分析主要依赖于诸如中心性(centrality)和社群(community)一类的拓扑学度量,通过分析节点在网络中的位置来识别网络中可能的领导者[1]。其中,中心性测量的是节点在多大程度上处于社会网络中的核心或重要位置,能够反映不同节点在位置优势上的差异[2]。国内学者宫贺利用"内向中心度"和"中介中心度"的测量将社交媒体中的"关键节点"界定为在信息传播的人际关系网络中同时具有较高威望和较高居间影响力的人[3]。在此基础上,本研究分别以外向中心度(out-degree)和中介中心度(betweenness centrality)为指标,将关键节点分为两类:

一是"情绪吸引力"较高的用户,在测量中以外向中心度为指标。与普通网民相比,这些用户获得了更多的被转发次数,具有更强的引发网民情绪表达的能力,因此本研究称之为"情绪吸引力"较高的用户。

二是"情绪凝聚力"较高的用户,在测量中以中介中心度为指标。这部分用户在情绪感染中起到了连接不同群体的桥梁作用。如果没有高中介中心度的用户,整个网络将被分裂成相互离散的子网络,因此本研究称之为"情绪凝聚力"较高的用户。

---

[1] LI C, LI Q, MIEGHEM P V, et al. Correlation between centrality metrics and their application to the opinion model[J/OL]. The European physical journal B, 2015, 88: 65[2021-06-20]. https://doi.org/10.1140/epjb/e2015-50671-y.

[2] 林聚任.社会网络分析:理论、方法与应用[M].北京:北京师范大学出版社,2009: 107.

[3] 宫贺.公共健康话语网络的两种形态与关键影响者的角色:社会网络分析的路径[J].国际新闻界, 2016, 38(12): 110-133.

（二）研究步骤

1. 数据抓取

本研究借助拓尔思大数据舆情分析平台，以"红黄蓝幼儿园""三原色""性侵""爷爷医生""叔叔医生"等为关键词，抓取2017年11月22日（事件发生）至2017年12月2日（公安机关公布调查结果后4天）的所有微博内容。鉴于数据平台的数据处理能力上限约为10万条，因此，本研究从总数据约460万条微博中随机抽取约2.2%作为样本，剔除已失效的微博链接后，最终得到有效数据集为63863条微博。

2. 数据预处理

（1）情绪识别

按照大数据研究的一般思路，首先，本研究从总数据集中随机抽取10%（约为6386条微博）作为训练数据集，招募40名编码员对其进行人工打标，以此训练分类器模型，然后对其余90%的数据进行机器打标。

在人工标注方面，本研究借鉴目前心理学中较为公认的埃克曼的六大情绪分类[1][2]，将微博情绪分为愤怒、厌恶、恐惧、悲伤、惊讶、快乐六种类型。为尽量减少情绪标注的误差，首先从训练数据集中随机抽取100条，分别请40名编码员进行试评，取40名编码员对每条微博评分的平均数作为标准示例。待编码员达成共识后，请每位编码员再对训练数据集中的所有微博在六种情绪上分别进行0—5分的标注。当某条微博包含了多种情绪时，则进行多次标注。最终，每条微博都会在六种情绪强度上分别有一个得分。

在机器学习方面，本研究借助拓尔思DL-CKM自然语言处理引擎，对

---

[1] EKMAN P. Strong evidence for universals in facial expressions: a reply to Russell's mistaken critique[J]. Psychological bulletin, 1994, 115(2): 268-287.

[2] EKMAN P, FRIESEN W V. Constants across cultures in the face and emotion[J]. Journal of personality and social psychology, 1971, 17(2): 124-129.

剩余90%的数据集进行自动化情绪标注。由于机器学习算法局限，部分低于20字的微博因有效信息不足未能识别出所含情绪，最终有效打标的微博为63607条。

（2）关系数据建立

本研究通过以上微博文本的自动化情绪识别，最终得到包含愤怒情绪的微博共54225条。由于样本数量较多，为保证关系数据处理的流畅度，本研究采用社会网络分析中适用于较大规模总体的随机抽样方法[①]，从中随机抽取10%（5422条微博）作为此次分析的样本数据。以微博的转发关系为边（edge），以转发微博的条数为权重（weight）构建有向的边数据表；以转发环节中的微博用户为节点（node），构建节点数据表。最后，将边数据表和节点数据表共同导入Gephi 0.9.2软件进行统计和网络可视化。

三、数据分析

本研究从愤怒情绪感染的网络结构入手识别其中的关键节点，在此基础上分析其类型差异，并结合微博文本探究其在情绪感染中的作用机理。

（一）网络结构分析

1.整体网视角——网络密度较小，节点度数分布不均

本研究通过对包含愤怒情绪的微博文本进行社会网络分析得到了一个由7266个节点和6965条边构成的有向网络（见图3-4），说明在愤怒情绪的传播中有7266位用户之间产生了6965条微博的转发关系。

首先，按照社会网络分析中有向网络的图密度计算公式，该网络的图密度极小，仅为0.00013，整体上呈现规模庞大、较为离散的结构。这说明

---

① 林聚任.社会网络分析：理论、方法与应用[M].北京：北京师范大学出版社，2009：70.

愤怒情绪的传播者之间的联系程度较小，关系疏远。同时，这也说明愤怒情绪在该事件中的感染范围较广，即便在弱关系的社会网络中也实现了大规模感染。已有研究也表明，在负面社会事件中，愤怒情绪具有较高的影响力，并且偏好在弱关系中广泛传播[①]。其次，在该网络中可明显看出存在一个点度非常大的节点及若干个点度较大的节点与其他节点呈放射状联系，说明该网络中节点的度数分布不平均，个别节点在情绪感染网络中占据了优势地位，很可能成为关键节点。最后，该网络直径为26，说明该网络中任意两节点之间的最大短程线距离为26。网络平均路径长度为5.039，说明所有点对之间的最短路径平均相隔5.039步，比较符合六度分隔理论。

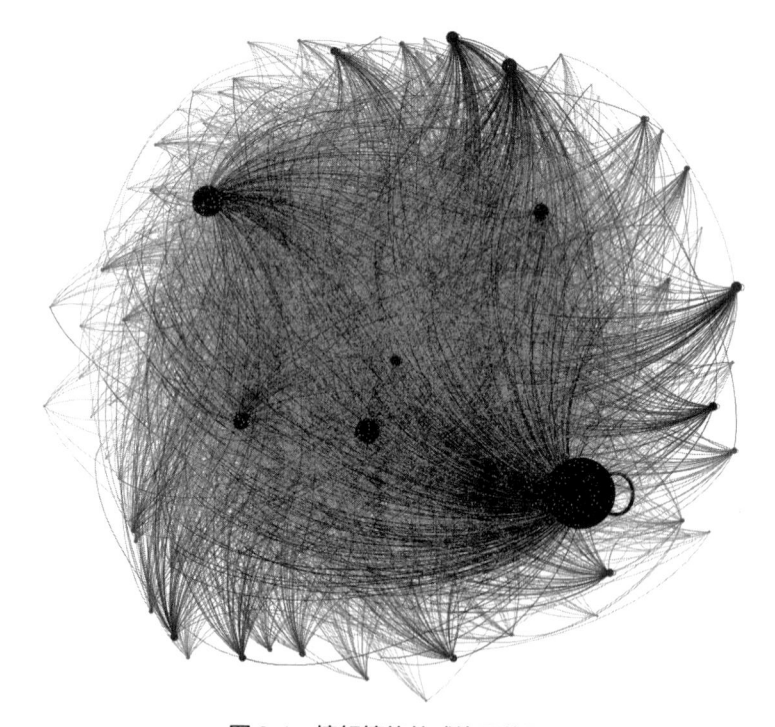

图3-4 愤怒情绪的感染网络图

---

① FAN R, XU K, ZHAO J C. An agent-based model for emotion contagion and competition in online social media[J]. Physica A: statistical mechanics and its applications, 2018, 495: 245-259.

2.子群视角——放射状的感染结构

社会网络分析有多种考察凝聚子群的概念化处理方法，其中，塞德曼（Seidman）提出的"k-核"分析通过最小度标准能够识别出整个网络中团聚度相对较高的次团体[①]。一个k-核即是一个网络中的最大子图，其中的每个节点都至少与其他k个节点邻接，即k-核中的所有点的度数都至少为k。

为了能够更加清楚和直观地展示愤怒情绪的感染结构及关键节点，本研究对愤怒情绪的感染网络进行了k-核分析（见图3-5）。在图3-5中，节点大小表示该节点的度（degree），度数越高，节点越大。从图中可以看

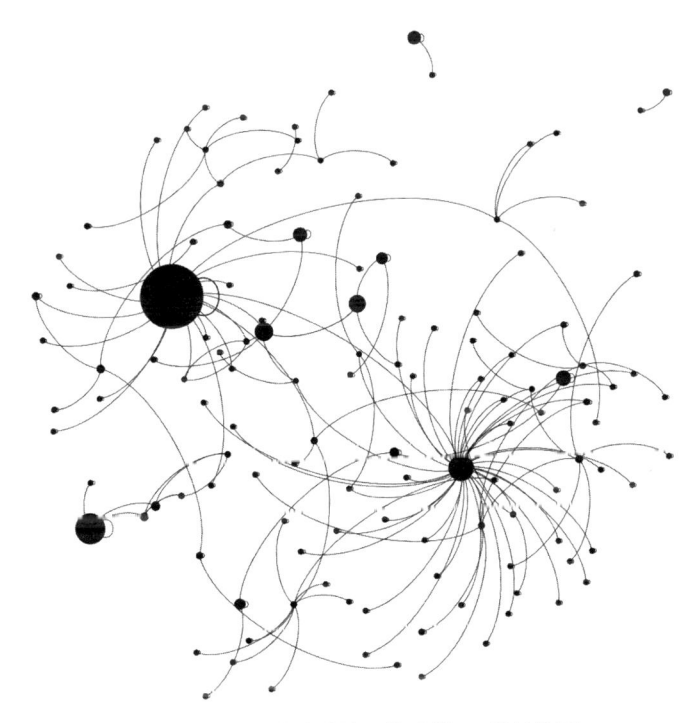

图3-5 愤怒情绪感染网络中的3-核结构图

[①] 林聚任.社会网络分析：理论、方法与应用［M］.北京：北京师范大学出版社，2009：135.

出，在愤怒情绪感染网络中团聚度最高的子群为一个3-核结构网络。统计结果显示，该网络包含127个节点（占总节点数的1.75%）和236条边（占总关系数的3.39%）。结合用户信息来看，该子群是以《人民日报》、《凤凰周刊》、头条新闻等媒体机构和娱乐明星为核心构成的，说明这些节点在这一子群中处于核心地位，在愤怒情绪的感染过程中的影响力较大。其中，以《人民日报》和某明星为核心，明显呈现两个放射状的子群结构，说明这两个用户在愤怒情绪的传播网络中最为活跃，处于优势地位。

通过以上分析我们基本回答了问题①。愤怒情绪的感染网络整体呈现密度较小、节点度数分布不均的特点，少数节点在感染网络中占据了优势地位。进一步来看，在团聚度较高的凝聚子群中，以个别媒体机构和娱乐明星为核心，呈现出较为明显的放射状感染结构，说明在愤怒情绪感染网络中存在少数影响力较大的关键节点。

（二）关键节点的主体构成与差异

1.情绪吸引力——作为"情绪源头"的媒体和明星

表3-3记录了该事件愤怒情绪感染中外向中心度排名前10位的微博用户信息。外向中心度较直观地反映了节点被其他用户转发的频次，数值越高，意味着该节点更多地被其他用户所转发，也就是说这些用户在引发其他用户的愤怒情绪方面吸引力较强。从表3-3可以看出，在外向中心度最高的前10位用户当中，机构认证用户有6个，占比最大，个人认证用户有3个，位居其次，普通用户为1个。

其中，占比最大的6个机构认证用户均为新闻媒体，外向中心度最高的是官方媒体《人民日报》，其余5家为商业媒体，分别为《凤凰周刊》、头条新闻、新浪财经、财经网、《Vista看天下》。在个人认证用户中，有两位为明星大V，其余一位为微博中的自媒体账号。唯一一位未认证的普通用户，从其微博账户信息来看，因其在某娱乐明星的粉丝群体中具有较高影响力而获得较多关注。

整体来看，新闻媒体在引发网民愤怒情绪方面具有较高的影响力，换言之，他们发布的信息更容易引发网民的愤怒情绪。除此之外，名人明星的情绪吸引力也十分可观。凭借明星们在其粉丝群体中的强大号召力，个别普通用户作为明星的活跃粉丝也体现出较强的情绪吸引力。

表3-3　外向中心度Top10用户信息表[①]

用户名	外向中心度	账户类型	粉丝量	简介
人民日报	575	机构认证	9457万	《人民日报》法人微博
凤凰周刊	244	机构认证	1897万	《凤凰周刊》官方微博
用户1	195	个人认证	5576万	演员
头条新闻	122	机构认证	6785万	新浪新闻中心
用户2	119	个人认证	399万	微博视频博主，微博签约自媒体，papitube签约博主，搞笑视频自媒体
新浪财经	115	机构认证	1883万	新浪财经官方微博
财经网	94	机构认证	3417万	财经网官方微博
用户3	85	个人认证	299万	某博物馆创办人及现任馆长，微博签约自媒体
用户4	77	普通用户	325	无
Vista看天下	59	机构认证	1816万	《Vista看天下》官方微博

2. 情绪凝聚力——作为"情绪枢纽"的"草根"大V

通过对愤怒情绪感染节点的中介中心度统计，本研究得到了中介中心度最高的前10位微博用户及其身份信息（见表3-4）。从表3-4可以看出，与外向中心度不同，中介中心度最高的10位用户全部是个人用户。其中，

---

① 为保护个人隐私，此处将微博个人用户匿名化处理。

有2位是普通用户，8位是个人认证用户。并且，在8位个人认证用户中，没有现实社会中的名人明星，全部为微博中的"草根"大V。其中，知名搞笑幽默类博主有4位，知名游戏类博主有3位，移动互联网领域博主有1位。与普通用户相比，他们在微博中拥有更多粉丝，在不同群体之间起到了重要的连接作用，使得整个愤怒情绪的感染构成一张完整的网络。整体来看，"草根"大V在联系愤怒情绪的感染网络中起到了关键的枢纽和桥梁作用，占据了情绪感染的关键资源。

表3-4 中介中心度Top10用户信息表[①]

用户名	中介中心度	账户类型	粉丝量	简介
用户5	4619	个人认证	145万	知名搞笑幽默博主
用户6	4501	个人认证	96万	知名搞笑幽默博主
用户7	4393	个人认证	213万	知名游戏人，微博签约自媒体
用户8	4266	个人认证	60万	知名搞笑幽默博主
用户9	4130.5	个人认证	172万	著名游戏玩家，网络视频制片人，游戏测评人，头条文章作者，微博签约自媒体
用户10	3914	个人认证	60万	知名搞笑幽默博主
用户11	3873	个人认证	48万	知名游戏博主
用户12	3255	个人认证	95万	移动互联网分析师
用户13	2688	普通用户	4983	无
用户14	2573	普通用户	1万	无

通过以上分析我们基本回答了问题②。在愤怒情绪的传播网络中，新闻媒体及名人明星的情绪吸引力较高，在该事件中比较能够引发其他用户表达愤怒情绪，是重要的"情绪源头"；而微博中的"草根"大V则具有较

---

① 为保护个人隐私，此处将微博个人用户匿名化处理。

高的情绪凝聚力，在连接不同网民群体的情绪感染中起到了桥梁和枢纽作用，从而成为关键的"情绪枢纽"。

（三）关键节点的作用机理

1. 媒体和明星的情绪启动效应

本研究通过对相关微博文本的分析发现，新闻媒体和名人明星在情绪感染中主要起到了情绪启动的效应。两者不同的是，新闻媒体主要由事实报道而引发网民的情绪表达，而名人明星主要由自己的情绪表达而引发网民的情绪表达。

（1）新闻媒体基于事实报道的情绪启动效应

通过对微博文本的分析，本研究发现，在情绪吸引力较强的关键节点中，新闻媒体所发布的微博内容大多是关于事件进展的报道，本身未包含博主强烈的主观情绪，但他们在引发网民表达愤怒情绪方面的能力很强，在整个愤怒情绪的传播网络中扮演了启动情绪的角色，具体体现在以下三个方面。

首先，新闻媒体的情绪启动效应很大程度上是基于其作为事件权威信息提供者的角色。无论是在该事件中主要承担事实报道功能的传统媒体（如《人民日报》《凤凰周刊》等），还是作为新闻内容整合平台的大型新媒体机构（如头条新闻等），都在事件中承担着重要的信息发布功能，且具有较强的权威性。在非面对面交流的社交媒体语境中，情绪的唤醒和启动主要依托于文本信息的传播。在舆情事件发生后，公众一般倾向于从这些权威媒体获取关于事件的最新进展，容易在转发此类事实报道的过程中进行观点的表达和情绪的抒发，由此使得新闻媒体不仅成为事件中重要的信息源，也成为主要的情绪源。

其次，事件本身的负面性质强化了新闻媒体在情绪启动中的一致性效应。心理学关于情绪启动效应的研究认为，当启动刺激与目标刺激的情绪效价一致时，个体对目标刺激的知觉和加工会更容易[①]。在该事件中，由于事件本身所具有的负面性质，以及新闻报道中所提及的某些情节，如"虐童""集体性侵""扎针喂药""猥亵"等，突破了公众的道德底线，造成了强烈的道德震撼，因而公众在浏览这些新闻报道后容易引发负面的情绪化表达。例如在有些转发类微博中，原微博博主，如《人民日报》作为官方的媒体机构，发布的微博内容并未包含博主的主观情绪，但由于事件本身具有强烈的负面性，在情绪启动的一致性效应的作用下，公众在接收到事件相关信息后很容易发出负面的情绪表达，甚至通过谩骂、网络暴力等形式进行负面情绪宣泄。

最后，媒体机构借助庞大粉丝量的支撑，其内容可见度的提升促进了情绪感染范围的扩大。在情绪吸引力最高的10位用户中，媒体机构拥有的粉丝量都在千万级以上。其中，排名第一的@人民日报的粉丝量更是接近一亿人。这类用户本身拥有的海量粉丝数使得其内容在整个情绪感染场域中的可见度更高，更容易被其他用户看见，并通过转发、评论等形式参与二次传播。伴随着内容的多次传播，新闻媒体也在不断引发着网民情绪的表达和感染。

（2）明星基于情绪化表达的情绪启动效应

在情绪吸引力较高的关键节点中，名人明星主要通过相对直接的态度和情绪表达引发网民的情绪共鸣。同时，凭借其在粉丝群体中较高的关注度和影响力，从而形成了明星与普通网民之间情绪的呼应与流动。

首先，明星通过相对比较直接的态度和情绪表达引发网民的情绪共鸣，因而容易成为网民愤怒情绪的源头。与新闻媒体主要提供事实类信息不同，明星在事件发生后往往能够很快形成自己的态度，并通过带有一定情绪色

---

① MURPHY S T, ZAJONC R B. Affect, cognition, and awareness: affective priming with optimal and suboptimal stimulus exposures[J]. Journal of personality and social psychology, 1993, 64(5): 723-739.

彩的主观态度表达，引起网民的情绪共鸣，从而容易得到普通网民对此事件的关注，并引发网民类似的情感表达。明星在该事件中的情绪化表达一方面是出于人类基本的伦理道德。正如贾斯帕曾指出的，当某事件显示出周围世界并非像人们所期望的那样时，便会给人造成道德震撼。这种发自内心的不安感具有较强的社会动员效果，会导致人们采取某些行动作为补偿[1]。另一方面，明星对此事件的情绪态度也能够从一定程度上显示出其具有较强社会责任感和公德心的"人设"，有助于明星吸引更多的粉丝和流量。明星作为社会公众人物，其形象建构具有一定的文化内涵，而这种文化内涵应具有与社会公认的价值、规范、标准相一致的伦理内涵[2]。因此，明星出于吸引更多流量的目的也会在该事件中表达自己的情绪态度，积极建构一种富有社会责任感和正义感的正面形象，赢得公众的尊重。例如，某明星在事后发布微博："听说有三种颜色上不了热搜［怒］。"通过隐含式的文字表达和直接的愤怒表情符号，表达了自己对该事件的愤怒之情。该条微博获得了100万次以上的转发，在整个情绪感染网络中产生了较大影响。类似地，也有明星发布微博称"这件事情绝对不能够让它没有一个结果和交代"，通过双重否定的句式来强化语气，以此表达对该事件坚定的态度，也成为愤怒情绪感染中一个关键的来源性节点。

其次，借助强大的"明星效应"，名人明星发布的微博内容很容易得到大量粉丝的转发与支持，从而在明星与粉丝和公众之间形成情绪的呼应与流动。与普通公众相比，名人明星之所以具有强大的情绪吸引力，主要是因为其占据了较多的社会资本，拥有较大的网络媒介权力。所谓"网络媒介权力"是网络中的行动者基于互动关系对社会问题进行意义阐释与赋予、

---

[1] JASPER J M. The art of moral protest: culture, biography, and creativity in social movements[M]. Chicago: University of Chicago Press, 1997: 10-16.

[2] REDMOND S, HOLMES, S. Stardom and celebrity: a reader[M]. London: Sage, 2007: 79-83.

形塑公共舆论，从而对个人和社会产生影响、操纵、支配的能力[1]。在网络空间中，行动者所拥有的社会资本决定了其获取和使用资源的能力，从而决定了其媒介权力的大小[2]。已有研究表明，名人明星等社会精英阶层凭借其现实社会中的"身份标签"而在微博空间中具有"先天"优势，在注意力资源稀缺的社交媒体中更容易将现实社会中的资源优势移植到微博空间中，从而使其在微博中依然掌握着稳定的、较大的媒介权力和话语权力[3]。因此，在该事件中，名人明星凭借其掌握的资源优势和权力优势而拥有较强的情绪吸引力，其情绪表达能够被广泛传播，从而形成直接的情绪启动效应。在这一过程中，个别普通用户作为明星的活跃粉丝，在此事件中也获得了较大关注。粉丝的转发与支持是对明星微博内容的情绪回应，同时，大量的转发、评论也提高了明星微博内容的可见度，容易吸引更多普通网民的参与。从这一角度而言，粉丝群体对明星微博内容的回应自下而上地强化了明星的情感叙事，有力地促成了一种充满参与激情和号召力的氛围，而这种积极情绪的循环氛围被认为是有利于促进抗争事件的动员参与的[4][5]。

2. "草根"大V的情绪助推效应

通过对微博内容的文本分析，本研究发现，"草根"大V作为愤怒情绪

---

[1] 赵红艳.中心性与权力体现：基于社会网络分析法的网络媒介权力生成路径研究[J].新闻与传播研究，2013，20(3): 50-63，127.
[2] 赵红艳.中心性与权力体现：基于社会网络分析法的网络媒介权力生成路径研究[J].新闻与传播研究，2013，20(3): 50-63，127.
[3] 申玲玲.失衡与流动：微博构建的话语空间研究——基于对新浪微博的实证研究[J].国际新闻界，2012，34(10): 15-22.
[4] KLANDERMANS B. Mobilization and participation: social-psychological expansions of resource mobilization theory[J]. American sociological review, 1984, 49(5): 583-600.
[5] KLANDERMANS B, OEGEMA D. Potentials, networks, motivations, and barriers: steps towards participation in social movements[J]. American sociological review, 1987, 52(4): 519-531.

感染网络中的关键桥梁，对情绪的感染起到一定的助推效应，具体体现在以下两个方面：第一，与新闻媒体和名人明星相比，"草根"大V的微博表达更具有强烈的煽情色彩，更容易引起网民的情绪认同，从而推动了愤怒情绪的传播；第二，与普通用户相比，"草根"大V来源于普通大众，但又有一定的特殊性，他们在互联网中赢得声望，往往在某个特殊领域拥有庞大的粉丝群和较强的影响力，在联系不同的网民群体方面具有一定的领域优势，从而促进了愤怒情绪在不同网民群体中的感染，将网民凝结为新的情绪共同体。

具体而言，一方面，与新闻媒体和名人明星相比，"草根"大V的表达更情绪化、更加尖锐。在该事件中，新闻媒体的微博内容大多是事件进展及评论，情绪化表达相对较少。名人明星大多是表达自己的态度，号召网民关注，这种情绪认同是基于粉丝对明星的偶像崇拜而产生的。而"草根"大V与此不同，他们在新闻媒体所提供的事实类信息的基础上，敢于进行直接而强烈的情绪表达。例如，媒体@凤凰周刊曾发布了一条关于对当事者家长采访的视频微博，本身博主并不具有明显的情绪倾向。而这些"草根"大V均为个人认证用户，粉丝量从100万至900万不等。他们通过激烈的语言、感叹号与表情符的运用，发表的诸如"人渣！""死刑！""全部凌迟处死［怒］"等强烈的情绪化表达，很容易引发公众的情绪共鸣，从而吸引公众转发、评论该微博内容，形成二次甚至多次传播，使得愤怒情绪在网络空间中蔓延和流动。

另一方面，与普通用户相比，"草根"大V们凭借自己在微博中赢得的个人声望而在各自的领域内拥有较强的影响力，更容易在情绪的感染中获得资源优势，从而将各自不同领域内的网民连接起来，形成一张巨大的情绪感染网络。从这些微博账号的身份信息可以看出，他们大多来自幽默搞笑、游戏、动漫、情感、互联网等领域，在各自独立的领域中拥有较强的号召力。愤怒情绪经由这些微博大V的强化和扩大，更容易在其所连接的关注者中获得情绪认同,从而将不同的网民群体连接到共同的情绪感染网络当中。

整体来看,作为"情绪源头"的新闻媒体和名人明星类用户在愤怒情绪的感染中主要起到了情绪启动的效应。新闻媒体作为事件主要的事实类信息提供者,其本身的表达虽然不具有明显的主观情绪,但由于媒体具备较强的权威性,是主要的信息源,加之事件本身的负面性质,及新闻媒体依托海量粉丝在微博中的强大传播力,因而成为该事件中网民愤怒情绪的最主要来源。换句话说,新闻媒体主要负责提供事实,由事实引发公众的愤怒情绪表达(见图3-6)。相较而言,名人明星主要是通过直接的态度和情绪表达来引发网民的情绪共鸣,同时,凭借强大的"明星效应",从而形成了明星与粉丝和普通网民之间的情绪感染。换言之,名人明星主要负责提供态度和情绪,从而引发公众愤怒情绪的表达(见图3-7)。

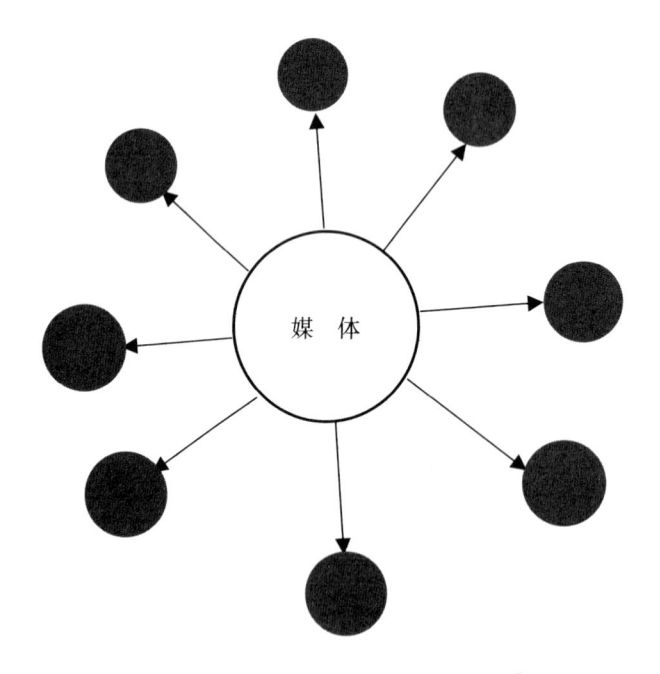

图 3-6 媒体与公众的情绪感染模式[1]

---

[1] 白色圆圈表示事实类信息发布,灰色圆圈表示情绪化表达。

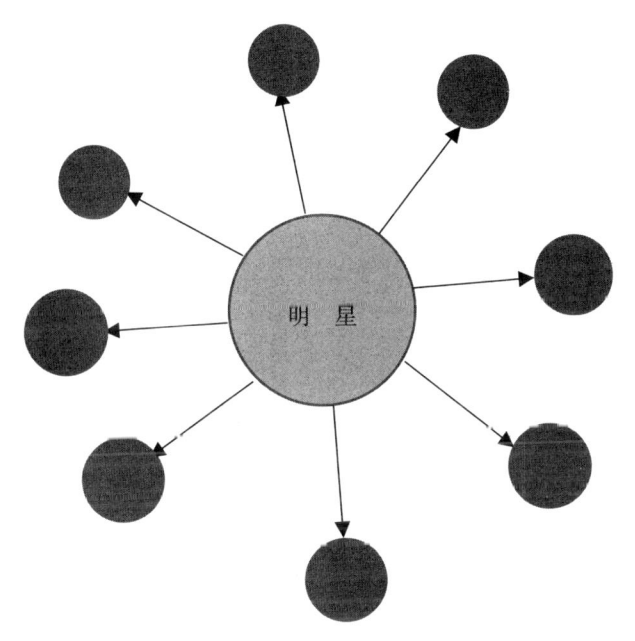

图 3-7　明星与公众的情绪感染模式

而作为"情绪枢纽"的"草根"大V主要对愤怒情绪的感染起到了一定的助推效应。他们在事实类信息的基础上，通过直接而强烈的情绪化表达，加之其在特定领域内拥有的资源优势，从而成为情绪感染网络中连接不同子群的"情绪枢纽"。换句话说，事实类信息经由"草根"大V的情绪化加工，更容易直接引发网民的情绪共鸣，因而形成了强化情绪和凝聚新的情绪共同体的情绪助推效应（见图3-8）。

在新闻媒体、名人明星和"草根"大V的共同作用下，网络舆情中的事实流、意见流与情绪流共同交织，构成一幅复杂多变的情绪图谱。首先，新闻媒体属机构类用户，在该事件中遵循新闻专业主义精神，以报道事实、传递信息为主，扮演了重要的信息提供者的角色。事实流进入网络空间后，由于事件本身的负面性质及其带给人们强烈的道德震撼，从而直接引发公众的愤怒情绪。名人明星和"草根"大V属个人用户，他们与公众一样，也会基于事实而产生主观意见和情绪，并借助微博这一社交媒体平台进行情绪表

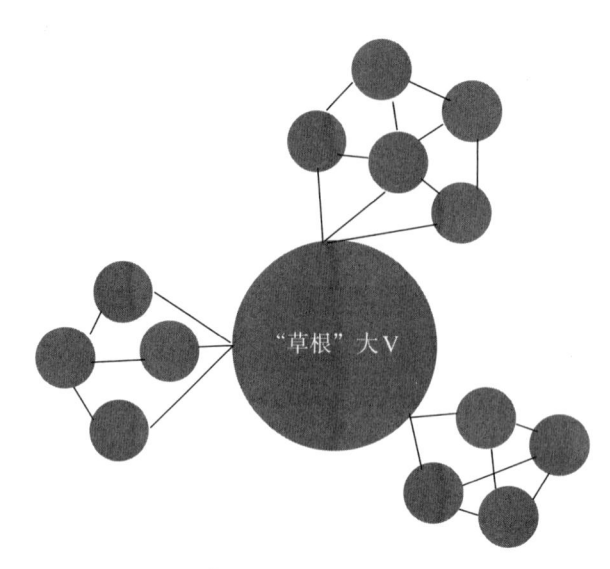

图 3-8　"草根"大 V 与公众的情绪感染模式

达。但与公众相比，名人明星凭借其现实社会中的身份标签带来的先天优势，"草根"大 V 则凭借其在互联网中赢得的个人声望，在微博中掌握了更多的社会资本和情绪资本，故而其情绪表达能够在网络空间中得以放大，并引起公众的情绪共鸣。在"后真相"时代，当事实流、意见流与信息流共同交汇在网络空间中时，公众情绪挤压事实空间，事实流、意见流逐渐被情绪流裹挟，从而使情绪流凌驾于事实和真相之上，如此形成了一幅众声喧哗的情绪图景。

四、结论与讨论

本研究以"红黄蓝事件"为例，从愤怒情绪的感染结构入手，主要从节点识别、主体差异、作用机理三个方面探究了网络舆情中愤怒情绪感染的关键节点。整体来看，本研究的结论与已有关于该事件中意见领袖的相关研究[1]具有一定的一致性，均发现名人明星和新闻媒体在此次事件中发挥

---

[1] 王家合，杨倩文.自媒体时代意见领袖的识别与引导对策研究：基于议程设置理论视角［J］.湖北社会科学，2019(1)：181-188.

了关键作用。但此前研究较少探讨各类意见领袖在信息传播过程中的角色和作用机制的差异。与之不同的是，本研究发现，在情绪流的传播中，除名人明星和新闻媒体外，"草根"大V也成为感染链条中的关键节点。并且，这三类关键节点在愤怒情绪的感染过程中所扮演的角色和作用机理也各有差异。具体来看，本研究得出主要结论如下：

第一，在关键节点的识别方面，本研究发现，在愤怒情绪的感染网络中，呈现出较明显的放射状感染结构，各用户的影响力大小分布不均，少数用户在整个情绪感染网络中占据了优势地位。这一结论在一定程度上延续了已有关于网络舆情信息传播的相关研究。社交媒体虽然看似赋予了每一位公众平等的话语权，但实则是通过"技术赋权"实现话语的"再集权"，普通公众与少数意见领袖之间依然存在话语权的不对等性[1]。在社交媒体非面对面交流的语境下，个体间情绪的相互感染和传播主要依托于语言和文字，因此，在情绪的感染过程中也依然存在类似"意见领袖"式的关键节点。

第二，在关键节点的主体差异方面，本研究发现，新闻媒体及名人明星是情绪吸引力较高的关键节点，在舆情事件中能够引发其他用户表达愤怒情绪，是情绪感染的源头。而微博中的"草根"大V则是情绪凝聚力较高的关键节点，在不同网民群体的情绪感染中起到了关键的连接作用，成为情绪感染的枢纽。在已有关于意见领袖的研究中，不少学者已经发现，在社交媒体当中，传统的新闻媒体虽然已不能完全垄断信源，但凭借其自身的权威性和影响力，依然在舆情事件中扮演着重要的信源角色[2][3]。那些

---

[1] 李彪，郑满宁.从话语平权到话语再集权：社会热点事件的微博传播机制研究[J].国际新闻界，2013，35(7)：6-15.

[2] 王平，谢耘耕.突发公共事件中微博意见领袖的实证研究：以"温州动车事故"为例[J].现代传播（中国传媒大学学报），2012，34(3)：82-88.

[3] WONG R, HARRIS J K, STAUB M, et al. Local health departments tweeting about Ebola: characteristics and messaging[J]. Journal of public health management and practice, 2017, 23(2): e16-e24.

现实社会中的精英阶层（如名人、公共知识分子等）也依然在舆情事件中处于核心地位，并且持续、稳定地发挥其影响作用[①]。同时，微博中的自媒体在舆情事件中扮演着重要的传播中介者的角色，具有很强的介入和参与能力，成为舆情传播的新途径和聚集地[②]。本研究通过对情绪流的实证研究也发现，新闻媒体、名人明星所代表的社会精英阶层以及"草根"大V所代表的自媒体用户在情绪感染网络中同样扮演着重要角色。同时，本研究通过社会网络分析对节点中心度考察后进一步发现，虽然这三类用户在情绪的感染网络中都十分关键，但其扮演的角色有所不同：新闻媒体和名人明星成为情绪感染的源头，而"草根"大V则主要是情绪感染的枢纽，不同类型的关键节点对情绪感染的作用机理也有所差异。

第三，在关键节点的作用机理方面，作为"情绪源头"的新闻媒体和名人明星在愤怒情绪的感染中主要起到了情绪启动的效应，而作为"情绪枢纽"的"草根"大V则主要对愤怒情绪的感染起到了一定的助推效应。在媒体和明星的情绪启动效应与"草根"大V的情绪助推效应的共同作用下，个体情绪在互动中伴随着文本信息的传播而相互感染、不断蔓延，共同造就了一场全民"情绪狂欢"。

本研究通过对"红黄蓝事件"中愤怒情绪感染的关键节点的探究印证了在技术赋权下的社交媒体时代，情绪感染场域中依然存在着权力的不平等。社交媒体表面上赋予了每一位普通用户进行情绪表达的"麦克风"，实则是从"去中心化"走向了"再中心化"。无论是社会精英阶层还是微博中的"草根"大V，均凭借着现实社会中或网络空间上赢得的社会资本和个人声望，而掌握着网络中的绝大部分资源，占据着关键位置，从而在情绪

[①] 郭凤林，邵梓捷，严洁.网络舆情事件中的意见领袖网络结构及其政治参与意涵［J］.东北大学学报（社会科学版），2015，17（2）：169-174.

[②] 康伟.基于SNA的突发事件网络舆情关键节点识别：以"7·23动车事故"为例［J］.公共管理学报，2012，9（3）：101-111，127-128.

感染的网络中掌握权力。

在如今的网络舆情场域中,"后真相"特点越发明显。其中,关于事实真相客观性问题在现代哲学中长期未决而带来的理论隐患,也有来自实践层面的社会结构、媒介形式、算法技术等多方面原因。在理论层面,关于事实真相客观性的讨论有其深刻的哲学渊源。尼采哲学的"视角主义"(perspectiveism)观点曾提出"没有事实,只有阐释",而我们对事实的阐释又取决于各自的视角,因而在一定程度上呈现出"视角制造事实"的现象[1]。关于真相问题的讨论在哲学领域至今仍没有统一定论,这为当今社会出现的"后真相"现象创造了理论上的可能性。在实践层面,随着经济发展和社会转型,中国的社会结构出现阶层固化倾向,导致公众产生对社会秩序、公共安全等问题的焦虑与不信任[2]。加之现实社会中的政治诉求表达渠道不畅,容易导致部分公众转向网络空间采用情绪化表达进行情绪造势,产生"舆论倒逼"效应[3]。媒介形态的演变重构了新闻生产过程,建构"真相"的过程、方式也发生了深刻变革,网络中的个体形成了基于情绪的交往关系[4]。协同过滤等算法推荐技术加剧了网络空间的"回音室效应"和"过滤气泡",使得网络中不同圈群的"内壁加厚",异质性信息更加难以进入,容易造成群体盲思和群体极化[5][6]。因此,"后真相"时代的网络舆情也从单纯的信息流动的事实传播1.0时代逐渐进入以情绪传播和关系嵌套为

---

[1] 刘擎.共享视角的瓦解与后真相政治的困境[J].探索与争鸣,2017(4):24-26.

[2] 张贝."后真相"时代公共舆论的情感表达[J].山东师范大学学报(人文社会科学版),2019,64(3):134-139.

[3] 郭小安.公共舆论中的情绪、偏见及"聚合的奇迹":从"后真相"概念说起[J].国际新闻界,2019,41(1):115-132.

[4] 张贝."后真相"时代公共舆论的情感表达[J].山东师范大学学报(人文社会科学版),2019,64(3):134-139.

[5] 李彪.后真相时代网络舆论场的话语空间与治理范式新转向[J].新闻记者,2018(5):28-34.

[6] 李畅,黄颜颜.后真相时代舆论内涵解读[J].新闻界,2018(9):88-93.

主的复合传播2.0时代[①]。

在"后真相"特点越发显著的网络舆论场域中，事实流、意见流与情绪流交汇共生，也互相竞争。事实流是网民形成观点、表达情绪的基础。网民基于自己的"媒介菜单"而获得关于事实的碎片化信息，形成带有立场的观点，并由此引发自己的情绪表达。在网民注意力资源有限的前提下，情绪流的感染对事实流和意见流形成挤压。其中，新闻媒体对舆情事件的进展报道成为舆论场中事实流的主要来源，由于事件本身的负面性质及其对公众造成的道德震撼，从而产生情绪启动效应。名人明星出于人类基本伦理道德与对自己社会公共形象的维护，而在网络中直接进行情绪表达，凭借其身份标签带来的先天优势，成为情绪流的又一源头。而"草根"大V则凭借其在特定领域内的特殊影响力及其对舆情事件直接而尖锐的情绪化表达，助推了公众情绪的高涨并凝聚新的情绪共同体。在"后真相"的时代背景下，事实流、意见流让位于情绪流，使得情绪流占据上风，从而构成了一幅多元主体参与下的流动着的情绪图景。

在这一情绪图景中，本研究发现《人民日报》《凤凰周刊》等新闻媒体在网络情绪感染中的关键作用在一定程度上提示我们，要对"后真相"时代新闻媒体所信奉的客观报道的新闻专业主义精神保持警惕和反思。虽然这些媒体机构在情绪感染中依然主要承担着事实提供者的角色，但这至少说明，无论主动与否，在"后真相"时代下，媒体机构已被卷入情绪流传播的浪潮之中，并在其中发挥着作为"情绪源头"的关键作用。这对媒体机构原本所坚守的客观、真实的新闻专业主义精神形成一定挑战。事实上，在"后真相"时代，正是因为拥有真相的"上帝之眼"的视角不再可能，我们每个人都是众多可能的视角之一，因而更需要保持开放和谦逊的

[①] 李彪.后真相时代网络舆论场的话语空间与治理范式新转向[J].新闻记者，2018(5): 28-34.

态度,向更多的视角倾听和学习[①]。从这一角度而言,"后真相"时代中的新闻媒体更应从多个视角提供更加全面的信息,从不同视角还原事实全貌,以促进以真相"客观性"为基础的社会共识的达成,走出"后真相"政治的困境。

最后,本研究虽然主要是对情绪感染中关键节点进行探究,但普通公众的作用亦不容忽视。一方面,这些关键节点中,无论是新闻媒体、名人明星还是"草根"大V,他们之所以能够在情绪感染的过程中掌握主要权力,是因为其基础仍然依赖于普通公众的注意力资源。正是由于普通公众的注意力汇聚,才使得这些少数用户的情绪表达得以传播、放大和强化。另一方面,也正是网络中无数个普通公众情绪的表达、共振、相互感染和共同交汇,才构成了网络舆情中汹涌澎湃的情绪流。

当然,目前学界关于网络舆情中情绪感染现象的研究仍处于起步阶段,本研究作为一项探索性研究,还存在许多不足。首先,基于研究情境和研究目的,本研究在关键节点的衡量指标中选择了外向中心度和中介中心度两个测度。在社会网络分析中,还存在其他指标可用于分析行动者在网络中的权力位置。在未来的研究中,可以尝试综合其他指标,发展更加完善的衡量体系,从而更加详细地探讨各类用户在情绪感染中的具体角色和作用机理。其次,由于本研究在对微博文本采用机器学习算法进行情绪标注时运用了多分类标注,即同一条微博可能会包含多种情绪而进行多次打标,因而在以用户为节点的感染网络中,其情绪属性可能同时具有多种类型,故未能将情绪维度本身加入社会网络分析中。未来的研究可尝试以微博帖子为节点,对原始微博及各个转发环节的微博内容进行单一情绪类型的标注,将整体微博内容中包含的多种情绪类型共同纳入同一网络当中,以探讨不同情绪类型的感染结构特点。最

---

① 刘擎.共享视角的瓦解与后真相政治的困境[J].探索与争鸣,2017(4):24-26.

后，鉴于本研究属于静态的横截面研究，未来的研究可尝试采用动态的历时性考察，划分情绪感染的不同阶段，对情绪感染图谱进行动态的分析和对比研究。

第三节　情绪感染的动力因素

心理学中的原始性情绪感染理论认为，个体对情绪信息的觉察会伴随着模仿，觉察者与诱发者之间存在着同步的动作互动，这种情绪传入后的模仿—反馈机制影响了觉察者的情绪体验，导致觉察者产生了可觉察的情绪。在这样的情况下，觉察者就被感染上了他所觉察的情绪。这一过程可被概括为：情绪觉察——无意识模仿——生理反馈——情绪体验[1][2]。因此，大量的心理学研究表明，情绪可以通过声音语言、面部表情、姿势动作等线索在个体之间实现相互感染[3][4][5]。

随着社交媒体的蓬勃发展，用户从最初的"读"网页阶段逐渐过渡到

---

[1] 张奇勇，卢家楣，闫志英，等.情绪感染的发生机制[J].心理学报，2016，48（11）：1423-1433.

[2] FALKENBERG I, BARTELS M, WILD B. Keep smiling! Facial reactions to emotional stimuli and their relationship to emotional contagion in patients with schizophrenia[J]. European archives of psychiatry & clinical neuroscience, 2008, 258(4): 245-253.

[3] DU J G, FAN X C, FENG T J. Multiple emotional contagions in service encounters [J]. Journal of the academy of marketing science, 2011, 39(3): 449-466.

[4] JOHNSON S K. Do you feel what I feel? Mood contagion and leadership outcomes [J]. Leadership quarterly, 2009, 20(5): 814-827.

[5] HENNIG-THURAU T, GROTH M, PAUL M, et al. Are all smiles created equal? How emotional contagion and emotional labor affect service relationships[J]. Journal of marketing, 2006, 70(3): 58-73.

"写"网页阶段,在网络空间中生产了大量的用户生成内容。在线社交网络成为人们线上社会交往的主要平台,包含着用户大量的情绪信息。尤其是当社会现实中发生了某些热点事件之后,公众更容易在言论环境相对自由和宽松的社交媒体中表达自己的情绪态度,有时伴随着激烈的情绪化表达,甚至谩骂等网络暴力行为。这使得情绪通过在线社交媒体在用户之间相互感染成为可能。

已有研究发现,即使在缺乏声音、表情等线索的非面对面交流的在线社交媒体中,情绪感染现象也依然存在[1]。卡威罗(Coviello)等人通过引入"下雨"这一工具变量,发现在脸书中,下雨不仅能够直接影响用户的情绪状态,而且能够影响用户在其他城市的朋友们的情绪状态,从而证明了脸书中情绪感染现象的存在[2]。不仅如此,该研究还发现,下雨能够改变一至两位用户的情绪表达,说明在线社交网络可能会强化全球情绪同步(emotional synchrony)的强度。张少群等人通过对推特中的用户情绪时间序列的分析,采用格兰杰因果检验,证明了用户关注好友情绪是用户情绪的格兰杰原因,但用户情绪并不是用户关注好友情绪的格兰杰原因。由于社交选择是一种双向关系,因而该现象是由情绪感染所造成的,从而证明了在非面对面交流的社交媒体中依然存在情绪感染现象[3]。

随着"后真相"时代的到来,网络舆论场的话语空间已出现新的转向,进入了"舆情2.0时代"。当热点事件发生后,用户在网络空间中的表达已

---

[1] KRAMER A D I, GUILLORY J E, HANCOCK J T. Experimental evidence of massive-scale emotional contagion through social networks[J]. Psychological and cognitive sciences, 2014, 111(24): 8788-8790.

[2] COVIELLO L, SOHN Y, KRAMER A D I, et al. Detecting emotional contagion in massive social networks[J/OL]. Plos one, 2014, 9(3)[2021-06-03]. https://doi.org/10.1371/journal.pone.0090315.

[3] 张少群,魏晶晶,廖祥文,等.Twitter中的情绪传染现象[J].山东大学学报(理学版),2016,51(1):71-76,122.

不再是"个体关于事实的争论",转而成为"群氓为情感的困斗"[①]。网民的情绪经过社交媒体的传播、扩散,在个体之间相互感染,从而汇聚为一股汹涌澎湃的情绪流,蔓延至整个网络。在这一过程中,从热点事件的发生到群体情绪的爆发,情绪的感染受到诸多因素的影响。具体来看,本节将从外源性动力(网络社会心态和媒介技术)与内源性动力(议题本身的属性)两个方面分析影响网络空间情绪感染的因素。

一、外源性动力

著名思想家布尔迪厄的场域理论认为,社会舆论场作为整个社会元场域中的一个子场域,必然会受到大的政治、文化、媒介环境等的影响[②]。而网络舆论场作为整个社会舆论场的一个重要组成部分,也会受到来自社会环境的整体影响。本研究认为,中国社会中普遍存在的社会心态是网络情绪感染的先天条件,为情绪的大规模感染提供了土壤,而媒介技术的发展则为网络情绪感染提供了绝佳之地,增加了情绪感染发生的可能。

(一)网络社会心态

在网络空间中,公众汇流而成的情绪并非空穴来风,往往源于社会中普遍存在的某些社会心态,在一定的事件条件下被激发出来,从而产生情绪的共振,引发大规模的情绪感染。

随着我国经济的飞速发展和社会改革的深入推进,我国已逐渐步入社会转型期,在经济结构调整、利益格局变化的社会背景下,公众的思想观

---

① 李彪.后真相时代网络舆论场的话语空间与治理范式新转向[J].新闻记者,2018(5):28-34.
② 李彪.后真相时代网络舆论场的话语空间与治理范式新转向[J].新闻记者,2018(5):28-34.

念和社会心态也在悄然发生改变。根据刘璐、谢耘耕的研究[①]，当前我国的网络社会心态呈现出如下特征。

1. 网络底层意识与弱势心态普遍存在，相对剥夺感较强

改革开放以来，虽然我国经济建设取得了显著成果，但人们的"弱势心态"却并未减弱。《中国社会心态研究报告（2017）》[②]中的一项调查结果显示，有45.1%的党政干部认为自己是"弱势群体"，有57.8%的企业白领认为自己是"弱势群体"，有55.4%的知识分子同样认为自己属于"弱势群体"。由此可见，在经济发展、人民生活水平显著提高的当下，拥有较强弱势心态的群体不单单只是传统认知上以为的农民、残疾人、工人等，拥有较高社会经济地位的领导干部、知识分子等群体也同样感受到较强的弱势心态。这种底层意识与弱势心态从近年来流行的网络热词中也可以窥见一斑。比如，"土豪""有钱就是任性""城会玩"等热词的流行，都是以调侃"上流社会"的语气反衬出网民的底层意识与弱势心态。有研究表明，当个体将自身视为弱势群体时，容易高估群际冲突的严重程度[③]。因此，社会中蔓延的这种弱势心态无形中提升了网络群际冲突的风险。

2. "标配生活"下的"中国式焦虑"凸显，社会安全感相对减弱

当前我国正处于社会转型期，利益格局的变化带来不同社会群体心态的改变。焦虑已不再是传统认知中社会底层所特有的心态，而是蔓延至整个社会，成为一种普遍的社会心态。尤其对于生活在城市里的中产阶层而言，快节奏、高强度的工作，加之不断飙升的房价、子女教育投入，使得焦虑成为这批人普遍拥有的常态。从"月薪三万撑不起一个孩子的暑假"

---

① 刘璐，谢耘耕. 当前网络社会心态的新态势与引导研究[J]. 新闻界，2018（10）：75-81，100.

② 王俊秀. 社会心态蓝皮书：中国社会心态研究报告（2017）[M]. 北京：社会科学文献出版社，2017.

③ 王俊秀. 社会心态蓝皮书：中国社会心态研究报告（2017）[M]. 北京：社会科学文献出版社，2017.

到"陪孩子写作业急到心梗",从"996工作制"到"内卷泛滥","中国式焦虑"已成为当今社会中的普遍心态。

同时,焦虑心态也体现在社会安全感的相对减弱。自从2008年的三聚氰胺事件之后,食品安全问题一直是中国社会中的一大痛点。一项2014年的研究表明,中国消费者对我国国产婴儿奶粉的品牌信任度总体偏低,消费者仍对国产奶粉品牌的品牌正直性和可靠性抱有较大的质疑[①]。不仅如此,近年来,药品安全问题也成为社会中的一大新的热点。国产疫苗安全问题频发,从山东问题疫苗到长春长生生物问题疫苗,消费者对国产疫苗的信任度急剧下降。另外,关于人身安全问题的焦虑也逐渐凸显。从"和颐酒店女子遇袭"到多起滴滴顺风车乘客身亡事件,从职场性骚扰到地铁"咸猪手",各种人身安全问题,尤其是在社会中处于相对弱势的女性群体的人身安全问题受到人们的普遍担忧。社会安全感的相对减弱使得人们的心态更加敏感,加剧了网络情绪的相互感染。

3. 信任危机衍生信任异化

在多元利益群体并存的当今社会中,社会各阶层的心理隔阂加剧,社会道德水平下降、政府官员贪污腐败等问题加剧了社会信任危机。从"老人摔倒要不要扶"到水滴筹上恶意筹款,类似话题和事件层出不穷,反映出我国民众中普遍存在的信任缺失问题。这种信任危机不仅存在于民众之中,也存在于民众与特殊群体之间,比如网民对政府官员、对警察、对媒体等。网民经常对这些群体所发布的言论表现出质疑或不信任,部分地方政府陷入"塔西佗陷阱",网民对公权力的污名化放大了社会信任风险。信任危机的存在导致了网民逐渐形成"遇事必质疑"的态度。

信任危机易导致网民对网络中信息的过度负面解读,导致网民对权威的质疑与逆反心理加重。这种逆反心理绑架了公众理性,衍生出对社会

---

① 周健明.我国消费者对国产婴儿奶粉品牌信任情况的实证研究[J].中国市场,2014(30):71-72.

精英阶层的惯有排斥与抵触，由此产生信任异化。有网民甚至将教授称为"叫兽"，专家称为"砖家"，甚至一言不合则群起而攻之。例如，在关于转基因问题的讨论中，某院士支持的观点惨遭网民围攻。在这种情况下，网络不再是一个为公众提供理性讨论和意见交流的开放平台，反而成为负面情绪感染的试验田和角斗场。

（二）媒介技术

互联网的发展和媒介技术的巨大变革重构了整个社会的操作系统和运行逻辑，社会传播格局也随之改变。有学者指出，长期以来社会舆论场被划分为以大众媒体为主导的"官方舆论场"和以互联网平台为主导的"草根舆论场"。但是，随着社交媒体时代的来临，网民根据不同的兴趣、业缘、地缘等形成了相对独立的圈子，以往两个舆论场的格局被一个个分散在不同社交平台的多元"圈子"所取代，形成了网络社群巴尔干化（cyber-balkaniization）[①]。在这种情况下，由于每个圈子中的网民皆具有一定的同质性，相比于以往高高在上的传统主流媒体，网民更倾向于直接从这些"部落化的小圈子"当中获取信息、交换意见，从而使得网络情绪更容易在这一个个圈子中相互感染。具体来看，媒介技术的变革对网络情绪感染的影响主要体现在以下三个方面。

1."过滤气泡"与"信息茧房"为情绪感染提供了绝佳之地

互联网信息技术的发展赋予了公众更大的自主选择权。公众的可选范围看似被扩大为海量的信息资源，然而，基于社交平台的算法推荐技术则使公众被困于"信息茧房"的风险加大。

"过滤气泡"（filter bubble）的概念是由美国的科技企业家和活动家帕里瑟（Pariser）在他的书《过滤气泡：互联网没有告诉你的事》（*The filter*

[①] 李彪.后真相时代网络舆论场的话语空间与治理范式新转向[J].新闻记者，2018(5): 28-34.

bubble: what the internet is hiding from you）[1]中引入并推广开来的。帕里瑟在书中描述了这样一件事：当两个朋友都在网络中搜索同一个关键词时，得到的搜索结果却大相径庭。他因此进一步推断，这种差异是由于谷歌和类似的搜索引擎承诺的搜索结果的算法个性化，实际上，搜索引擎的每个用户都存在一个过滤气泡，即个性化的信息世界，这个过滤气泡对每个人来说都是不同的[2]。如今，"过滤气泡"这一概念的使用范围早已突破了帕里瑟最初提到的搜索领域，而更多地被认为是对在线信息尤其是社交媒体信息流的干扰。这是因为目前的个性化推荐系统的主流算法是"协同过滤"，它包括以用户为基础的（user-based）协同过滤，即假定具有相似特征的用户也拥有相似的偏好，以及以产品为基础的（item-based）协同过滤，即当用户多次关注某一类信息时，则认为该用户对此类信息感兴趣。许多社交媒体平台为提高个性化推荐的精准度，会把这两种协同过滤结合起来，使得具有相似性的用户更容易被聚集起来，更加"窄化"了用户的信息选择范围[3]。

桑斯坦（Sunstein）在《信息乌托邦》中将"信息茧房"视作信息过滤机制带来的一种负面效应："信息茧房描述的是这样一种交流环境：只包含我们选择的、让我们感到舒适和愉悦的信息。"[4]他的这一假说形象地传达出其对信息过滤技术的担忧[5]。桑斯坦等认为，信息过滤机制使人们只看到他

---

[1] PARISER E. The filter bubble: what the internet is hiding from you[M]. London: Penguin Group, 2011.

[2] PARISER E. Did Facebook's big study kill my filter bubble thesis?[EB/OL]. (2015-05-07)[2022-07-21]. https://www.wired.com/2015/05/did-facebooks-big-study-kill-my-filter-bubble-thesis/.

[3] 许向东.在全新的传播格局下破解"回音室效应"[J].人民论坛，2020（18）：112-115.

[4] SUNSTEIN C R. Infotopia: how many minds produce knowledge[M]. Oxford: Oxford University Press, 2006: 24.

[5] 丁汉青，武沛颖."信息茧房"学术场域偏倚的合理性考察[J].新闻与传播研究，2020，27（7）：21-33，126.

们想看到的内容、只听到与自己观点一致的观点、只与观念相同的人交朋友，那些观点在不断重复之后被不断加深，最终变成一个只能听到自己声音的"密室"[1]。在这些小圈子中，偏激和情绪化的表达更容易在圈子内部获得用户，产生虚妄的成就感，激发其他成员表达更加偏激的观点，最终形成只诉诸情绪而不诉诸理性的行为模式[2]。因此，情绪便容易在这些小圈子中蔓延和相互感染。

2. 社会关系从"原子化"重归"部落化"使情绪感染的可能性增大

社会学家齐美尔曾提出："城市居民的生活长期处于紧张刺激和持续不断的变化之中，这导致居民逐渐缺乏激情、过分理智、高度专业化以及人与人之间原子化。"然而，进入Web2.0时代后，互联网的社交功能为人们分享信息、观点提供了"同类"相聚的机会，社会关系从"原子化"重归"部落化"。基于相似的志趣、信念或观点的人建立起来的虚拟社区其实类似于打地鼠游戏中的一个个"地洞"，表面是敞开的口，好似能够与外界进行沟通交流，但实际上却隔着厚厚的"内壁"[3]。群内认同极其强烈，群落内部成员间的交流明显多于群落之间的沟通[4]。

社交媒体解构和重构了社会的传播模式，基于情感联结和关系联结的圈层化传播模式逐渐取代了大众传播模式。社交媒体取代传统的大众媒体成为用户获得信息的入口，使得信息和观点的传播不再是媒介机构的特权，而成为所有人都可以参与的互动过程。尤其在微信等具有一定私密性、基于强关系联结的圈层之中，随声附和的人变多、价值观趋同的现象增多，在加强各

---

[1] 陈昌凤，仇筠茜."信息茧房"在西方：似是而非的概念与算法的"破茧"求解[J].新闻大学，2020(1)：1-14，124.
[2] 李彪.后真相时代网络舆论场的话语空间与治理范式新转向[J].新闻记者，2018(5)：28-34.
[3] 李彪.后真相时代网络舆论场的话语空间与治理范式新转向[J].新闻记者，2018(5)：28-34.
[4] 许向东.在全新的传播格局下破解"回音室效应"[J].人民论坛，2020(18)：112-115.

圈层节点间的黏性的同时，使得不同圈层内部更易凝聚共识，形成一种与自己观点相左、志趣不同的事物不再存在的假象[1]。因此，相似的情绪便更容易在这些"部落化"的圈层之中相互感染。同时，圈层中同生同求、自我归类的属性使其与其他圈层具有较强的对立性，导致网络群体间的社会心态呈现分化趋势，不同群体的认知、态度与情绪差异较大，甚至产生撕裂。当网络热点事件发生时，相同话题下不同的观点和情绪之间相互对立，划分不同阵营展开论战，也导致情绪在相互感染中冲撞频现[2]。

3. 网络"回音室效应"显现，情绪实现趋同与强化

已有研究表明，人们总是倾向于接受与他们已有信念相一致的观点，并且倾向于从与他们有相似信念的人那里获取信息[3]。这两种机制，即选择性暴露（selective exposure）和确认偏差（conformation bias），会引起极化和同质的意见群体[4]，它们被称为"回音室"（echo chambers）。研究者将回音室定义为这样一种环境：在这种环境中，由于具有类似倾向和态度的同伴或信息源的重复交互，用户对某个主题的观点、政治倾向或信念得到加强[5]。由于"回音室效应"会阻挡个人接触与他们已有的观点或信念不同的信息和意见，因此会使某些具有极端信念的人更加极化[6]。尽管确认偏差和

---

[1] 许向东.在全新的传播格局下破解"回音室效应"[J].人民论坛，2020(18)：112-115.

[2] 刘璐，谢耘耕.当前网络社会心态的新态势与引导研究[J].新闻界，2018(10)：75-81，100.

[3] SCOTT P. The psychology of judgment and decision making[M]. New York: McGraw-Hill Book Company, 1993.

[4] NICKERSON R S. Confirmation bias: a ubiquitous phenomenon in many guises[J]. Review of general psychology, 1998, 2(2): 175-220.

[5] CINELLI M, DE FRANCISCI MORALES G, GALEAZZI A, et al. The echo chamber effect on social media[J/OL]. PNAS, 2021, 118(9)[2021-06-03]. https://doi.org/10.1073/pnas.2023301118.

[6] BESSI A, COLETTO M, DAVIDESCU G A, et al. Science vs conspiracy: collective narratives in the age of misinformation[J/OL]. Plos one, 2015, 10(2)[2021-06-03]. https://doi.org/10.1371/journal.pone.0118093.

选择性暴露并不一定是数字媒介之后才出现的一种新现象，但新的数字媒介的确会加速回音室的出现并且在公共话语中巩固它们[1]。

有研究发现，脸书中圈群的情绪行为受到用户在回音室内的参与度的影响，具体来看，高参与度往往对应着负面的情绪路径，并且，较活跃的用户会比不活跃的用户表现出更快的情绪负向转化[2]。在回音室这一概念的基础上，有研究者提出了"情绪回音室"（emotional echo-chamber）的概念，认为情绪回音室是通过行动者共享的情绪（而非观点）和"室"（行动者周围的社会环境，而非数字网络）来创建的，它允许情绪如被其他人共享一样地"回音"到行动者身上[3]。这一研究通过对土耳其的格兹公园（Gezi Park）抗议活动的案例分析发现，情绪存在于政治抗议活动的每个阶段，并作为黏合剂在参与者之间建立起团结和归属感。在抗议活动中，激发参与者的起初是生气（anger）与愤怒（outrage），然后是归属感、骄傲与希望。这些情绪通过形成情绪回音室，使得行动者之间尽管存在许多分歧，但仍然能够被动员进一步参与并团结起来。因此，情绪回音室作为一种资源，促进了社会运动中的动员工作。参与者对抗议活动的情绪体验以及在各种各样行动者之中共享的一种认同感成为这场运动的社会黏合剂。这种黏合剂就是把不同群体的人聚集在一起的情绪回音室。行动者的情绪表达（比如对未来的希望等），反过来使得这些情绪在不同的圈群以及数千个意识形态不同的团体之间传播，以促进抗议行动的参与。还有研究进一

---

[1] WANG X, SIRIANNI A D, TANG S, et al. Public discourse and social network echo chambers driven by socio-cognitive biases[J/OL]. Physical review X, 2020, 10(4)[2021-06-03]. https://link.aps.org/doi/10.1103/PhysRevX.10.041042.

[2] DEL VICARIO M, VIVALDO G, BESSI A, et al. Echo chambers: emotional contagion and group polarization on Facebook[J/OL]. Scientific reports, 2016(6)[2021-06-03]. https://doi.org/10.1038/srep37825.

[3] ESLEN-ZIYA H, MCGARRY A, JENZEN O, et al. From anger to solidarity: the emotional echo-chamber of Gezi Park protests[J/OL]. Emotion, space and society, 2019, 33[2021-06-03]. https://doi.org/10.1016/j.emospa.2019.100632.

步发现，不同类型的情绪对回音室效应的作用是不同的。愤怒的人更有可能与观点相似和相反的人进行辩论，他们也更频繁地寻找能够证实自己观点的信息。而焦虑的人倾向于寻找与自己观点相矛盾的信息。因此，愤怒加强了网络空间中的回音室效应，而焦虑则起到了抵消作用[1]。

由此看来，由算法的过滤机制产生的"过滤气泡"与"信息茧房"为网络情绪的相互感染提供了绝佳的发生地，加之社交媒体对社会关系的重构，使得网络社会重回"部落化"，大大增加了情绪感染的机会。在"回音室效应"的影响下，情绪作为一种社会黏合剂，在网络舆论场域中起到关键的动员作用，致使情绪在一个个回音室中相互感染、不断强化。

二、内源性动力

在网络空间中，公众情绪之所以能够被"引爆"并实现大规模感染，除了外部的社会环境土壤和技术条件下的催化因素以外，舆情事件本身也起到了"点燃"公众情绪、诱发情绪感染的作用。在层出不穷的舆情事件中，由于一些事件本身的特殊性质，而非常容易触动公众的敏感神经，产生情绪共振，进而使得情绪在个体之间传播和扩散。

国内学者毛湛文曾采用定性比较分析（QCA）的方法探究了网络中舆情事件发酵的"议题因子"和"情感因子"[2]。研究发现，虽然情感逻辑相较于议题逻辑而言对舆情事件的传播具有更强的解释力，但议题逻辑仍然具有非常关键的作用。具体来看，议题逻辑下的影响路径主要有：①中小城市（农村）*[3]恪守规范*借题发挥，如招远血案、湖南瓜农被城管打死事件

---

[1] WOLLEBÆK D, KARLSEN R, STEEN-JOHNSEN K, et al. Anger, fear, and echo chambers: the emotional basis for online behavior[J/OL]. Social media+society, 2019, 5(2): 1-14[2021-06-03]. https://doi.org/10.1177/2056305119829859.

[2] 毛湛文.媒体事件传播的情感逻辑[D].北京：中国人民大学，2015.

[3] *是QCA方法中表示条件变量之间的并列关系的符号。

等,均发生于中小城市或农村,媒体报道没有明显失范现象,且报道内容拓展到事件相关的其他面向。②公共议题*积极回应,如茂名反PX事件、厦门公交车爆炸案等,这些事件的共同特征是事件本身是公共议题,相关责任方采取了积极回应的态度。尤其是涉及公共安全、环境保护、政治廉洁等主题的事件,尤其容易引发较高的关注度。

学者常松在其研究中将微博事件的属性要素[①],主要包括政府与政策、社会治安、言论事件,作为决定微博舆论和公众情绪互动的核心因素。其中,"涉政"事件是比例最大的微博舆论事件。从近年来的网络热点事件看,关于政府与政策、政府与官员的事件比较容易受到关注,尤其是政府执政不当和官员行为失范的"网络反腐"事件,更容易引发网民关注和情绪爆发。此外,事件指向中的被指向人的"反应态度"也是情绪爆发的核心因素。舆情事件中的被指向人如果积极、透明、公正地直面事件中的各种疑问,则会相应减弱公众情绪爆发的强度和广度。

总而言之,在网络空间中,网民情绪在外源性动力与内源性动力的共同影响下,经由社交媒体等多种渠道实现大规模传播和相互感染。具体来看,当下中国存在的网络底层意识与弱势心态、"中国式焦虑"、信任危机与信任异化、仇官仇富的群体怨恨等网络社会心态为网络情绪感染提供了土壤和先天条件;随着媒介技术的发展,"过滤气泡"与"信息茧房"为网络情绪感染提供了适合空间,加之社交媒体使得网络社会重回"部落化",群体情绪在一个个"回音室"中相互感染、不断强化。鉴于以上因素,在遇到某些特殊议题时,网民情绪便很容易被"点燃",从而迅速蔓延和扩散。

[①] 常松,等.微博舆论与公众情绪的互动 [M].北京:社会科学文献出版社,2018.

第四章
网络情绪动员研究

在网络空间中，个体情绪在表达的基础上通过社交媒体等通道实现相互感染和大规模传播，从而影响整个网络舆论场域，实现对社会公众的情绪动员。可以说，情绪动员是情绪表达和情绪感染所产生的社会影响和效果体现。对网络舆情事件中情绪动员现象的分析，有助于正确把握网络舆情事件中的情绪逻辑，有助于政府等相关管理部门适时介入舆情管理、有效开展情绪疏导、合理预防舆情"次生灾害"、提升政府网络治理成效。本章将重点关注网络空间中的情绪动员现象，从社会动员的概念入手，进而引入情绪动员的分析，总结和梳理网络情绪动员一般策略，从而在整体上勾勒出网络情绪动员的实现途径，为网络舆情管理和网络社会治理提供一定支持。

第一节　社会动员与情绪动员

19世纪到20世纪，频发的社会运动引发众多学者的思考与讨论，社会运动理论便在此背景下发展起来。虽然社会运动领域内学者的观点不同、视角各异，但他们普遍认为社会运动的产生是多种因素作用的结果，并且这些因素之间存在较固定的逻辑关系。其中斯梅尔塞（Smelser）的加值理论谈到六种决定社会运动的因素，它们分别为：结构性诱因，由社会结构衍生出来的怨恨、剥夺感或压迫感，一般化信念，触发社会运动的因素或事件，有效的社会动员，社会控制能力的下降[1]。而蒂利（Tilly）则认为，成功的集体行动是由运动参与者的利益驱动、运动参与者的组织能力、社会运动的动员能力、政治机会或威胁、社会运动群体所具有的力量这些因素共同决定的[2]。二位学者都将"社会动员"视为社会运动的重要构成部分。

"动员"意为"能动之员"或"出师准备"，最早应用于军事领域，指在战争发生时，国家发动和召集一切力量来发起战争的过程。1965年，美国政治学家艾森斯塔德（Eisenstadt）在《现代化：抗拒与变迁》中首次将"动员"引入社会学领域，提出"社会动员"一词，指传统社会向现代社会过渡中，旧习惯与旧传统遭到破坏和扬弃，新的信仰、思想和价值观念逐

---

[1]　SMELSER N J. Theory of collective behavior[M]. New York: Free Press, 1962.
[2]　TILLY C. From mobilization to revolution[M]. New York: Random House, 1978.

步确立并为人们所接受的过程①。完整的社会动员包含动员主体、客体、目标、手段与机制，是在政府力量引导下，有目的地促进客体形成认同，并使之共同参与到主体所期望的活动中的社会发起过程。社会动员包含政治动员、资源动员、网络动员以及情绪动员等多种形式。

情绪动员作为社会动员的下属分支之一，亦是发起的过程。相较于社会动员的行动导向，情绪动员更侧重于调动情绪，唤起、激发、改变人们对事物的认知、态度和评价②。虽然社会动员与情绪动员导向不同，但二者却一脉相承：社会成员往往在情动后才会转向行动，情绪动员对社会动员具有"铺垫效应"。在当今网络环境下，由于网民介入成本低、组织性弱，情绪的"火星"极易在网络上蔓延，演化成席卷网络的集体抗争行动。随之而来的群体极化、网络暴力等又构成了新的社会不安定因素。因而了解情绪动员的概念、内涵可为当下的社会治理、网络治理与情绪治理提供思路与借鉴。

一、社会动员研究对情绪认知的变化

在情绪动员的概念被确立之前，人们就已注意到情绪在社会运动中的作用。不过，有的研究者认为社会运动中的个体由情绪支配，是非理性的；而有的研究者则认为社会运动中的个体是清醒理智的，其行动不受或很少受情绪的支配。前者以勒庞（Le Bon）为首，后者以奥尔森（Olson）为代表。勒庞等认为社会运动参与者是被情绪牵制的，他们冲动、暴戾，一点暗示性信息就可以令他们失去理智，演变成暴民③。奥尔森则认为参加社会运动的群众是理性的，

---

① 艾森斯塔德.现代化：抗拒与变迁［M］.张旅平，沈原，陈育国，等译.北京：中国人民大学出版社，1988：57-58.
② 白淑英，肖本立.新浪微博中网民的情感动员［J］.兰州大学学报（社会科学版），2011，39（5）：60-68.
③ LE BON G, WIDENER A. Gustave Le Bon, the man and his works: a presentation with introduction［M］. Indianapolis, Indiana: Liberty Press, 1979.

他们参与其中并非仅是盲从，而是带有明确的期待和图谋、考虑与取舍。客观地讲，人始终是理性与非理性、理智与情感的统一体，特定时代框架下的社会运动则会侧重显现人理性或非理性、理智或情感中的一面，与此相应，围绕情绪在社会动员中作用的争论经历了"突显情绪""否定情绪""重拾情绪"三个阶段，情绪动员这一概念也在跌宕起伏中由社会动员的边缘逐渐走向中心位置。

（一）"突显情绪"阶段：19世纪90年代至20世纪50年代

在持非理性群体易受情绪驱使观点的学者中，法国思想家勒庞影响力最大。此外，布鲁默（Blumer）、特纳（Turner）、斯梅尔塞等亦倾向强调情绪在社会运动中的作用。

勒庞生活在法国的动荡年代（1841—1931），目睹了法国大革命后带来的暴动与骚乱，见证了一般民众是如何在聚众中失去理智的。这些所见所闻影响了其之后的思考，勒庞的理论核心"心智归一法则"所描述的就是理性、有教养、有文化的个体如何在聚集后变得冲动、偏执与激进[1]。与之类似，布鲁默也认为聚众中的个体是非理性的，他将聚众的形成视作符号互动的过程，并称之为"循环反应"。在他看来，"循环反应"分为三个阶段，分别是集体磨合、集体兴奋和社会感染。

继布鲁默之后，特纳提出集体行动的产生需要某种共同的心理，包括共同的意识形态和思想或愤恨。这种共同心理形成的关键是聚众中某个共同规范的产生。其中符号性事件或谣言是规范出现的关键。当这种符号性的事件和与之相伴的谣言遭到大众一致的反感时，聚众行动就会发生。因此特纳的理论也被称为突生规范理论[2]。20世纪上半叶，社会运动的讨论也

---

[1] LE BON G. The crowd: a study of the popular mind[M]. Atlanta: Cherokee Publishing Company, 1982.

[2] TURNER R H, KILLIAN L M. Collective behavior[M]. Hoboken: Prentice-Hall, 1987.

开始由社会心理视角向社会学视角迁移，在迁移过程中，斯梅尔塞提出的加值理论对后来的研究者产生了较大的影响。

（二）"否定情绪"阶段：20世纪50年代至20世纪90年代

勒庞等学者有关个体是容易被情绪驱使的非理性主体的假定，并未得到在"理性至上"社会环境中成长起来的后继研究学者的认同。这些后继研究者认为前人的非理性观点带有对当时社会运动的道德审视，不具有客观性。从20世纪50年代起，一方面社会运动多是以改良社会为目的的积极运动（如女权运动、民权运动、新左派运动等），另一方面社会的主要"言辞人"——大众媒体也始终坚持并标榜客观理性的价值观念，这些实践活动使学者更加笃信社会运动的主导力量是理性而非"非理性"。在此阶段衍生出的两大经典理论分别是资源动员理论与政治过程理论。

资源动员理论于1973年由麦肯锡（McCarthy）和左尔德（Zald）提出，他们认为社会运动发生的原因并不是社会矛盾加大或社会上人们所具有的相对剥夺感或怨恨感增加，而是社会上可供社会运动参与者利用的资源大大增加了，这些盈余的资源为社会成员提供了参与斗争的机会[1]。这种资源一方面是时间资源，另一方面是钱财资源。他们预测未来的社会动员会逐步走向专业化和资源动员[2]。

蒂利和麦克亚当（McAdam）等学者在克服资源动员理论不足的基础上，又提出了政治过程理论。蒂利认为社会运动最具贡献性的两大成果分别是政体模型和动员模型。政体模型把社会成员分为政体内成员与政体外成员。政体内成员可用常规、低成本的渠道对政府施加影响，但政体外成员却

---

[1] MCCARTHY J D, ZALD M N. The trend of social movements in America: professionalization and resource mobilization[M]. Morristown, NJ: General Learning Press, 1973.

[2] MCCARTHY J D, ZALD M N. Resource mobilization and social movements: a partial theory[J]. American journal of sociology, 1977, 82(6): 1212-1241.

由于受限于政治壁垒只能以很大的代价来换取政治参与机会。而动员模型则解释了集体行动产生与发展的原因。蒂利认为社会运动的动员能力由两大因素决定，一是社会运动成员所控制的生产因子，二是将这种生产因子转换为社会运动资源的能力[①]。相比于蒂利在大量社会运动和革命思考基础上建立的普遍模型，麦克亚当却仅希望通过动员模型解释一个具体的社会运动，即美国20世纪60年代黑人解放运动。在他的社会运动模型中，社会运动起始于宏大的社会经济过程，如战争、工业化、城市化、大规模人口变迁等。但是只有当这种变化危及现存的社会权力结构时，它才会对社会运动的发生和发展产生影响。社会变化所影响的两种现存社会权力结构分别是政治机会扩展和社会运动组织能力加强。这两种因素可能会带来认知解放，让人们眼里原来合法的东西变得不合法，合理的东西变得不合理，进而促成社会运动的发生[②]。

（三）"重拾情绪"阶段：20世纪90年代至今

20世纪90年代，受到文化分析和情感社会学出现的影响，贾斯珀、古德温、马库斯、卡斯特尔等人重新认识到情绪在社会抗争中的作用，提出情绪即使面对最理性的决策也很有力量[③]。他们发现，在社会运动的动员过程中，除了结构、过程外，参与者的喜悦、兴奋、悲伤、沮丧、羞愧和骄傲等情绪也扮演了重要角色，由此提出了情感管理、情感转化、情感控制等概念[④]。尤其是随着互联网技术的发展，偏感性的社交媒体逐渐在社会交

---

① TILLY C. From mobilization to revolution[M]. New York: Random House, 1978.
② MCADAM D. Political process and the development of Black Insurgency, 1930—1970[M]. Chicago: University of Chicago Press, 1999.
③ VAN STEKELENBURG J, KLANDERMANS B. Individuals in movements: a social psychology of contention[M/OL]//KLANDERMANS B, ROGGEBAND C. Handbook of social movements across disciplines. Boston: Springer, 2010: 157-204[2022-07-25]. https://doi.org/10.1007/978-0-387-70960-4_5.
④ 郭小安. 社会抗争中理性与情感的选择方式及动员效果：基于十年120起事件的统计分析（2007—2016）[J]. 国际新闻界，2017，39(11)：107-125.

往中占据显著位置。相对于颂扬理性、标榜事实真相、为公众提供共享视角的大众媒体，社交媒体强调个性，追求"千人千面"，将用户自身的感受体验抬到了一个较高的位置。在这种媒介形态感染下，互联网用户不再拘泥于传统观念所定义的真相，而是更加重视从事件中获得的情绪体验，在意由"喜欢"和"厌恶"情绪筛选过后重组的"真相"，由此引发的社会分裂和"后真相"问题再次将情绪推至显著位置。

研究者对社会运动中情绪作用的动态认知显示，社会运动中始终交织着理性与情绪的力量，不存在单边主导。讨论社会运动究竟是由理性还是情绪主导并无太大意义，更有价值的是发现社会运动在何种情境下易受理性支配，又在何种情境下会被情绪调动。情绪动员作为情绪主导情境下的社会动员形式也开始备受研究学者的青睐。

二、情绪动员的概念

目前有关社会运动的成果虽然数量繁多，但研究视角仍主要集中在宏观层面的定性研究和微观层面的技术分析，鲜有学者关注中观层面即群体性视角的动因及转换过程，从情绪结构和情绪动员这一视角切入的更是凤毛麟角[①]。现今关于情绪动员的概念较多引自情感社会学家霍赫希尔德提出的"情感整饬理论"。霍赫希尔德认为情绪是形象塑造、社会交往以及达成特定目的的手段。自霍赫希尔德提出此概念后，之后的概念大多以此为主体框架，再与具体情境匹配而提出。最早的本土概念起始于大革命时期（1919—1927）动员策略的讨论，在此讨论中，作为动员策略之一的情绪动员（文中为"情感动员"）被界定为共产党以诉苦、控诉为形式的社会动员

---

① 郭小安.网络抗争中谣言的情感动员：策略与剧目[J].国际新闻界，2013，35（12）：56-69.

方式[①]。千禧年之后，随着互联网的发展，利用情绪发起社会集体行动的现象高发于网络。人们不断通过情绪渲染营造声势，博取大众关注，赢得社会认同。"谁能在网络上制造出情感爆点来，谁就基本掌握了某一时段的话语主导权。"[②]于是，后来的学者就将情绪动员概念与其多发地——"网络环境"紧紧地嵌套在一起，衍生出网络情绪动员一词。网络情绪动员就是在网络中利用网络化的情绪表达方式，借助网民的同理心与正义感，达到改变事情发展进程目的的一种社会动员方式。

在相关研究中，虽然白淑英[③]、杨国斌[④]、郭小安[⑤]等学者使用"情感动员"一词，但本研究认为，当下网络热点事件中的动员者多是利用由即时讯息触发的瞬时情绪而非长久稳定、难以改变的情感，因此本研究更倾向使用"情绪动员"的概念。本部分接下来将聚焦当下网络情绪动员的主体、符号调用方式、内外因等方面，分析其背后的机理和影响机制。

三、网络情绪动员的主体

情绪动员主体指的是情绪动员的发起者。在网络中，情绪动员主体显示出多样性，既包括名人又涉及普通人，既包括社会地位高者，又涉及普通民众。但并非所有主体发起的情绪动员都能获得广泛的社会关注，掀起

---

① 林志友.大革命失败后中国共产党农民动员模式探析[J].河南师范大学学报（哲学社会科学版），2009，36(1)：193-196.
② 杨国斌.连线力：中国网民在行动[M].邓燕华，译.桂林：广西师范大学出版社，2013：65.
③ 白淑英，肖本立.新浪微博中网民的情感动员[J].兰州大学学报（社会科学版），2011，39(5)：60-68.
④ 杨国斌，邓燕华.多元互动条件下的网络公民行动[J].新闻春秋，2013(2)：4-16.
⑤ 郭小安，朱梦莹.网络民粹主义的话语特征及动员逻辑[J].天津行政学院学报，2015，17(2)：79-84.

舆论波澜。从当前来看，弱者、媒体发起的情绪动员较易受到关注，容易引发网络集体行动。

弱者之所以能成为情绪动员的主体，与中华民族"扶危济困"的道德传统有关。弱者作为弱势的一方，具有天然的"道德优势"，更容易收获大众的同情与怜悯。同时他们身上夹带的"创伤"与"悲痛"又自带爆点，更能戳中大众的"情绪神经"，唤起大众的同理心与为之鸣不平的行动动力。再加上弱者在媒体呈现中展示的悲愤、痛苦，对观者形成不断的刺激，能够令社会不同群体在正义感的驱使下为他们发声。因此美国社会学家斯科特也将情绪动员称为"弱者的武器"[①]。

至于媒体，它一方面是弱者情绪动员的助推者，为弱者提供发声渠道，并通过不断渲染弱者所遭遇的不幸与创伤来加深大众对弱者的关切与怜悯；另一方面媒体也是情绪动员的主导者，也常调用情绪来凝聚人心，达成共识，促成社会团结。而媒体的这种情绪动员优势与其掌握的资源和特长能力密不可分。首先，由于媒体拥有丰富的媒介资源而占据着话语高地，在传统媒体时期这一渠道优势尤为明显，在后新媒体时期虽有所削减，但也无可否认媒体账号作为"主流声音"仍在网络中具有很强的感召力和影响力。其次，媒体熟练掌握着丰富的情绪表达技巧，善于洞察用户心理，他们更懂得利用大众的"痛点""怒点"来唤起公众情绪，攻占用户心智，达到"一击即中"的情绪动员效果。在新冠肺炎疫情期间，以《人民日报》为代表的主流媒体账号曾发起多次"为疫区加油""共克时艰"的情绪动员，在抗击疫情、稳定局势中发挥了重要的作用。再次，除了传统媒体时期已形成强大影响力的传统媒体外，社交媒体圈层化传播的特点还赋予了更多私人媒体账号以情绪动员机会，他们同样可以通过调动其所处的垂直领域用户的情绪来达成他们的行动目标。如在"铁链女"事件中，一些社

---

① 斯科特.弱者的武器：农民反抗的日常形式[M].郑广怀，张敏，何江穗，译.南京：译林出版社，2011：1.

会知名人士就多次为"铁链女"发声,通过阐述"铁链女"背后的悲惨故事,促成了一场以解救"铁链女"为目标的集体行动,吸引了大量网友参与,最终帮助"铁链女"成功获救。

当下,网络情绪动员已变得越发常见,甚至表现出无情绪则无法推动网络动员的发展趋势。情绪动员频现于网络的深层原因,一是技术发展所带来的社会变化,二是由现阶段社会主要矛盾所引发的消极社会心态和中华民族传统文化中的侠义情结。前者为外因,后者为内因,内外因碰撞促成了网络情绪动员在现实社会环境中的发展与壮大。

四、网络情绪动员的内外因

近些年,随着网络中情绪动员现象的频繁发生,学者在分析、思考情绪动员内核的同时,更加注重探究情绪动员滥觞于网络的深层原因。

(一)外因:技术发展带来的社会变化

学者赵鼎新认为社会变化是运动发生的重要因素,它使原来在人们眼中合理的事物变得不合理,正常的事物变得不正常了[1]。诚如斯言,当今中国是一个高速发展的国家,亦是一个日新月异的国家。在众多变化中,互联网技术无疑是近些年影响社会运动最显著的外在变量。互联网技术所创就的传播环境在一定程度上改变了社会的政治格局[2]。具体体现在当下公共发言的低门槛性,"随便什么人对随便什么问题都可以随便地说些随便的

---

[1] 赵鼎新.社会与政治运动讲义[M].北京:社会科学文献出版社,2016:196-197.

[2] PETERS C, WITSCHGE T. From grand narratives of democracy to small expectations of participation[J]. Journalism practice, 2015, 9(1): 19-34.

话",公共领域呈现出了前所未有的多方主体、众说纷纭的局面[①]。在社会变化带来的新一轮话语权博弈中,情绪动员因在网络当中的优势成了双方斗争中的重要工具。

网络情绪动员之所以能够在网络情境中被凸显出来,与其低成本、见效快的优势是分不开的。由于网络是一个免费开放的公共平台,接入者可以低成本发声,在其上发布内容、公布信息。伴随着民众话语权增多,人们对民主社会便有了更多的想象、更高的要求,表现之一就是面对不公平、不正义的社会现象容忍度降低了。一旦有类似事件发生,人们就会有意识地将其公布于网络,期待能通过曝光引起相关部门重视,最后推动问题的解决。而为了能够获得社会关注的效果,情绪动员成为有效的处理手段之一。理性的信息容易被淹没在海量的内容里,但悲伤、愤怒的情绪却具有强烈的感染力,能迅速吸睛,在短时间内形成强大的传播力,达到动员者预期的轰动效果。

由此来看,网络技术的发展激发大众的话语权意识,催生了社会追求民主的思潮。网络情绪动员由于低成本、高效率的优势在这场全新的话语权争夺中凸显了出来,成为全新的斗争工具。但是当这种情绪动员的正反馈效应逐渐被放大时,社会也逐渐陷入"后真相"的怪圈,表现在动员者越发依赖于用情绪来营造声势,而动员对象也变得更在乎从事件中获得的情绪甚于真相,这导致了谣言的泛滥和社会冲突的愈演愈烈,加剧了舆论的非理性化和社会的割裂。

(二)内因:消极社会心态与侠义情结

互联网技术的发展虽然为动员者提供了行动机会,但大众的广泛参与才是促使情绪动员能够产生深远社会影响的底部结构力量。而大众对情绪

[①] 刘擎.共享视角的瓦解与后真相政治的困境[J].探索与争鸣,2017(4):24-26.

动员如此敏感，原因有二：一是由现阶段社会主要矛盾所引发的消极社会心态；二是潜藏于中华民族传统文化中的侠义情结。

党的十九大报告中明确提出，现阶段我国社会主要矛盾是人民日益增长的美好生活需要和不平衡不充分的发展之间的矛盾。网民中占主流的"三低"（低年龄、低文化、低收入）、"三多"（在校学生多、企业人员多、无业人员多）人群，恰恰又是此社会矛盾所引致的负面效应的承受者，由此促生的网民不满情绪很容易在网络上积压。[①]。待到网络事件被贴上对应的身份标签（如官一民、贫一富）时，身份认同意识促使网民迅速站队，共情心理诱出他们心底的消极情绪。消极情绪在相互感染中转化为"情绪急流"，致使舆论在短时间内到达高潮。

此外，正直勇敢、锄强扶弱、扶危济困的侠义情结是中华民族传统文化的一部分。在不涉及阶层间冲突的热点事件中，网民参与动员行动更多的是出于一种侠义情结。正如美国哲学家埃里克·霍弗在《狂热分子：码头工人哲学家的沉思录》中所说："热烈相信我们对别人负有神圣义务，往往是我们遇溺的'自我'攀住一艘流经的木筏的方法，我们看似伸手助人一臂之力，实则是在拯救自己。"[②]因而每当有弱者在网络中求助、哭诉时，人们就会为之仗义执言。再加上网络的匿名性为他们的正义行动提供了保护，他们便更加勇于在网络上抒情达意，表达自己的见解，来获得道德上的"满足感"。

网络技术的发展掀起了话语权争夺战，情绪动员因其低成本、高效率的优势演化为权力博弈中的重要工具。尤其是对于势单力薄的普通民众而言，哭诉和控告是他们能在网络中获得关注的重要渠道。另外，由现阶段

---

① 郭小安.网络抗争中谣言的情感动员：策略与剧目[J].国际新闻界，2013，35（12）：56-69.

② 霍弗.狂热分子：码头工人哲学家的沉思录[M].梁永安，译.桂林：广西师范大学出版社，2008：30.

社会主要矛盾所引发的消极社会心态和中华民族传统文化中的侠义情结使人们更勇于在网络中表达情绪，获得满足。但这种因情绪而起的社会集群也易因情绪而走向失控，尤其是当真相被蒙蔽在情绪下时，民众容易被误导进而产生一些过激行为，危害社会的和谐与安定。

五、结论与讨论

情绪动员作为社会动员的一种形式，在情绪对社会运动的影响被确定后逐步受到关注。人们对其概念、主体、方式、成因进行了深入的探讨并得出了一些重要结论。

情绪动员的概念原型主要来源于霍赫希尔德的"情感整饬理论"，并在此基础上结合具体的情境讨论。例如早期的大革命时期，情绪动员概念指的就是以诉苦、控诉为形式的社会动员方式。而后随着网络的发展，由于网络的技术特点与情绪动员的优势相适配，网络很快演化成了情绪动员的主要阵地，因此情绪动员的概念也就与之紧紧嵌套。目前广受认同的情绪动员概念是指在互动中，个体或群体通过情绪运作，以唤起、激发或者改变人们对事物的认知、态度和评价的过程。而后不同学者又不断充盈这一概念的具体内涵，包括利用谣言来构建情境、民粹主义的话语特点等。

在动员主体上，目前中国社会较为显著的是"弱者"与"媒体"。弱者由于天然的道德优势、悲惨的经历、痛苦的媒介呈现形象更能赢得大众同情与怜悯，获得广泛支持。而媒体则因丰厚的媒介资源、熟练的话语技巧和长期的用户心理洞察而同样具有强大的动员能力。

总的来看，情绪动员借助技术优势已变得越发重要。互联网开放性、圈层性、即时互动的特点拉近了动员者和被动员者之间的心理距离，令被动员者能更加理解动员者的际遇，与之共情。而低成本、匿名性的特点又大大降低了被动员者的参与成本，令他们更愿意为之声援、为之行动。同时，由现阶段社会主要矛盾所引发的消极社会心态又在网络环境的催化下变得更加激烈，中华民族传统文化中的侠义情结又助长了网络应援的道德合理性。在技术与社会的交织作用下，情绪动员最终演化成当今网络上常见的动员形式。但是，非理性的舆论环境对于稳定的社会环境始终是一种威胁，情绪的难以调控使群体极化、网络暴力、"后真相"等问题暴露。于是，如何将情绪力量限制在可控范围内，从情绪动员走向情绪治理义将成为下一个重要议题。

第二节　网络情绪动员的一般策略

情绪动员策略大体上指通过某种方式使人们调动情绪并达成情绪的共鸣。一方面，网络情绪动员策略需关注情绪是如何被调动的，以及如何通过人与人之间的共情引发情绪体验，具体而言则包括悲情、怀疑、愤怒、恐惧和戏谑等策略。另一方面，在情绪调动的基础上，通过文字、图片、音视频等多种媒介形态的综合展现、感官化和符号化叙事策略的运用以及群体认同的建立和对新媒体空间特征的把握，推动网络情绪动员。

一、造势：调动情绪引共鸣

随着媒介数字化进程的不断推进，社会微粒化特征也变得越发明显。微粒社会为克里斯多夫·库克里克提出的概念，意指数字化对人们及社会进行的高度精细化解析[1]。在微粒社会中，数据、算法等打造的个人画像放大了个体之间的差异，人们很难找到具有相同客观属性的连接对象，因而共情或者说情绪共振就成为新的"抱团"方式[2]。因此，在微粒社会中，情

---

[1] 库克里克.微粒社会：数字化时代的社会模式［M］.黄昆，夏柯，译.北京：中信出版社，2018：1-16.
[2] 程思琪，喻国明.情感体验：一种促进媒体消费的新动力——试论过剩传播时代的新传播范式［J］.编辑之友，2020（5）：32-37，63.

绪成为连接个体的独特渠道，情绪共振为人们带来了新鲜的情绪体验，也成为网络情绪动员的基础。总的来看，网络中情绪的动员以负面情绪为主，包括悲情、怀疑、愤怒、恐惧等，而戏谑则以某种诙谐、自嘲等喜剧性元素为人们的情绪调动做出了贡献。需要强调的是，对情绪的调动往往伴随着负面因素。在网络情绪动员时，需注意与悲情情绪伴随的网络民粹主义趋势、与怀疑情绪伴随的刻板印象趋势、与愤怒情绪伴随的舆论审判趋势、与恐惧情绪伴随的谣言传播趋势，以及与戏谑情绪伴随的娱乐至死趋势。

（一）悲情策略：通过情境渲染和形象塑造突出悲剧色彩

当网络舆论的主体呈现出某种悲剧形象时，悲情情绪的调动就成为网络情绪动员的基础。以悲情情绪为主导的舆论事件多涉及弱势群体、社会不公等。此类事件能够轻易触发人们的善良、同情或怜悯心理。正如《孟子》中所写："人性之善也，犹水之就下也。"面对悲剧事件，人们的第一反应通常是同情弱者，并为弱者提供金钱、物资等物质上的帮助，以及话语声援等非物质上的支持，而后者正是网络舆论环境下情绪动员的一种表现。

就其作用机制而言，悲情情绪的调动源于社会"关爱弱者"的道德规范。也就是说，在社会发展过程中，无论古今，弱势群体往往是需要国家格外关注的，例如政策扶持、税收减免、福利补贴等。长此以往，社会逐渐形成了一种约定俗成的道德规范，即对弱者的倾斜和关照。因此，当悲剧事件发生时，悲剧主体作为弱势的一方能够激发大众的同情心理，其所面对的苦难境遇"触及人们的道德底线，使网民感到必须发出他们的声音"[①]。

从悲剧事件的性质来看，可分为两类：一是自然发生，即不存在人为主观参与的事件，如地震、台风等自然灾害；二是人为导致的悲剧事件，

---

① 杨国斌.悲情与戏谑：网络事件中的情感动员[J].传播与社会学刊，2009（9）：39-66.

如暴力袭击等。从主体的角度来说，悲剧事件的主体既可以是单一的个人，也可以是包含农民工、残障人士等在内的社会弱势群体。因此，当悲剧事件为自然灾害等自然发生的事件时，情绪的动员通常是通过对自然灾害所造成的社会、经济损失等进行情境渲染，激发人们的悲情情绪；而当悲剧事件是人为导致的事件时，对事件主体悲剧身份的塑造则成为情绪动员的重点。可以说，悲情策略下的情境渲染和形象建构是一面"放大镜"，不仅突出了事件造成的悲剧后果、事件主体面临的悲惨境遇等，还能够在很大程度上博取网民的关注，调动其产生同情心理。而在互联网环境中，信息的快速传播也伴随着情绪的流动，网民的同情心理能够超越时空限制，实现同频共振，从而达成情绪的动员。

值得注意的是，无论主体为何，当悲剧事件是人为导致时，相对弱势的一方很容易引发大众对相对强势一方的谴责，并带来网络民粹主义的隐患。在当今的网络场域中，悲情策略下的情绪动员并不少见，需注意规避网络民粹主义的潜在影响。

（二）怀疑策略：思维定式引导下的群体共识

在网络舆情中，怀疑情绪主要指网民在对待舆情事件时，通常会质疑某些特定群体的倾向。例如，在一些涉及政府官员的新闻中，网民根据自身经验或社会认知等，常常将事件与政府不作为、官员贪污腐败联系起来；而面对与师生关系相关的舆情事件时，则惯于将教师归为错误的一方……怀疑情绪的产生往往并非经过有意调动，而是大众自发形成的思维定式。近年来，一些社会事件的报道使得特定群体的形象逐渐与一些负面标签"绑定"。对特定群体的标签化认知进一步导致了网民面对舆情事件时，习惯性地质疑特定群体。

当社会与媒介潜移默化地"培养"了人们负面的"固定成见"后，怀疑就成为共识。因此，在网络舆情事件中，通过怀疑策略进行情绪造势，其着力点在于引导公众形成思维定式，在思维定式的作用下，人们更易产生相似的观点，从而在意见一致的基础上形成情绪共鸣。怀疑策略能够显著地调动社会的负面情绪，获取社会支持，在网络情绪动员中发挥了积极的作用。当然，这种怀疑是人们对某些群体的刻板印象，其不仅不利于网民正确、全面地看待舆情事件，还将带来对特定群体的污名化认识。例如，在"逢官必疑"的趋势下，人们对政府的不信任感日渐增强，导致政府的公信力受到了相当程度的损害。因此，经由怀疑情绪推动的情绪动员需在合理的范畴内进行。

（三）愤怒策略：强调社会秩序与塑造对立形象

愤怒是人的一种基本情绪。在网络舆情事件中，运用愤怒策略进行情绪动员通常伴随着社会秩序的强调和对立形象的塑造，以此呼唤公民正义感的产生。强调社会秩序指突出说明舆情事件对社会造成的恶劣影响，以及事件主体对社会法律规范、道德准则的漠视与践踏。这是因为，现代社会的目标是追求发展，而现代公民的行为需符合道德与法律的双重规范。如若某些损害社会利益、违背道德和法律的事件发生，并经过媒体曝光后，网民认为这些事件阻碍了自身和社会的发展，往往产生愤怒情绪。这种愤怒情绪驱使着人们呼吁维护社会公平正义，并进一步形成群体共鸣，引发情绪动员。塑造对立形象则指当舆情事件存在两方主体时，着重强调二者之间的矛盾和对立，并突出一方的强势和另一方的弱势，或突出一方的施暴者形象与另一方的受害者形象，以此来撩拨网民的神经。当前，中国社会的六大关系：官民关系、警民关系、医患关系、贫富关系、城乡关系和劳资关系已经成为最主要的矛盾关系[①]。因此，当网络事件涉及上述群体的

---

① 杜忠锋，郭子钰.微博舆情中情感选择与社会动员方式的内在逻辑：基于"山东于欢案"的个案分析[J].现代传播（中国传媒大学学报），2019，41（8）：20-24，29.

矛盾时，往往能够激发人们的愤怒情绪并实现情绪动员。

社会心理学的群体愤怒理论（ground-based anger）指出，基于群体身份的、普遍的愤怒情绪的形成，更容易诱发群体成员采取激进形式进行行动[1]。在网络空间中，愤怒情绪同样影响着人们的行动。相关研究显示，相比于悲伤情绪和焦虑情绪，愤怒情绪更容易引起网络群体极化[2]。由此可见，无论是现实世界还是网络空间，愤怒对群体的态度形成和行为表现都有着重要的影响。因此，愤怒作用下的情绪动员通常伴随着攻击性舆论和对抗性行为。也就是说，与悲情和怀疑相比，网民的愤怒情绪使其无论在言论还是行为上都表现出更加激烈的特点。于前者而言，网民话语表达的非理性因素更强，有些还伴随着侮辱和谩骂；对后者来说，网民做出评论、转发等行为的频率更高，甚至将产生网络暴力或线下集群行为。以愤怒为导火索的情绪动员还易引发另一种社会现象，即舆论审判。所谓舆论审判，指的是社会、新闻舆论超越司法程序，从而对司法独立和公正产生干预和影响的现象[3]。然而，舆论审判只是人们"想象的征服"[4]，其在扰乱正常司法程序的情况下，也并未实现真正的公平和正义。在愤怒情绪引发的情绪动员下，需警惕舆论审判所带来的不良后果。

（四）恐惧策略：事实与想象性威胁激发恐惧情绪

恐惧诉求同样是网络情绪动员中的常见策略。张中全、高红玲的研究

---

[1] RYDELL R J, MACKIE D M, MAITNER A T, et al. Arousal, processing, and risk taking: consequences of intergroup anger[J]. Personality and social psychology bulletin, 2008, 34(8): 1141-1152.

[2] 龚艳萍, 马艳玲. 不同情绪对网络群体极化影响的实证研究: 基于VAR模型[J]. 商业经济研究, 2017(24): 39-41.

[3] 彭艳军. "舆论审判"与司法独立性[J]. 法制博览（中旬刊）, 2012(6): 142-143.

[4] 王建民. 想象的征服: 网络民意背后的社会结构[J]. 社会学家茶座, 2011(4): 28-30.

表明，高风险引发的恐惧情绪会抑制理性、引发狂热，从而导致恐慌情绪的快速传播[1]。利用恐惧心理调动人们的情绪，甚至引发群体行为的例子并非仅存在于互联网时代。早在20世纪初期，恐惧对人们的情绪动员就可窥见一斑。1938年，美国哥伦比亚广播公司播放的"火星人入侵地球"成功地调动了人们的恐慌心理，成千上万的听众打电话给广播站、警察局咨询，不少民众甚至逃离家园、寻求避难所……在当今时代，尽管人们获取信息的渠道大大增加，但对陌生、不确定事件的本能恐惧依然存在，并能够被轻易动员。这是因为，"恐惧的特点就是一旦被引发，就会比另外任何的本能更容易使其他心理活动立刻停止，更易于把注意力牢牢固定在一个物体上"[2]。也就是说，产生恐惧是人们的本能，而恐惧的对象通常与人们的切身利益相关，其能够最大限度地唤起人们的注意力，从而达到情绪动员的效果。

恐惧情绪的动员主要依赖于"威胁——受众——恐惧——转发"的链式机制[3]。因此，作为源头的威胁内容是否使网民产生危机感或不安全感，是利用恐惧策略实现情绪动员的关键。威胁内容分为两类，一是事实性威胁内容，即在事实上存在对人们产生威胁的可能性，如传染疾病、自然灾害等；二是想象性威胁内容，即某些威胁可能并不存在、发生概率较低或无法对人们产生实质伤害，但人们想象威胁确实存在并产生情绪波动，甚至有付诸行动的可能性。想象性威胁主要通过新闻媒体或公众舆论等发挥作用。需要指出的是，人们在极端恐慌的情况下，其狂热与非理性态度也为谣言的传播创造了条件。因此，明确信源与信息的真实性，是利用恐惧

---

[1] 张中全，高红玲.恐慌传播的自组织临界模型研究[J].国际关系学院学报，2009(6)：49-54.

[2] 麦独孤.社会心理学导论[M].俞国良，雷雳，张登印，译.北京：北京大学出版社，2010：11.

[3] 汤景泰.情感动员与话语协同：新媒体事件中的行动逻辑[J].探索与争鸣，2016(11)：49-52.

情绪进行网络情绪动员的关键。

（五）戏谑策略：以喜剧化的表达形式实现全民狂欢

互联网的发展促进了信息表达的平权化，其赋予了网民"人人皆传者"的自由。因此，在网络场域中，"官方话语""官方议题"往往被口口相传的"民间话语"解构[①]。与前者相比，后者通常采用反讽、自嘲等形式，表现出戏谑的情绪特征。

利用戏谑策略进行网络情绪动员，关键在于以喜剧色彩实现全民狂欢，即通过喜剧方式作用下的"全民性"和"狂欢性"完成情绪调动。一方面，自嘲、反讽等诙谐幽默的表达是一种较浅层的叙述，能够以"全民性"特征动员戏谑情绪。根据中国互联网络信息中心（CNNIC）发布的第49次《中国互联网络发展状况统计报告》，截至2021年12月，我国网民规模达10.32亿[②]。庞大的网民规模伴随着其受教育程度、知识水平等的参差不齐。因此，相较于官方话语，更加通俗易懂的喜剧化表达使得大范围的情绪动员成为可能。另一方面，喜剧化的表达形式切中了网民使用互联网放松休闲的目的，因而其"狂欢性"也具有较强的情绪特征。伴随着现代人生活压力的与日俱增，互联网成为人们在闲暇时刻放松娱乐的主要场所。戏谑的表达方式无疑具有娱乐性质，如利用贴标签、制造表情包、网络流行语等形式进行情绪调动，其解构了严肃、复杂的社会现象，以一种轻松诙谐的方式实现传播，因而能够迅速引起人们的讨论和共鸣。总之，喜剧化的表达形式不仅提高了网民面对舆情事件的参与度，其轻松和幽默的色彩还舒缓了人们生活中的压力，是利用戏谑策略进行情绪动员的关键。

---

① 喻国明，马慧.互联网时代的新权力范式："关系赋权"——"连接一切"场景下的社会关系的重组与权力格局的变迁［J］.国际新闻界，2016，38（10）：6-27.
② 中国互联网络信息中心.第49次《中国互联网络发展状况统计报告》［R/OL］.（2022-02-25）［2022-07-23］.http://www.cnnic.net.cn/hlwfzyj/hlwxzbg/hlwtjbg/202202/t20220225_71727.htm.

戏谑情绪的表达通常还伴随着抗争，这种抗争并非以显而易见或线下集群的方式体现，而是潜在的话语对抗。也就是说，在网络舆论事件中，网民自嘲、讽刺等的话语输出，在某种程度上是对精英话语的挑战。例如，最近流行的"打工人"一词，看似是人们对于自身疲于工作、身不由己的自嘲，其实暗含了对领导者，甚至越发不合理的工作机制的嘲讽和抗争。当然，戏谑所具有的娱乐化倾向不免引发"娱乐至死"的担忧，这一隐患同样值得我们警惕。

二、提供动力：运用传播手段营造舆论环境

在调动了人们情绪的基础上，传播手段的运用能够为网络事件提供舆论环境，实现网络情绪动员。首先，在互联网语境下，文字、图片、音视频等多种媒介形态的展现能够较全面地展现舆情事件，调动网民情绪；其次，感官化的叙事策略所带来的表层归因，以及符号化的叙事策略所带来的外向型宏观归因将触及网民的感性情绪，实现情绪动员；再次，通过身份边界形成群体认同，并在群体规范、群体压力和仪式性活动的作用下凝聚共识，有利于个体情绪的唤起和群体情绪的调动；最后，在把握新媒体开放性以及权力生产和运作空间特征的基础上，一个观点与情绪裹挟的舆论场得以形成，进一步催生了网络情绪动员的力量。

（一）利用多种媒介形态全面展现舆论事件，调动网民情绪

从早期人类文明诞生时的口语、文字，到近现代以来的图像、视频，随着媒介形态的变迁，传播的手段和效果也在发生着变化。放眼当下，互联网所具有的"融媒体"甚至"全媒体"特征，能够带来文字、图片、音视频等各媒介形态的"全景式"展现，因而也成为网络情绪动员的关键策略之一。

1. 文字情绪动员

文字作为最常见的网络符号，承担着重要的情绪动员功能。已有学者总结出文字动员情绪的如下几种方式。

首先是隐喻话语的使用，运用共享文化符号诱发情绪生成。共享性文化是人们在社会化过程中不断习得的情绪话语、情绪信念和情绪规则。透过共享性的情绪文化话语，个体能将过往的情绪经验投射到网络事件中，实现共情①。

其次是范例话语的建构，通过叠加语境来持续提升情绪热度。一个事件的情绪能量是有限的，但通过多个类似事件的累加却可发挥叠加效应，达到情绪震撼效果②。

再次是设计标语话语，创建"集体哀悼"和"集体祈愿"的情绪仪式。口号是情绪主题的凝练，因简洁明快而更易形成记忆点，更容易被分享。在"围观即是力量"的舆论环境中，简洁的标语能获得更多人参与分享，形成更大的动员声浪③。

最后是叙述话语的拟定，挖掘"亲密关系"和"社会关怀"的情绪叙事。故事能够令人们创造性地思考自己与他人的经历，使人们能够解释并理解生活中的细节，从而使私人经历转化为共享现实。丰富饱满的情绪叙事更能令人理解他人的处境与感受，产生认同与共鸣，进而获得回应与支持④。

2. 图片情绪动员

图片也是网络情绪动员所依赖的主要媒介形态之一。以表情包为例，

---

① 白淑英，王丽敏.网络新媒体报道中的情感动员：以四川木里火灾报道为例[J].哈尔滨工业大学学报（社会科学版），2020，22（2）：48-55.
② 白淑英，王丽敏.网络新媒体报道中的情感动员：以四川木里火灾报道为例[J].哈尔滨工业大学学报（社会科学版），2020，22（2）：48-55.
③ 白淑英，王丽敏.网络新媒体报道中的情感动员：以四川木里火灾报道为例[J].哈尔滨工业大学学报（社会科学版），2020，22（2）：48-55.
④ 白淑英，王丽敏.网络新媒体报道中的情感动员：以四川木里火灾报道为例[J].哈尔滨工业大学学报（社会科学版），2020，22（2）：48-55.

它再现了人的表情、动作及姿态,能够唤起人的情绪。一方面,其虽然体量较小,往往仅为有限的图像,但却蕴含着比图像更丰富或深层的含义,因而传播效果较好,能够引起人们的广泛共鸣;另一方面,表情包的制作门槛较低,网民在表情包创作与传播的过程中参与度更高,较易形成群体狂欢的景象。由此看来,无论是广泛共鸣还是群体狂欢,表情包都构成了网络情绪动员的关键要素。

在图片的动员方式与策略上,王雪晔认为图像具有包括行为、道具、场景、颜色、标语在内的五种框架,建构了情绪动员实践中悲情和戏谑两种主要情绪,涉及隐喻、符号、语境、象征等多种视觉修辞分析视角[①]。有学者通过研究发现了图像的四种具体情绪动员机制[②]。第一是语言的锚固。图像本身具有多义性,为了令图像唤起的情绪链接到具体的事件,图像设置者往往会通过添加语言来锚固图像意义,使观者的情绪能找到特定的"落脚点"。第二是刺点和展面的对比。由于人们的注意具有选择性的特点,因此会关注某些方面而忽视其他方面。针对这一特点,动员者会通过图像中某个元素的刺点与整个图像或事件发生现场背景的展面进行对比,从而构成一种认知的不协调来刺激公众的情绪,引发舆论的产生。第三是意象的生产与建构。为了唤起观者的情绪,文本生产者一方面会利用元素、色彩的搭配,元素的组合、形式的构造来唤起人们的情绪;另一方面则会建构能对观者构成情绪刺激的"修辞意象"。这种建构涉及两种手段:一种是通过与图像文本频繁接触熟悉后,形成稳定的印象;另一种是寻找已沉淀在观者认知中的文化意象。第四是原型的征用与激活。为了实现情绪的共享与价值的认同,动员者还需挖掘稳定的、持续的、根深蒂固的文化原

---

① 王雪晔.图像与情感:情感动员实践中的图像框架及其视觉修辞分析[J].南京社会科学,2019(5):121-127.
② 刘庆,何飞.网络舆论中图像的情感动员机制研究[J].西南民族大学学报(人文社会科学版),2021,42(11):162-168.

型力量,利用神话的言说方式,征用文化体系中的原型来参与舆论的建构,把某一事件上升到元语言的阐释旋涡中[1]。

3. 音视频情绪动员

音视频在网络情绪动员中的使用频率也较高。这不仅是由于其相比于文字等接受门槛更低,且其多样化的形式和突出的风格特征能够为网民带来新奇的体验。其中,短视频的运用在网络情绪动员中扮演着重要角色。短视频是产生于移动互联网时代的媒介新形态,具有移动、轻量、碎片等特点。基于此,短视频弥补了文字、图片等媒介形态"在场感"不足等问题,并较好地契合了网民移动端的碎片化使用趋势,为人们提供了"无所不在""无时不有"的临场感,因而能够较好地调动人们的情绪。除此之外,短视频对人们视觉、听觉等感官的直观刺激也为情绪的动员提供了条件。

在对视频的情绪动员进行分析时,学者通常会引征柯林斯的互动仪式链理论,借鉴理论中的分析框架来阐释视频如何进行情绪动员[2]。比如,有学者在分析抖音短视频中的情绪动员时总结了短视频满足情绪仪式的条件:从线下到线上构成了群体身体在场的际遇,从点赞到模仿实现了兴趣的聚焦,从使用到社交又确立了观看中的互动形式。最终观者在互动仪式的准入门槛中收获了共同身份,在垂直内容里实现了兴趣认同,在音乐的瞬间渲染下产生了情绪的共振[3]。也有学者通过对疫情时期短视频的分析总结出短视频三种具体的情绪动员操作[4]。首先是利用故事框架将受众深度卷入。短视频超越文字、图片或音乐的单维表征,具有天然讲述非虚构故事

---

[1] 刘庆,何飞.网络舆论中图像的情感动员机制研究[J].西南民族大学学报(人文社会科学版),2021,42(11):162-168.

[2] 柯林斯.互动仪式链[M].林聚任,王鹏,宋丽君,译.北京:商务印书馆,2012:24.

[3] 李菁.抖音短视频传播中的互动仪式与情感动员[J].新闻与写作,2019(7):86-89.

[4] 李娜,曹茹.突发公共卫生事件中短视频的情感动员机理研究[J].新闻与传播评论,2021,74(6):81-91.

的时空技术优势，能展现故事始末和跌宕情节，给人类趋近认知思维的理解渠道；写实式白描也凭借着接近性无障碍式地激发受众共情；社交互动则为故事的深度解读和情节后延提供了创作空间。其次是符号框架的区隔与唤醒。短视频符号框架按照是否为主流价值对人物行动进行了有效划分，符合主流价值的受到点赞评议，相悖的行为则被鄙视和批判。最后是仪式框架中的情绪增强与认同。短视频通过重复、聚合、勾连、叠加的仪式整合手段，为社会共同情绪的表达和传播提供载体和助力，通过集体兴奋增强情绪能量，引发全民凝视，开辟"创造信仰——引发共情——传达秩序——趋向认同——构建共同体"的渠道。

当然，网络情绪动员对文字、图片、音视频等的运用并不是单一的，而是将上述媒介形态有机结合，进行全方位、立体化的呈现。多种媒介形态的结合丰富了网络舆情事件的传播内容，提高了传播效率。在网民规模上，其影响范围更广，在网民情绪体验上，其作用程度更深。总的来说，媒介形态的结合运用对情绪调动有着较好的效果，是一种重要的情绪动员策略。

（二）通过叙事策略引发归因效果，唤醒网民情绪

归因是源于格式塔心理学的一种认知加工过程，它不仅是人们自然的心理机制，也是一种关键的情绪唤醒机制[①]。因此，当网民面对未知的舆论事件时，往往通过归因机制推断事件发生的因果关系，并进一步唤醒情绪。叙事策略通常指围绕舆论事件产生的新闻报道等所采用的语法措辞、叙述方式等微观话语结构，以及叙事主体、文章主题等宏观报道结构。新闻报道的叙事策略类似于"框架效果"，与后者相比，前者更关注新闻生产的结果，即生产出的信息本身，而无论如何，二者均强调不同的叙事策略或框架对受众认知差异的影响。例如，艾英戈的研究指出，新闻报道采用故

---

① 洪杰文，朱若谷.新闻归因策略与公众情感唤醒：当代热点舆论事件的情感主义路径[J].武汉大学学报（人文科学版），2016，69(4)：120-129.

事框架（episodic）容易导致受众将问题归因于具体的个人，采用主题框架（thematic）则导致受众将问题归因于国家或社会，也就是说，媒体对事件的叙述框架影响了受众对事件责任的认知[1]。这是因为，人为了追求判断过程的简单化，一般依赖更容易想到的事情来归因，却很少考量全部因素[2]。因此，在网络舆论事件中，信息表述的叙事策略所引发的归因效果，将引导公众产生某种特定的认知倾向，而人们的认知与情绪往往相伴而生，在此基础上就得以实现网民情绪的动员。

进一步来说，不同叙事策略影响下的归因效果具体可分为两类：一是感官化叙事引导的表层归因，二是符号化叙事引导的外向型宏观归因。感官化的叙事策略所引导的表层归因，在网络舆情事件中有着较普遍的体现。感官化报道指能够较大程度地带给人们感官刺激和情绪反应的叙述方式，包括通过感性的文字、具有视觉冲击力的图片或影像等进行渲染，采用故事化的方式突出"临场感""冲突感"等[3]。由于这种叙事策略聚焦于人们的感官，对舆论事件进行浅层、片面的呈现，因此易导致网民产生表层归因倾向。表层归因是一种对事件的简单化推断，能够在很大程度上消除网民之间的意见分歧，形成态度的统一，而态度的统一则为网民的情绪动员奠定了基础。此外，在表层归因的作用下，人们的思想往往无法经历深度的沉淀，此时，理性的力量被削弱，而感性因素则占据上风，其进一步促进了网络情绪的动员。

另一种常见的叙事策略为符号化叙事，其指的是对具体事件进行符号

---

[1] IYENGAR S. Framing responsibility for political issues: the case of poverty[J]. Political behavior, 1990, 12(1): 19-40.

[2] 刘海龙. 大众传播理论：范式与流派[M]. 北京：中国人民大学出版社，2008：233.

[3] GRABE M E, ZHOU S, BARNETT B. Explicating sensationalism in television news: content and the bells and whistles of form[J]. Journal of broadcasting and electronic media, 2001, 45(4): 635-655.

化和抽象化表述。在涉及舆情事件的新闻报道中，符号化叙事通常表现为弱化个体因素和放大社会因素，并将偶然事实抽象化为必然性社会事实。举例来说，在一些民告官的事件上，媒体对民众和官员的报道在一定程度上体现了符号化的特征。在新闻报道中，民众被抽象化为"弱势群体""社会底层"中的一员，而官员则成为"强势群体""权力"的代言人，即个体和具体因素被抽离，宏观、抽象的因素则被强调。因此，在符号化的叙事下，民与官的对立就不仅仅是个体之间的对立，而是上升至群体乃至阶层之间的对立。当然，符号化叙事并不仅体现在民告官事件中，无论舆情事件是什么，这种叙事策略都能够使个案与更宏观的社会现象相联系。也就是说，由于符号化语言和抽象化叙事的运用，某些个案被放置于宏观社会环境或社会文化结构层面考量，因而网民较易以外向型宏观归因策略看待舆情事件。在该策略的影响下，人们往往将微观的、具体的事件与更宏观、更复杂的社会现象相联系，如贫富差距、社会不公等，而这些宏观的社会现象更容易引起网民的关注，并进一步调动人们的情绪。正如特纳所言，越宏观的归因，人们的情绪反应越强烈[1]。这是由于宏观社会现象具有普遍性和争议性，且通常涉及更广泛群众的利益，因此与之相联系的归因倾向能够引发大规模的讨论并引起共鸣。在此基础上，情绪伴随着观点的发表和交锋不断流通，为网络情绪动员提供了契机。

（三）利用群体认同凝聚共识，促进情绪动员

社会认同理论认为，个体会自动地将人进行社会分类（social categorization）并明确自己所属的群体，以所属群体身份定义自我[2]。在互联网中，这种认

---

[1] 特纳.人类情感：社会学的理论[M].孙俊才，文军，译.北京：东方出版社，2009：135-154.

[2] TAJFEL H, TURNER J. An integrative theory of intergroup conflict[M]//AUSTIN W G, WORCHEL S. The social psychology of intergroup relations. Monterey. CA: Brooks/Cole, 1979: 33-37.

同同样存在，且更容易实现。首先，从技术层面而言，在web2.0时代，互联网呈现出个人门户式的网状传播结构，网状传播以每个独立的个人为节点，而人与人之间则能够实现快速的连接。基于此，人们能够更加轻易地感知他人的态度，并对他人进行社会分类。其次，从文化角度来说，网络发展所伴随的粉丝文化、二次元文化等亚文化的兴起，使基于兴趣爱好等形成的群体认同更加普遍；最后，从社会层面而言，人们在现实社会中的人际关系往往在网络空间中也有所体现，因而影响其在互联网中的群体归属和认同。

群体认同的形成为网络情绪动员提供了强大的动力。相关研究指出，群体认同对群体情绪有着重要的影响[1]。而群体认同之所以能够强化群体情绪，是因为它提供了针对某一事件而产生的群体分享基础，从而提高了群体成员情绪体验的趋同性[2]。此外，群际情绪理论指出，当社会分类与群体认同出现时，将产生指向内群体和外群体的群体情绪。也就是说，群体成员通过对内群体和外群体的感知，将对内群体产生更多的积极情绪，而对外群体产生群际敌对、群际厌恶等消极情绪[3]。由此可见，在群体认同的基础上，人们不仅容易根据自身的群体成员身份产生特定的情绪反应，这种情绪反应还能够通过群体内的趋同性达成同频共振，强化集体团结，促进情绪动员。

那么，基于互联网的群体认同如何得以实现？其一，群体认同依赖于群体的产生，而网络群体则是人们在相同或相近的关注焦点以及对局外人

---

[1] SMITH E R. Social identity and social emotions: toward new conceptualizations of prejudice[M]//MACKIE D M, HAMILTON D L. Affect cognition & stereotyping: interactive processes in group perception. San Diego: Academic Press, 1993: 297-315.

[2] 殷融，张菲菲.群体认同在集群行为中的作用机制[J].心理科学进展，2015，23(9): 1637-1646.

[3] 刘峰，佐斌.群际情绪理论及其研究[J].心理科学进展，2010，18(6): 940-947.

的排斥下产生的，即群体内部成员与群体外有着明确的身份边界，他们在网络中形成了"想象的共同体"。其二，在群体产生的基础上，逐渐形成的群体规范和群体压力为群体认同提供保障。值得注意的是，群体规范和群体压力可以有很多表现形式，但其最终的作用方式则更多地表现在意见层面，即群体内部的意见环境影响了人们的态度和观点，从而进一步形成群体共识。其三，仪式性活动能够不断增强群体的凝聚力。在网络空间中，仪式性活动包括网络投票、弹幕刷屏等，通过仪式性活动，群体成员之间形成了更加紧密的联系。总之，在网络情绪动员中，利用身份边界形成"想象的共同体"，并在群体认同的基础上凝聚共识，也是较为常见的情绪动员策略之一。

（四）利用新媒体的空间特征，为情绪动员创造条件

当今的媒介体系实际上构成了一个海量信息流通并为人们提供丰富媒介体验的空间，它深刻地介入、影响着人们的日常生活。网络空间不仅是开放性的空间，也是权力运作和生产的空间。通过对新媒体空间特征的把握，可以有效地构建舆论场域，从而为网络情绪动员创造条件。

首先，互联网空间是一种开放性的空间。其一，由于互联网的准入门槛较低，其用户数量庞大，且人人均有发表观点的权利，在客观上为网络的大规模情绪动员提供了基础。其二，如果说现实中的情绪动员尚且依赖于物理空间内的群体聚集，新媒体对时间和空间的超越则能够通过"虚拟在场"的方式营造舆论场。也就是说，新媒体为网民提供了更加便捷的讨论空间，如微信群聊、微博超话、豆瓣小组等。在这些空间中，人们能够随时随地发表观点，舆情民意不断产生。当然，舆论场中意见的碰撞也会伴随着情绪流通。其三，新媒体空间的开放性所伴随的匿名性，使得互联网中的话语表达相较于现实空间更加充分、直接。如果说人们在现实空间中的观点发表尚且受到社会规范和自身社会角色限制的话，网民在新媒体

中的意见表达则摆脱了一定的束缚，往往具有较浓的感情色彩，因此得以成为网络空间中大范围情绪动员的"燎原之火"。

其次，网络空间也是权力生产和运作的空间。法国学者列斐伏尔指出，空间是意识形态的，它是某种权力的工具。福柯的空间规训理论则认为空间是权力争夺和权力运作的场所[①]。尽管列斐伏尔和福柯对空间的理解存在差异，二者却都认可"权力"在空间中的作用。在网络空间中，权力的生产和运作是不可避免的。这是因为，媒体是话语表达的场所，而正如"话语即权力"所指出的，人们掌握了话语，也就在某种程度上拥有了权力。因此，伴随着新媒体的赋权，一些传统意义上并非主流的社会议题，能够引起网民的广泛关注，成为热点舆论事件；而与之相联系的少数或弱势群体，不仅在虚拟空间中实现了有效团结，还利用其所掌握的话语权成为网络情绪宣泄和动员的主力军。总之，把握新媒体的开放性以及权力生产和运作的空间特征，能够以空间聚集策略营造舆论场域，实现网络情绪动员。

总之，在网络事件的传播过程中，需要把握好情绪动员的程度和边界，以情绪共鸣疏通社会矛盾，为营造清朗的网络空间与和谐的社会环境做出贡献。

[①] 刘涛.社会化媒体与空间的社会化生产：列斐伏尔和福柯"空间思想"的批判与对话机制研究[J].新闻与传播研究，2015，22(5)：73-92，127-128.

结　语

在"情绪战胜理性"的"后真相"时代,以社交媒体为代表的网络空间中随时允斥着大量网民的各种情绪。用户在网络空间中表达自己的意见、观点、态度和情绪,各种情绪伴随着信息的传播实现了大规模的传播和蔓延。网络舆情的研究本体也逐渐从信息流、意见流转向情绪流。无论是新闻传播学领域还是整个社会科学领域,都在将研究视线转向对人的情绪和情感的关注。

本研究主要关注网络空间中依托网络文本而实现传播的网络情绪。研究认为,对网络情绪的探究以网络文本的情绪识别为起点。在准确识别网络文本中蕴含情绪的基础上,本研究认为,网民的情绪表达是情绪传播和情绪感染的前提,而网络情绪的大规模感染使其汇成网络空间中汹涌澎湃的情绪流,从而对整个网络舆情场域甚至现实社会产生强大的动员效果。

本研究所采用的研究方法主要有文献计量分析法、大数据分析法、内容分析法、网络民族志、案例分析法和社会网络分析法等。在具体的实现技术上,本研究团队与拓尔思大数据舆情分析公司的自然语言处理技术团队开展跨学科合作,采用大数据分析法和机器学习算法,共同实现了网络文本的自动化情绪识别。研究主体部分主要从网络情绪表达、情绪感染和情绪动员三个层面展开。网络情绪表达主要从情绪表达的方式、规范和个体差异三个方面勾勒现下网络空间中的情绪表达图景。网络情绪感染主要从时间、空间及其动力因素三个方面探究情绪感染的发生机制,包括时间维度上情绪的演变、空间维度上情绪感染的网络结构以及情绪感染得以发生的内源性、外源性动力因素。最后,本研究从社会动员的概念出发,重点把握情绪动员在其中的学术地位和角色作用,并通过网络情绪动员的一般策略分析,进一步探究网络情绪在整个网络舆情场域甚至现实社会中的动员力量。

一、主要研究发现

(一)情绪表达:方式、规范与个体差异

在情绪表达的方式方面,互联网时代的情绪表达方式相较于大众媒体时代而言更加丰富多元、更加智能精准。本研究通过对网络空间中情绪表达方式的梳理,认为目前用户在网络中的情绪表达主要通过文字、表情符和表情包、音视频以及虚拟动作等方式完成。其中,不同方式在情绪表达维度的多样性及情绪传递的准确性等方面存在各自的优势与短板,起到相互补充、相互促进的作用。

在情绪表达的规范方面,本研究认为,在传统媒体时代,社会交往规则中即包含着对情绪控制的隐性规范,而在互联网时代,网络空间中的线上交往亦衍生出新的规范,不同群体在情绪表达符号的编码、解码与使用上表现出巨大差异。通过对在线趣缘群体的参与式观察,研究发现,这一群体在网络交往中形成了特定的情绪表达规范,并且在不同的情绪能量群体中存在着较大差异,具体表现在抑制低情绪能量个体的情绪表达,规范高情绪能量个体的情绪表达方式。在这种差异下,新进成员形成了抑制情绪表达、表达更多积极情绪而规避消极情绪的规范。而常驻成员则形成了在不同场域内表达不同情绪、捍卫"认同边界"、遵守社群内定义的情绪表

达规则等规范。除此之外，研究亦发现在情绪表达规范的建构路径上存在三种方式：一是平台设定的底线性要求；二是线下情绪表达规范的线上迁移；三是社群成员在交往中逐步习得，这种习得的发生机制主要是正负反馈效应。

在情绪表达的个体差异方面，本研究通过对热点网络舆情事件的案例分析，采用内容分析法，在对网络文本进行情绪识别的基础上，探究了不同网民群体在情绪表达的强度及意愿方面的差异。研究发现，不同性别的网民在是否表达情绪及情绪表达强度上均无显著差异；不同用户身份的网民在是否表达情绪及情绪表达强度上均存在显著差异。其中，网民进行情绪表达的概率由高至低分别是非认证用户、个人认证用户、团体认证用户；在情绪表达强度上，个人认证用户与非认证用户的愤怒及厌恶情绪表达强度显著高于团体认证用户。

（二）情绪感染：演变、结构与动力

网络空间中，网民情绪在表达的基础上，通过社交媒体等媒介通路迅速实现大规模传播和相互感染。本研究主要从时间维度上探究网络情绪的演变规律、从空间维度上探究情绪感染的网络结构及其关键节点，最后，本研究总结并分析了网络情绪感染的动力要素。

在情绪感染的时间演变方面，本研究以典型网络舆情事件为例，借鉴整合危机图式（ICM）理论，对微博中的公众情绪进行测量和分析。研究发现，愤怒和厌恶是舆情事件中的主导情绪；随着舆情事件发展，公众情绪经历了由愤怒到厌恶的演变过程，整个过程中负面情绪始终较强，其原因主要是舆情衰退期内的官方回应未起到良好的情绪疏导作用，反而造成了公众的负面情绪反弹。这种负面情绪主要来自舆情应对过程中政府对网络言论的控制引发公众话语的进一步对抗，以及此前来自其他事件中组织的"过往表现"造成公众对政府的不信任。在此基础上，本研究基于以上研究发现修正和发展了中国语境下的 ICM 理论模型，并为政府在舆情事件中的危机传播提出了相应的策略建议。

在情绪感染的空间结构方面，本研究采用社会网络分析法，从节点识别、主体差异和作用机理三个方面分析了愤怒情绪感染中的网络结构和关键节点。研究发现，愤怒情绪的感染网络呈放射状结构，少数用户占据优势地位，成为情绪感染网络中的关键节点。其中，新闻媒体及名人明星具有较高的情绪吸引力，是重要的"情绪源头"，"草根"大V则具有较高的情绪凝聚力，是关键的"情绪枢纽"。在媒体和明星的情绪启动效应，以及"草根"大V的情绪助推效应的作用下，事实流、意见流让位于情绪流，共同导出了网络舆情中多元主体参与的情绪图景。

在情绪感染发生的动力因素方面，研究发现，在网络空间中，网民情绪在外源性动力（网络社会心态和媒介技术）与内源性动力（议题本身的属性）的共同影响下，经由社交媒体等多种渠道实现大规模传播和相互感染。具体来看，当下中国普遍存在的网络底层意识与弱势心态、"中国式焦虑"、信任危机与信任异化、仇官仇富的群体怨恨等网络社会心态为网络情绪感染提供了土壤和先天条件；随着媒介技术的发展，"过滤气泡"与"信息茧房"为网络情绪感染提供了适合空间，加之社交媒体使得网络社会重回"部落化"，群体情绪在一个个"回音室"中相互感染、不断强化。鉴于以上因素在遇到某些特殊议题时，网民情绪便很容易被"点燃"，从而迅速蔓延和扩散。

（三）情绪动员：概念与策略

情绪动员的概念离不开社会动员这一大的概念范畴。本研究从"社会动员"的概念出发，通过对社会学相关理论的梳理和分析，明确了情绪动员的学术地位和角色。研究认为情绪动员是社会动员的一种重要形式，在感性的网络环境下被凸显出来，成为当下话语权争夺的重要工具。从近几年涌现的情绪动员事件来看，情绪动员的主体主要包括弱者与媒体。弱者因痛苦的情绪能量与夹带的道德属性而易引起关注，媒体则因话语技巧与渠道资源而更具煽动性。从符号维度来看，文字、图片、音视频都能通过特定的表达方式来助力情绪动员者达成广泛的社会影响。如今情绪动员高发于网络，一方面是互联网技术助推下的民众话语意识觉醒，另一方面是社会转型期影响的社会矛盾的存在。在技术与社会的交织影响下，情绪动员演化成了当今网络发起最具影响力与效率的"工具"。

在情绪动员的策略方面，一方面，网络情绪动员需关注情绪是如何被调动的，以及如何通过人与人之间的共情引发情绪体验。另一方面，在情绪调动的基础上，通过多种媒介形态和传播手段的综合调用推动网络情绪动员。

具体来看，在情绪的调动方面，主要包含以下五种策略：通过情境渲染和形象塑造突出悲剧色彩，调动悲情情绪；通过引导思维定式下的群体共识调动怀疑情绪；通过强调社会秩序与塑造对立形象调动愤怒情绪；通过事实与想象性威胁激发恐惧情绪；以喜剧化表达形式实现全民狂欢的戏谑策略。

在实现情绪调动的基础上，多样化传播手段的运用能够推动网络舆情事件，实现网络情绪动员。首先，在互联网语境下，文字、图片、音视频等多种媒介形态的展现能够较全面地展现事件样貌，实现共情。其次，感官化的叙事策略所带来的表层归因，以及符号化的叙事策略所带来的外向型宏观归因很容易引发网民情绪，实现情绪动员。再次，通过身份边界形成的群体认同，并在群体规范、群体压力和仪式性活动的作用下凝聚共识，有利于个体情绪的唤起和群体情绪的调动。最后，在把握新媒体开放性以及权力生产和运作空间特征的基础上，一个观点与情绪裹挟的舆论场得以形成，进一步催生了网络情绪动员的力量。

二、本研究创新之处

（一）拓展了"情感转向"下网络舆情研究的新领域

社交媒体时代，网络空间中传受双方边界的消融以及去中心化的技术逻辑改变了以往的传播方式和交往方式。20世纪后期在社会科学领域发生的"情感转向"为我们看待情感价值提供了新的视野[①]。"情感转向"也为我们重新认识公共舆论中的"情感"政治提供了契机[②]。传统的网络舆情研究大多关注信息的传播和意见的表达。如今，在由媒介形态演进、算法技术革新等多重力量共同催生的"后真相"时代，网络舆情场域中，客观事实被人的主观情绪所裹挟的特点愈加明显[③]。本研究对网络空间中情绪图景的探索和研究，是社会科学"情感转向"下网络舆情研究的一次新探索，拓展了传统网络舆情研究的理论视野，将网络舆情的研究内容从信息的传播和意见的表达拓展至情绪要素的表达与传播，尝试把握网络舆情传播中的情绪逻辑，补充和完善已有的网络舆情理论体系。

（二）尝试建立了一套网络情绪感染的研究框架

在中国社会中，公众情绪已成为当代中国公共舆论的重要构成部分。目前学界已有一些研究关注舆论研究中的情绪要素。但纵观现有的研究，新闻传播学界对情绪的关注大多针对某类具体的情绪，比如愤怒、怨恨、

---

① 袁光锋.公共舆论中的"情感"政治：一个分析框架[J].南京社会科学，2018（2）：105-111.
② 袁光锋.公共舆论中的"情感"政治：一个分析框架[J].南京社会科学，2018（2）：105-111.
③ 张贝."后真相"时代公共舆论的情感表达[J].山东师范大学学报（人文社会科学版），2019，64（3）：134-139.

戏谑、悲情等，或是以某个具体案例为例，分析其中的情绪类型和传播特点，缺乏系统的、整体的刻画公众情绪的分析框架。本研究着眼于网络空间中的情绪要素，融合心理学、社会学、传播学等多种学科理论知识，初步建立了一个"情绪表达——情绪感染——情绪动员"的研究框架。具体来看，本研究认为，理解情绪表达是理解网络情绪的前提和基础，不同群体在网络情绪的表达方式、遵循的表达规范以及表达行为和意愿上都存在不同的特点；在理解情绪表达行为的基础上才能进一步明确情绪在用户个体之间的感染机制，探究个体情绪如何在网络空间中通过相互感染而实现群体情绪的大规模传播；最后，当个体情绪汇成汹涌澎湃的情绪流后则会产生强大的动员力量，通过一定的情绪动员策略，影响整个网络舆情场域甚至蔓延至线下的现实社会。本研究希望这一分析框架有助于我们理解当代中国社会网络舆情场域中的情绪逻辑。

（三）初步明确了网络情绪感染的内在机制

在网络情绪感染方面，本研究从时间和空间两个维度探究网络情绪的感染机制。在时间维度上，本研究主要探究了网络舆情事件的不同阶段中情绪类型的演变特征；在空间维度上，本研究主要探究了网络舆情中情绪感染网络的结构特点及其关键节点。通过上述研究，不仅可以从宏观角度描述情绪感染的发生过程，而且考察了情绪感染过程中主体的关系网络特征，从而较完整地描述了网络空间情绪感染的发生机制。最后，本研究结合现有理论，分析了情绪感染得以发生的内源性动力和外源性动力，探究了情绪感染的动力因素，从而较完整地把握网络情绪感染的内在机制。

（四）综合运用了量化与质化的研究方法，点面结合，较全面地展现了网络空间中的情绪图景

在以往的研究中，大多数采用相对单一的研究方法，或是从量化角度

对网络中的情绪要素进行测量与统计，或是从质化角度对某一案例中的公众情绪进行描述性分析，学科之间的分野较为明显，缺乏跨学科融合。本研究综合运用了内容分析法、社会网络分析法等研究方法，融合计算机自然语言处理技术，采用大数据分析法和机器学习算法等，较系统地对网络情绪表达和感染进行了量化分析。同时，本研究采用网络民族志研究方法，通过对线上社区的参与式观察，深度刻画在线社区成员的网络情绪表达特点。通过量化分析与质化研究相结合，既做到了从"面"上对网络情绪感染现象的整体描摹，又做到了从"点"上对网络情绪表达行为进行深度挖掘，从而较完整地展现了网络空间中情绪的表达、感染与动员图景。

三、本研究的局限性与未来发展方向

目前，学界对网络空间中情绪要素的关注和研究仍处于较初级的阶段，本研究作为一项探索性研究，囿于研究时间和精力，仍存在一些局限与不足之处。

首先，在研究内容方面，本研究对网络情绪感染机制的探究及动员策略的分析还存在一定不足。比如，在情绪感染方面，主要是从静态角度探究情绪感染的发生特点，对情绪感染的动态演变关注不足；在情绪动员方面，本研究主要是对现有典型案例中的情绪动员策略进行梳理与分析，缺乏对情绪动员策略选择的内在机制、动员效果等方面的深度探究。

其次，在理论建构方面，本研究虽尝试建立了"情绪表达——情绪感染——情绪动员"的分析框架，但整体上仍缺乏一个相对系统和完整的理论引领和统摄整个情绪研究。在对案例的实证分析中，较多从实践角度分析其中的情绪现象，而在理论的解释力及创新度方面相对乏力。

最后，在案例选择方面，本研究对网络舆情典型案例的探究相对较分散，多以独立个案的方式呈现不同事件中的情绪图景，缺乏对案例进行整体上系统性的分类及描摹。

在未来的研究中,本研究希望从以下几个方面继续进行补充和完善。一是继续深入探究网络情绪的感染及动员机制。从动态角度建立网络情绪感染的动态图谱,把握各不同阶段情绪感染的临界点、阈值与网络结构。在情绪动员的策略分析基础上,继续延伸至前端的策略选择及后端的动员效果,更加明确完整的网络情绪动员机制。二是推进跨学科融合,开拓学术视野,广泛吸收来自心理学、社会学、政治学、管理学等其他学科的理论知识,推动新闻传播学领域对网络情绪传播现象的理论解释力,尝试建构一个相对完整的情绪研究理论体系。二是增加研究案例的系统性和多样性,对不同类型的研究案例进行多角度、多平台分析,探究不同类型的网络舆情事件在不同的媒介渠道,甚至线上、线下环境中情绪传播的新特点,从而更加全面和深入地把握网络空间中情绪的传播特点和感染机制。

后　记

　　人类是感性与理性、情绪与理智的混杂体，但人类文明在演化过程中，倾向于抑制感性与情绪。这一点既体现在原始部落与现代社会的对比上，亦体现在情绪化的儿童与冷静的成人的差异上。人本性中的感性与情绪虽被文明社会抑制，但并未消失。它们虽失去在日常生活中展演的合理性，但仍保留了在体育赛事、狂欢节、影视剧、游戏、音乐会等场景中显露的正当性。一位在体育比赛现场歇斯底里狂欢的成人是"正常的"，一位在大街上歇斯底里狂叫的人则很可能会被视为"疯子"，引人侧目。网络空间则打破了日常生活与情绪场景间的界线，相较于体育赛事、狂欢节、影视剧等情绪展演场景，透出更邪魅的气息，成为人们宣泄情绪、释放冲动的数字化"原始部落"。

　　相较于冷静得乏味的现实，网络空间总不缺少热气腾腾的情绪。仅2022年大年初一至初六期间，群嘲（如对男足惨败越南的群嘲）、愤怒（如对"铁链女"事件的愤怒）、自豪（如对冬奥会开幕式的自豪）、喜悦（如对女足亚洲杯惊天逆转夺冠的喜悦）等情绪在网络空间中此起彼伏、激荡澎湃。网络空间情绪特征显著的原因可能在于：第一，网络空间尚处荒蛮期，行为规范与道德规范尚未固化，进入网络空间的民众抛开线下生活所佩戴的"面具"，显得更自我、更真实、更疯狂、更随心所欲、更肆无忌惮，人类情绪化的一面在网络空间中得以释放；第二，网络消解了时空阻隔，相同的情绪更容易同频共振，显著性被急剧放大。

情绪已成为网络空间研究的新向度。这一方面得益于情绪在网络空间中的显著性，另一方面亦与网络情绪研究的便利性相关。首先，网络消解了表达的时空阻隔，网络上的一切表达理论上皆以0、1留存于网络上，方便查阅。其次，机器学习等大数据抓取与分析手段日益丰富，为大数据处理提供了必要的技术手段。

相较于既有研究，本研究的特色在于：

一是在研究对象上，本研究较早关注网络空间中的情绪传播现象，将网络传播研究从以往对信息流、意见流的关注转向对情绪流的探究。重点关注的情绪表达特征、情绪感染机制、情绪动员策略分别立足于个体、群体与应用，逻辑层次丰富。在"后真相"时代背景下，本研究对理解和把握网络空间中的情绪传播机制与规律具有重要的现实意义。

二是在研究方法上，本研究综合采用大数据分析法、机器学习算法、社会网络分析法等多种研究方法，将量化研究与质化研究相结合，从而对网络情绪传播现象进行系统的解构与深入的分析，突破以往大多数研究仅停留于描述性案例分析的局限。

三是在研究视角上，本研究融合传播学、心理学、社会学等学科理论，从不同视角探究网络中的情绪传播现象，拓展了网络传播研究的理论视野，丰富和完善了网络传播相关研究的理论体系。

本研究的不足之处亦很明显：

一是数据因非实时抓取，故为过滤后的数据。

二是未区别"金钱驱动型情绪"与"自然流露型情绪"间的差异。网络空间活跃着成千上万有组织的网络水军，他们的表达包含着情绪，但却是"金钱驱动型情绪"。本研究因未将"网络水军"识别出来，故未能将两类情绪区别开来。

三是用部分热衷于表达者的情绪代表全体网民的情绪。本研究只分析表达出来的情绪，未在网络空间中表达出来的情绪处于"不可见"状态，未纳入研究视野，在"多元无知"群体心态中，网络空间所表达出的情绪即便是少数人的，也会被人们当作"多数人"的情绪来认知。

四是忽视网络情绪的前端。不管是个体还是群体，都是社会网络中的行动者，其情绪植根于社会网络，对情绪背后个体或群体心态的细察属于网络情绪研究的前端。本研究只关注网络情绪研究的后端——情绪表达、感染与动员，而忽视了前端。

本书在撰写过程中得益于北京师范大学新闻传播学院2020级硕士生朱婧、齐凯、王婧宁的积极参与，特此致谢！亦感谢吴雨蔚的大力支持！

感谢中国国际广播出版社编辑王立华女士，正是她的辛苦付出使本书最终能够如期出版，立华女士认真严谨的工作态度给我留下了深刻的印象。

本书受到北京师范大学新闻传播学院"媒介素养与新媒体研究"出版基金的资助，在此一并致谢！

"虚拟空间"不虚拟，情绪化的网络空间更"现实"。网络空间中的情绪研究任重而道远，期待着更多研究者的开拓。

丁汉青于北京
2022年2月8日

参考文献

[1] 艾森斯塔德.现代化：抗拒与变迁［M］.张旅平，沈原，陈育国，等译.北京：中国人民大学出版社，1988.

[2] 巴雷特.非理性的人：存在主义哲学研究［M］.段德智，译.上海：上海译文出版社，2007.

[3] 布劳.社会生活中的交换与权力［M］.孙非，张黎勤，译.北京：华夏出版社，1988.

[4] 常松，等.微博舆论与公众情绪的互动［M］.北京：社会科学文献出版社，2018.

[5] 陈昌凤，仇筠茜."信息茧房"在西方：似是而非的概念与算法的"破茧"求解［J］.新闻大学，2020（1）：1-14，124.

[6] 陈福集，陈婷.舆情突发事件演化探析：基于意见领袖引导作用视角［J］.情报资料工作，2015（2）：23-28.

[7] 陈悦，陈超美，胡志刚，等.引文空间分析原理与应用：CiteSpace实用指南［M］.北京：科学出版社，2014.

[8] 陈志娟，丁靓琦.狂欢与理性：青年群体弹幕使用研究——以网络综艺类节目《创造101》为案例［J］.中国青年研究，2019（11）：93-99.

[9] 程思琪，喻国明.情感体验：一种促进媒体消费的新动力——试论

过剩传播时代的新传播范式[J].编辑之友,2020(5):32-37,63.

[10] 崔林,朱玺.网络图像传播的社交化生产样态与消费机制[J].现代传播(中国传媒大学学报),2020,42(7):24-30.

[11] 党明辉.公共舆论中负面情绪化表达的框架效应:基于在线新闻跟帖评论的计算机辅助内容分析[J].新闻与传播研究,2017,24(4):41-63,127.

[12] 邓丽芳,郑日昌.大学生的情绪向性、表达性与心理健康关系的研究[J].心理发展与教育,2003(2):69-73.

[13] 蒂利.身份、边界与社会联系[M].谢岳,译.上海:上海人民出版社,2008.

[14] 蒂利.政权与斗争剧目[M].胡位钧,译.上海:上海人民出版社,2012.

[15] 丁汉青,李华.网络空间内意见领袖在消费者维权活动中的作用:以惠普"质量门"事件为例[J].新闻大学,2010(3):128-137.

[16] 丁汉青,武沛颖."信息茧房"学术场域偏倚的合理性考察[J].新闻与传播研究,2020,27(7):21-33,126.

[17] 丁小斌,康铁君,赵鑫.情绪识别研究中被"冷落"的线索:躯体表情加工的特点、神经基础及加工机制[J].心理科学,2017,40(5):1084-1090.

[18] 杜忠锋,郭子钰.微博舆情中情感选择与社会动员方式的内在逻辑:基于"山东于欢案"的个案分析[J].现代传播(中国传媒大学学报),2019,41(8):20-24,29.

[19] 方平,李洋,姜媛.情绪躯体语言研究进展[J].心理科学,2009,32(5):1155-1158.

[20] 傅小兰.情绪心理学[M].上海:华东师范大学出版社,2016.

[21] 高晓源,刘箴,柴艳杰,等.社会媒体情绪感染模型研究[J].应

用心理学，2019，25（4）：372-384.

[22] 宫贺.公共健康话语网络的两种形态与关键影响者的角色：社会网络分析的路径[J].国际新闻界，2016，38（12）：110-133.

[23] 谷学强，胡靖.非言语传播视角下网络表情的传播功能研究[J].新闻界，2017（3）：42-46，96.

[24] 郭小安，王木君.网络民粹事件中的情感动员策略及效果：基于2002—2015年191个网络事件的内容分析[J].新闻界，2016（7）：52-58.

[25] 郭小安.公共舆论中的情绪、偏见及"聚合的奇迹"：从"后真相"概念说起[J].国际新闻界，2019，41（1）：115-132.

[26] 郭小安.社会抗争中理性与情感的选择方式及动员效果：基于十年120起事件的统计分析（2007—2016）[J].国际新闻界，2017，39（11）：107-125.

[27] 郭小安.网络抗争中谣言的情感动员：策略与剧目[J].国际新闻界，2013，35（12）：56-69.

[28] 郭小安.舆论引导中情感资源的利用及反思[J].新闻界，2019（12）：27-37.

[29] 何颖.非理性及其价值研究[M].北京：中国社会科学出版社，2003.

[30] 何子英，陈丽君，黎灿辉.突发公共事件背景下的有效政府沟通与政府公信力：一个新的分析框架[J].浙江社会科学，2014（4）：40-46，156.

[31] 洪杰文，朱若谷.新闻归因策略与公众情感唤醒：当代热点舆论事件的情感主义路径[J].武汉大学学报（人文科学版），2016，69（4）：120-129.

[32] 黄鹤.悲情、愤怒、戏谑：网络集群行为的情感动员[D].上海：

华中师范大学，2015.

[33] 霍弗.狂热分子：码头工人哲学家的沉思录[M].梁永安，译.桂林：广西师范大学出版社，2008.

[34] 霍奇斯柴德.情绪管理的探索[M].徐瑞珠，译.台北：桂冠图书股份有限公司，1992.

[35] 吉登斯.现代性与自我认同：现代晚期的自我与社会[M].赵旭东，方文，译.北京：生活·读书·新知三联书店，1998.

[36] 靳明，靳涛，赵昶.从黄金大米事件剖析指桑骂槐式的公众情绪：基于新浪微博的内容分析[J].浙江社会科学，2013(6)：91-98，159.

[37] 卡普托.真理[M].贝小戎，译.上海：上海文艺出版社，2016.

[38] 柯林斯.互动仪式链[M].林聚任，王鹏，宋丽君，译.北京：商务印书馆，2012.

[39] 库克里克.微粒社会：数字化时代的社会模式[M].黄昆，夏柯，译.北京：中信出版社，2018.

[40] 李彪，郑满宁.从话语平权到话语再集权：社会热点事件的微博传播机制研究[J].国际新闻界，2013，35(7)：6-15.

[41] 李彪.后真相时代网络舆论场的话语空间与治理范式新转向[J].新闻记者，2018(5)：28-34.

[42] 李畅，黄颜颜.后真相时代舆论内涵解读[J].新闻界，2018(9)：88-93.

[43] 李杰，陈超美.CiteSpace：科技文本挖掘及可视化[M].北京：首都经济贸易大学出版社，2016.

[44] 李菁.抖音短视频传播中的互动仪式与情感动员[J].新闻与写作，2019(7)：86-89.

[45] 李良荣，张莹.新意见领袖论："新传播革命"研究之四[J].现

代传播（中国传媒大学学报），2012，34（6）：31-33.

［46］李想.基于社会发展视角的情绪表达性别差异研究［J］.心理学进展，2017，7（3）：359-365.

［47］李晓文，李娇.6~11年级学生情绪自我调节发展研究［J］.心理科学，2007（5）：1042-1045.

［48］李欣，彭毅.符号化表演：网络空间丧文化的批判话语建构［J］.国际新闻界，2020，42（12）：50-67.

［49］梁宗保，孙铃，张光珍，等.父亲情绪表达与儿童社会适应：气质的调节作用［J］.心理发展与教育，2011，27（4）：351-358.

［50］林聚任.社会网络分析：理论、方法与应用［M］.北京：北京师范大学出版社，2009.

［51］刘丛，谢耘耕，万旋傲.微博情绪与微博传播力的关系研究：基于24起公共事件相关微博的实证分析［J］.新闻与传播研究，2015，22（9）：92-106，128.

［52］刘海龙.传播中的身体问题与传播研究的未来［J］.国际新闻界，2018，40（2）：37-46.

［53］刘海龙.大众传播理论：范式与流派［M］.北京：中国人民大学出版社，2008.

［54］刘璐，谢耘耕.当前网络社会心态的新态势与引导研究［J］.新闻界，2018（10）：75-81，100.

［55］刘娜.网络空间的话语抗争与议题协商：以网络事件中公民权利议题的讨论为例［J］.新闻大学，2012（3）：106-115.

［56］刘念.启动、爆发与消退：网络抗争事件中的情绪周期［D］.北京：中国人民大学，2020.

［57］刘擎.共享视角的瓦解与后真相政治的困境［J］.探索与争鸣，2017（4）：24-26.

[58] 刘涛.社会化媒体与空间的社会化生产：列斐伏尔和福柯"空间思想"的批判与对话机制研究[J].新闻与传播研究，2015，22(5)：73-92，127-128.

[59] 本森.比较语境中的场域理论：媒介研究的新范式[J].韩纲，译.新闻与传播研究，2003(1)：2-23，93.

[60] 麦独孤.社会心理学导论[M].俞国良，雷雳，张登印，译.北京：北京大学出版社，2010.

[61] 毛湛文.媒体事件传播的情感逻辑[D].北京：中国人民大学，2015.

[62] 莫里斯，缪勒.社会运动理论的前沿领域[M].刘能，译.北京：北京大学出版社，2002.

[63] 彭聃龄.普通心理学：修订版[M].3版.北京：北京师范大学出版社，2004：364.

[64] 彭兰.表情包：密码、标签与面具[J].西安交通大学学报（社会科学版），2019，39(1)：104-110，153.

[65] 任志祥，肖苹宁.无情感不抖音：《人民日报》抖音号的表达特征分析[J].新闻界，2020(12)：21-27.

[66] 申玲玲.失衡与流动：微博构建的话语空间研究——基于对新浪微博的实证研究[J].国际新闻界，2012，34(10)：15-22.

[67] 石磊，黄婷婷.情感商品与情感流通："三农"短视频的传播机理[J].编辑之友，2020(9)：69-74.

[68] 史安斌，邱伟怡.社交媒体环境下危机传播的新趋势新路径：以"美联航逐客门"为例[J].新闻大学，2018(2)：122-130，154.

[69] 斯科特.弱者的武器：农民反抗的日常形式[M].郑广怀，张敏，何江穗，译.南京：译林出版社，2011.

[70] 隋岩，李燕.论网络语言对个体情绪社会化传播的作用[J].国际

新闻界，2020，42(1)：79-98.

[71] 汤景泰，陈秋怡，徐铭亮.情感共同体与协同行动：香港"修例风波"中虚假信息的动员机制[J].新闻与传播研究，2021，28(8)：58-76，127.

[72] 特纳.人类情感：社会学的理论[M].孙俊才，文军，译.北京：东方出版社，2009.

[73] 特纳.社会学理论的结构[M].邱泽奇，张茂元，等译.7版.北京：华夏出版社，2006.

[74] 田浩，常江.社交媒体时代党报的文化转型：基于《人民日报》情绪化表达的个案分析[J].新闻记者，2019(1)：79-86.

[75] 汪义贵，彭聪，吴国来.情绪劳动研究的回顾与展望[J].心理研究，2012，5(4)：63-72.

[76] 王辰瑶，方可成.不应高估网络言论：基于122个网络议题的实证分析[J].国际新闻界，2009(5)：98-102.

[77] 王呈珊，宋新明，朱廷劭，等.一位自杀博主遗言评论留言的主题分析[J].中国心理卫生杂志，2021，35(2)：121-126.

[78] 王俊秀.社会心态蓝皮书：中国社会心态研究报告（2017）[M].北京：社会科学文献出版社，2017.

[79] 王雷，方平，姜媛.基于系统动力学的群体情绪传播模型[J].心理科学，2014，37(3)：678-682.

[80] 王平，谢耘耕.突发公共事件中微博意见领袖的实证研究：以"温州动车事故"为例[J].现代传播（中国传媒大学学报），2012，34(3)：82-88.

[81] 王潇，李文忠，杜建刚.情绪感染理论研究述评[J].心理科学进展，2010，18(8)：1236-1245.

[82] 王雪晔.图像与情感：情感动员实践中的图像框架及其视觉修辞

分析［J］.南京社会科学，2019（5）：121-127.

［83］魏然.新闻传播研究的情绪转向［J］.新闻与写作，2021（8）：1.

［84］吴燕霞.大学生情绪表达的现状、影响因素及其干预研究［D］.上海：上海师范大学，2017.

［85］徐翔.从"议程设置"到"情绪设置"：媒介传播"情绪设置"效果与机理［J］.暨南学报（哲学社会科学版），2018，40（3）：82-89.

［86］许静.社会化媒体对政府危机传播与风险沟通的机遇与挑战［J］.南京社会科学，2013（5）：98-104.

［87］薛薇.SPSS统计分析方法及应用［M］.3版.北京：电子工业出版社，2013.

［88］杨国斌.悲情与戏谑：网络事件中的情感动员［J］.传播与社会学刊，2009（9）：39-66.

［89］杨国斌.连线力：中国网民在行动［M］.邓燕华，译.桂林：广西师范大学出版社，2013.

［90］叶勇豪，许燕，朱一杰，等.网民对"人祸"事件的道德情绪特点：基于微博大数据研究［J］.心理学报，2016，48（3）：290-304.

［91］殷融，张菲菲.群体认同在集群行为中的作用机制［J］.心理科学进展，2015，23（9）：1637-1646.

［92］禹建强，李艳芳.对微博信息流中意见领袖的实证分析：以"厦门BRT公交爆炸案"为个案［J］.国际新闻界，2014，36（3）：23-36.

［93］喻国明，马慧.互联网时代的新权力范式："关系赋权"——"连接一切"场景下的社会关系的重组与权力格局的变迁［J］.国际新闻界，2016，38（10）：6-27.

［94］喻国明，宋美杰.中国传媒经济研究的"学术地图"：基于共引分

析方法的研究探索［J］.现代传播（中国传媒大学学报），2012，34（2）：30-38.

［95］喻国明.社交网络时代的舆情管理［M］.南京：江苏人民出版社，2015.

［96］袁光锋.公共舆论中的"情感"政治：一个分析框架［J］.南京社会科学，2018（2）：105-111.

［97］曾润喜.热点事件网络舆情的传播与治理［M］.武汉：华中科技大学出版社，2017.

［98］张奇勇，卢家楣，闫志英，等.情绪感染的发生机制［J］.心理学报，2016，48（11）：1423-1433.

［99］张少群，魏晶晶，廖祥文，等.Twitter中的情绪传染现象［J］.山东大学学报（理学版），2016，51（1）：71-76，122.

［100］赵鼎新.社会与政治运动讲义［M］.北京：社会科学文献出版社，2016.

［101］赵红艳.中心性与权力体现：基于社会网络分析法的网络媒介权力生成路径研究［J］.新闻与传播研究，2013，20（3）：50-63，127.

［102］赵毅衡.符号与物："人的世界"是如何构成的［J］.南京社会科学，2011（2）：35-42.

［103］郑雯，桂勇.网络舆情不等于网络民意：基于"中国网络社会心态调查（2014）"的思考［J］.新闻记者，2014（12）：10-15.

［104］周佳，马剑虹，何铨.情绪与决策：躯体标记假设及其研究新进展［J］.应用心理学，2011，17（2）：160-168.

［105］周莉，王子宇，胡珀.反腐议题中的网络情绪归因及其影响因素：基于32个案例的微博评论的细粒度情感分析［J］.新闻与传播研究，2018，25（12）：42-56，127.

[106] 周婷，王登峰.情绪表达抑制与心理健康的关系[J].中国临床心理学杂志，2012，20(1)：65-68，64.

[107] AHMED S, JAIDKA K, CHO J. Tweeting India's Nirbhaya protest: a study of emotional dynamics in an online social movement[J]. Social movement studies, 2017, 16(4): 447-465.

[108] BARGH J A, MCKENNA K Y A, FITZSIMONS G M. Can you see the real me? Activation and expression of the "true self" on the internet[J]. Journal of social issues, 2002, 58(1): 33-48.

[109] BARTON L. Crisis in organizations: managing and communicating in the heat of chaos[M]. Cincinnati, Ohio: South-Western Publishing Company, 1993.

[110] BECKER-STOLL F, DELIUS A, SCHEITENBERGER S. Adolescents' nonverbal emotional expressions during negotiation of a disagreement with their mothers: an attachment approach[J]. International journal of behavioral development, 2001, 25(4): 344-353.

[111] BENOIT W L, PANG A. Crisis communication and image repair discourse[M]//HANSEN-HORN T, NEFF B D. Public relations: from theory to practice.Boston: Pearson Allyn & Bacon, 2008.

[112] BESSI A, COLETTO M, DAVIDESCU G A, et al. Science vs conspiracy: collective narratives in the age of misinformation[J/OL]. Plos one, 2015, 10(2)[2021-06-03]. https://doi.org/10.1371/journal.pone.0118093.

[113] BONARINI A. Can my robotic home cleaner be happy? Issues about emotional expression in non-bio-inspired robots[J]. Adaptive behavior, 2016, 24(5): 335-349.

[114] BRADLEY M M, CODISPOTI M, CUTHBERT B N, et al. Emotion

and motivation I: defensive and appetitive reactions in picture processing[J]. Emotion, 2001, 1(3): 276-298.

[115] BRITON N J, HALL J A. Beliefs about female and male nonverbal communication[J]. Sex roles, 1995, 32(1/2): 79-90.

[116] CAMERON D, MILLINGS A, FERNANDO S, et al. The effects of robot facial emotional expressions and gender on child-robot interaction in a field study[J]. Connection science, 2018, 30(4): 343-361.

[117] CELANI G, BATTACCHI M W, ARCIDIACONO L. The understanding of the emotional meaning of facial expressions in people with autism[J]. Journal of autism and developmental disorders, 1999, 29(1): 57-66.

[118] CHAPLIN T M, ALDAO A. Gender differences in emotion expression in children: a meta-analytic review[J]. Psychological bulletin, 2013, 139(4): 735-765.

[119] CHIOU W B. Adolescents' sexual self-disclosure on the internet: deindividuation and impression management[J]. Adolescence, 2006, 41(163): 547-561.

[120] CINELLI M, DE FRANCISC MORALES G, GALEAZZI A, et al. The echo chamber effect on social media[J/OL]. PNAS, 2021, 118(9)[2021-06-03]. https://doi.org/10.1073/pnas.2023301118.

[121] COOMBS W T, HOLLADAY S J. An exploratory study of stakeholder emotions: affect and crises[M]//ASHKANASY N M, ZERBE W J, HÄRTEL C E J. The effect of affect in organizational settings.Bingley, UK: Emerald Group Publishing Limited, 2005.

[122] COOMBS W T. An analytic framework for crisis situations: better

responses from a better understanding of the situation[J]. Journal of public relations research, 1998, 10(3): 177-191.

[123] COOMBS W T. Choosing the right words: the development of guidelines for the selection of the "appropriate" crisis-response strategies[J]. Management communication quarterly, 1995, 8(4): 447-476.

[124] COOMBS W T. Impact of past crises on current crisis communication: insights from situational crisis communication theory[J]. Journal of business communication, 2004, 41(3): 265-289.

[125] COOMBS W T. Ongoing crisis communication[M]. Los Angeles: Sage, 2007.

[126] COOMBS W T. The protective powers of crisis response strategies: managing reputational assets during a crisis[J]. Journal of promotion management, 2006, 12(3/4): 241-260.

[127] COSTALLI S, RUGGERI A. Indignation, ideologies, and armed mobilization: Civil War in Italy, 1943—45[J]. International security, 2015, 40(2): 119-157.

[128] COVIELLO L, SOHN Y, KRAMER A D I, et al. Detecting emotional contagion in massive social networks[J/OL]. Plos one, 2014, 9(3)[2021-06-03]. https://doi.org/10.1371/journal.pone.0090315.

[129] COWIE R, DOUGLAS-COWIE E, TSAPATSOULIS N, et al. Emotion recognition in human-computer interaction[J]. IEEE signal processing magazine, 2001, 18(1): 32-80.

[130] DE WAAL F B M. Putting the altruism back into altruism: the evolution of empathy[J]. Annual review of psychology, 2008, 59: 279-300.

[131] DE WINTER F L, VAN DEN STOCK J, DE GELDER B, et al. Amygdala atrophy affects emotion-related activity in face-responsive regions in frontotemporal degeneration[J]. Cortex, 2016, 82: 179-191.

[132] DEL VICARIO M, VIVALDO G, BESSI A, et al. Echo chambers: emotional contagion and group polarization on Facebook[J/OL]. Scientific reports, 2016(6)[2021-06-03]. https://doi.org/10.1038/srep37825.

[133] DIMBERG U, THUNBERG M, ELMEHED K. Unconscious facial reactions to emotional facial expressions[J]. Psychological science, 2000, 11(1): 86-89.

[134] DOHERTY R W. The emotional contagion scale: a measure of individual differences[J]. Journal of nonverbal behavior, 1997, 21(2): 131-154.

[135] DU J G, FAN X C, FENG T J. Multiple emotional contagions in service encounters[J]. Journal of the academy of marketing science, 2011, 39(3): 449-466.

[136] EISENBERG N, HOFER C, SPINRAD T L, et al. Understanding mother-adolescent conflict discussions: concurrent and across-time prediction from youths' dispositions and parenting[J]. Monographs of the society for research in child development, 2008, 73(2): 54-80.

[137] EKMAN P, FRIESEN W V. Constants across cultures in the face and emotion[J]. Journal of personality and social psychology, 1971, 17(2): 124-129.

[138] EKMAN P. Strong evidence for universals in facial expressions: a reply to Russell's mistaken critique[J]. Psychological bulletin,

1994, 115(2): 268-287.

[139] ELFENBEIN H A. The many faces of emotional contagion: an affective process theory of affective linkage[J]. Organizational psychology review, 2014, 4(4): 326-362.

[140] ESLEN-ZIYA H, MCGARRY A, JENZEN O, et al. From anger to solidarity: the emotional echo-chamber of Gezi Park protests[J/OL]. Emotion, space and society, 2019, 33[2021-06-03]. https://doi.org/10.1016/j.emospa.2019.100632.

[141] FALKENBERG I, BARTELS M, WILD B. Keep smiling! Facial reactions to emotional stimuli and their relationship to emotional contagion in patients with schizophrenia[J]. European archives of psychiatry & clinical neuroscience, 2008, 258(4): 245-253.

[142] FAN R, XU K, ZHAO J C. An agent-based model for emotion contagion and competition in online social media[J]. Physica A: statistical mechanics and its applications, 2018, 495: 245-259.

[143] FERRARA E, YANG Z.Measuring emotional contagion in social media[J/OL]. Plos one, 2015, 10(11)[2021-06-23]. https://doi.org/10.1371/journal.pone.0142390.

[144] GAZZANIGA M, IVRY R B, MANGUN G R.认知神经科学：关于心智的生物学[M].周晓琳，高定国，等译.北京：中国轻工业出版社，2015.

[145] GERBAUDO P. Rousing the Facebook crowd: digital enthusiasm and emotional contagion in the 2011 protests in Egypt and Spain [J]. International journal of communication, 2016, 10: 254-273.

[146] GOFFMAN E. The presentation of self in everyday life[M]. New York: Anchor Books, 1959.

[147] GONZALEZ-LIENCRES C, JUCKEL G, TAS C, et al. Emotional contagion in mice: the role of familiarity[J]. Behavioural brain research, 2014, 263: 16-21.

[148] GRABE M E, ZHOU S, BARNETT B. Explicating sensationalism in television news: content and the bells and whistles of form[J]. Journal of broadcasting and electronic media, 2001, 45(4): 635-655.

[149] GREENBERG M A, WORTMAN C B, STONE A A. Emotional expression and physical health: revising traumatic memories or fostering self-regulation?[J]. Journal of personality and social psychology, 1996, 71(3): 588-602.

[150] GRIFFIN M, BABIN B J, ATTAWAY J S. An empirical investigation of the impact of negative public publicity on consumer attitudes and intentions[M]//HOLMAN R H, SOLOMON M R. NA-Advances in consumer research: volume 18.Provo, Utah: Association for Consumer Research, 1991.

[151] GROLNICK W S, BRIDGES L J, CONNELL J P. Emotion regulation in two-year-olds: strategies and emotional expression in four contexts[J]. Child development, 1996, 67(3): 928-941.

[152] GROSS J J, JOHN O P. Facets of emotional expressivity: three self-report factors and their correlates[J]. Personality and individual differences, 1995, 19(4): 555-568.

[153] GROSS J J, JOHN O P. Revealing feelings: facets of emotional expressivity in self-reports, peer ratings, and behavior[J]. Journal of personality and social psychology, 1997, 72(2): 435-448.

[154] HARELI S, RAFAELI A. Emotion cycles: on the social influence of emotion in organizations[J]. Research in organizational behavior,

2008, 28: 35-59.

[155] HATFIELD E, CACIOPPO J T, RAPSON R L. Emotional contagion [J]. Current directions in psychological science, 1993, 2(3): 96-100.

[156] HEISS R, SCHMUCK D, MATTHES J. What drives interaction in political actors' Facebook posts? Profile and content predictors of user engagement and political actors' reactions[J]. Information, communication and society, 2019, 22(10): 1497-1513.

[157] HENNIG-THURAU T, GROTH M, PAUL M, et al. Are all smiles created equal? How emotional contagion and emotional labor affect service relationships[J]. Journal of marketing, 2006, 70(3): 58-73.

[158] HERCUS C. Identity, emotion, and feminist collective action[J]. Gender & society, 1999, 13(1): 34-55.

[159] HERRERO A G, PRATT C B. An integrated symmetrical model for crisis-communications management[J]. Journal of public relations research, 1996, 8(2): 79-105.

[160] HESS U, BLAIRY S. Facial mimicry and emotional contagion to dynamic emotional facial expressions and their influence on decoding accuracy[J]. International journal of psychophysiology, 2001, 40(2): 129-141.

[161] HESS U, FISCHER A. Emotional mimicry as social regulation[J]. Personality and social psychology review, 2013, 17(2): 142-157.

[162] HESS U, SENÉCAL S, KIROUAC G, et al.Emotional expressivity in men and women: stereotypes and self-perceptions[J]. Cognition & emotion, 2000, 14(5): 609-642.

[163] HOCHSCHILD A R. The managed heart: commercialization of human feeling[M]. Berkeley, California: University of California

Press, 2012.

[164] HOCHSCHILD A R. The sociology of feeling and emotion: selected possibilities[J]. Sociological inquiry, 1975, 45(2/3): 280-307.

[165] HOFFMAN M L. How automatic and representational is empathy, and why[J]. Behavioral and brain sciences, 2002, 25(1): 38-39.

[166] HOLLENBAUGH E E, EVERETT M K. The effects of anonymity on self-disclosure in blogs: an application of the online disinhibition effect[J]. Journal of computer-mediated communication, 2013, 18(3): 283-302.

[167] HSEE C K, HATFIELD E, CARLSON J G, et al. The effect of power on susceptibility to emotional contagion[J]. Cognition and emotion, 1990, 4(4): 327-340.

[168] HUNT E E. Review of kinesics and context: essays on body motion communication, by R. L. Birdwhistell[J]. American anthropologist, 1971, 73(4): 948-950.

[169] IYENGAR S. Framing responsibility for political issues: the case of poverty[J]. Political behavior, 1990, 12(1): 19-40.

[170] JASPER J M, POULSEN J D. Recruiting strangers and friends: moral shocks and social networks in animal rights and anti-nuclear protests[J]. Social problems, 1995, 42(4): 493-512.

[171] JASPER J M. Emotions and social movements: twenty years of theory and research[J]. Annual review of sociology, 2011, 37: 285-303.

[172] JASPER J M. The art of moral protest: culture, biography, and creativity in social movements[M]. Chicago: University of Chicago Press, 1997.

[173] JASPER J M. The emotions of protest: affective and reactive emotions in and around social movements[J]. Sociological forum, 1998, 13(3): 397-424.

[174] JASPER J M. The emotions of protest[M]. Chicago: University of Chicago Press, 2018.

[175] JENKINS L M, KASSEL M T, GABRIEL L B, et al. Amygdala and dorsomedial hyperactivity to emotional faces in youth with remitted major depression[J]. Social cognitive and affective neuroscience, 2016, 11(5): 736-745.

[176] JIN Y, PANG A, CAMERON G T. Integrated crisis mapping: toward a publics-based, emotion-driven conceptualization in crisis communication[J]. Sphera pública, 2007(7): 81-95.

[177] JIN Y, PANG A, CAMERON G T. Toward a publics-driven, emotion-based conceptualization in crisis communication: unearthing dominant emotions in multi-staged testing of the Integrated Crisis Mapping(ICM)model[J]. Journal of public relations research, 2012, 24(3): 266-298.

[178] JIN Y, PANG A. Future directions of crisis communication research: emotions in crisis—the next frontier[M]//COOMBS W T, HOLLADAY S J.The handbook of crisis communication. Chichester, UK: Wiley-Blackwell, 2010.

[179] JOHNSON S K. Do you feel what I feel? Mood contagion and leadership outcomes[J]. Leadership quarterly, 2009, 20(5): 814-827.

[180] JORDAN J V, SURREY J L, KAPLAN A G. Women and empathy: implications for psychological development and psychotherapy

[M]//JORDAN J V, KAPLAN A G, STIVER I P, et al. Women's growth in connection: writings from the stone center. New York: The Guilford Press, 1991.

[181] KHAN A Z H, ATIQUE M, THAKARE V M. Combining lexicon-based and learning-based methods for Twitter sentiment analysis[J/OL]. International journal of electronics, communication and soft computing science & engineering, 2015(supplementary issue): 89-91[2021-06-03]. https://ijecscse.org/papers/ATCON2015/DTM-01.pdf.

[182] KHAN F H, BASHIR S, QAMAR U TOM: Twitter opinion mining framework using hybrid classification scheme[J]. Decision support systems, 2014, 57: 245-257.

[183] KIM B K, ROH J, DONG S Y, et al. Hierarchical committee of deep convolutional neural networks for robust facial expression recognition[J]. Journal on multimodal user interfaces, 2016, 10(2): 173-189.

[184] KIM S J, NIEDERDEPPE J. Emotional expressions in antismoking television advertisements: consequences of anger and sadness framing on pathways to persuasion[J]. Journal of health communication, 2014, 19(6): 692-709.

[185] KING L A. Emotional expression, ambivalence over expression, and marital satisfaction[J]. Journal of social and personal relationships, 1993, 10(4): 601-607.

[186] KLANDERMANS B, OEGEMA D. Potentials, networks, motivations, and barriers: steps towards participation in social movements[J]. American sociological review, 1987, 52(4): 519-531.

[187] KLANDERMANS B. Mobilization and participation: social-

psychological expansions of resource mobilization theory[J]. American sociological review, 1984, 49(5): 583-600.

[188] KRAMER A D I, GUILLORY J E, HANCOCK J T.Experimental evidence of massive-scale emotional contagion through social networks[J]. Psychological and cognitive sciences, 2014, 111(24): 8788-8790.

[189] KRING A M, GORDON A H. Sex differences in emotion: expression, experience, and physiology[J]. Journal of personality and social psychology, 1998, 74(3): 686-703.

[190] LACROIX A, GUIDETTIB M, ROGÉ B. Facial emotion recognition in 4-to 8-year-olds with autism spectrum disorder: a developmental trajectory approach[J]. Research in autism spectrum disorders, 2014, 8(9): 1146-1154.

[191] LARSEN M E, BOONSTRA T W, BATTERHAM P J, et al. We feel: mapping emotion on Twitter[J]. IEEE journal of biomedical and health informatics, 2015, 19(4): 1246-1252.

[192] LAZARUS R S. Emotion and adaption[M]. New York: Oxford University Press, 1991.

[193] LEACH C W, LYER A, PEDERSEN A. Anger and guilt about ingroup advantage explain the willingness for political action[J]. Personality and social psychology bulletin, 2006, 32(9): 1232-1245.

[194] LEBON G, WIDENER A. Gustave Le Bon, the man and his works: a presentation with introduction[M]. Indianapolis, Indiana: Liberty Press, 1979.

[195] LE BON G. The crowd: a study of the popular mind[M]. Atlanta: Cherokee Publishing Company, 1982.

[196] LEE C M, NARAYANAN S S. Toward detecting emotions in spoken dialogs[J]. IEEE transactions on speech and audio processing, 2005, 13(2): 293-303.

[197] LEE C S. Exploring emotional expressions on YouTube through the lens of media system dependency theory[J]. New media & society, 2012, 14(3): 457-475.

[198] LEE H, CHOI J, KYU K, et al. Impact of anonymity on information sharing through internal psychological processes: a case of south korean online communities[J]. Journal of global information management, 2014, 22(3): 57-77.

[199] LEWINSKI P, TRZASKOWSKI J, LUZAK J. Face and emotion recognition on commercial property under EU data protection law [J]. Psychology & marketing, 2016, 33(9): 729-746.

[200] LI C, LI Q, MIEGHEM P V, et al. Correlation between centrality metrics and their application to the opinion model[J/OL]. The European physical journal B, 2015, 88: 65[2021-06-20]. https://doi.org/10.1140/epjb/e2015-50671-y.

[201] LINLEY P A, FELUS A, GILLETT R, et al. Emotional expression and growth following adversity: emotional expression mediates subjective distress and is moderated by emotional intelligence[J]. Journal of loss & trauma, 2011, 16(5): 387-401.

[202] LIU T S, PINHEIRO A P, ZHAO Z X, et al. Simultaneous face and voice processing in schizophrenia[J]. Behavioral brain research, 2016, 305: 76-86.

[203] LUNDQVIST L O. A Swedish adaptation of the emotional contagion scale: factor structure and psychometric properties[J].

Scandinavian journal of psychology, 2006, 47(4): 263-272.

[204] MCADAM D. Political process and the development of Black Insurgency, 1930—1970[M]. Chicago: University of Chicago Press, 1999.

[205] MCCARTHY J D, ZALD M N. Resource mobilization and social movements: a partial theory[J]. American journal of sociology, 1977, 82(6): 1212-1241.

[206] MCCARTHY J D, ZALD M N. The trend of social movements in America: professionalization and resource mobilization[M]. Morristown, NJ: General Learning Press, 1973.

[207] MISOCH S. Stranger on the internet: online self-disclosure and the role of visual anonymity[J]. Computers in human behavior, 2015, 48(7): 535-541.

[208] MURPHY S T, ZAJONC R B. Affect, cognition, and awareness: affective priming with optimal and suboptimal stimulus exposures [J]. Journal of personality and social psychology, 1993, 64(5): 723-739.

[209] MYRICK J G, HOLTON A E, HIMELBOIM I, et al.#Stupidcancer: exploring a typology of social support and the role of emotional expression in a social media community[J]. Health communication, 2016, 31(5): 596-605.

[210] NICKERSON R S. Confirmation bias: a ubiquitous phenomenon in many guises[J]. Review of general psychology, 1998, 2(2): 175-220.

[211] NOOK E C, LINDQUIST K A, ZAKI J. A new look at emotion perception: concepts speed and shape facial emotion recognition

[J]. Emotion, 2015, 15(5): 569-578.

[212] PARISER E. The filter bubble: what the internet is hiding from you [M]. London: Penguin Group, 2011.

[213] PARKINSON B, SIMONS G. Affecting others: social appraisal and emotion contagion in everyday decision making[J]. Personality and social psychology bulletin, 2009, 35(8): 1071-1084.

[214] PETERS C, WITSCHGE T. From grand narratives of democracy to small expectations of participation[J]. Journalism practice, 2015, 9(1): 19-34.

[215] PIRYANI R, MADHAVI D, SINGH V K.Analytical mapping of opinion mining and sentiment analysis research during 2000—2015 [J]. Information processing & management, 2017, 53(1): 122-150.

[216] PITMAN R K, ALTMAN B, GREENWALD E, et al. Psychiatric complications during flooding therapy for posttraumatic stress disorder[J]. The journal of clinical psychiatry, 1991, 52(1): 17-20.

[217] PLUTCHIK R. The nature of emotions: human emotions have deep evolutionary roots, a fact that may explain their complexity and provide tools for clinical practice[J]. American scientist, 2001, 89(4): 344-350.

[218] PUTNAM K M, KRING A M. Accuracy and intensity of posed emotional expressions in unmedicated schizophrenia patients: vocal and facial channels[J]. Psychiatry research, 2006, 151(1/2): 67-76.

[219] QUAN C Q, REN F J. A blog emotion corpus for emotional expression analysis in Chinese[J]. Computer speech & language, 2010, 24(4): 726-749.

[220] RANI P I, MUNEESWARAN K. Facial emotion recognition

based on eye and mouth regions[J/OL]. International journal of pattern recognition and artificial intelligence, 2016, 30(7)[2022-07-19]. https://www.worldscientific.com/doi/abs/10.1142/S021800141655020X.DOI: 10.1142/S021800141655020X.

[221] REDMOND S, HOLMES, S. Stardom and celebrity: a reader[M]. London: Sage, 2007.

[222] RODHAM K, GAVIN J. The ethics of using the internet to collect qualitative research data[J]. Research ethics review, 2006, 2(3): 92-97.

[223] ROHLINGER D, VACCARO C. From "Please Sir, stay out of it" to "You are an abomination": (in)civility and emotional expression in emails sent to politicians[J]. Information, communication and society, 2021, 24(5): 667-683.

[224] RUFFMAN T, HENRY J D, LIVINGSTONE V, et al. A meta-analytic review of emotion recognition and aging: implications for neuropsychological models of aging[J]. Neuroscience & biobehavioral reviews, 2008, 32(4): 863-881.

[225] RYDELL R J, MACKIE D M, MAITNER A T, et al. Arousal, processing, and risk taking: consequences of intergroup anger[J]. Personality and social psychology bulletin, 2008, 34(8): 1141-1152.

[226] SCHIRMER A, ZYSSET S, KOTZ S A, et al. Gender differences in the activation of inferior frontal cortex during emotional speech perception[J]. NeuroImage, 2004, 21(3): 1114-1123.

[227] SCHMEICHEL B J, VOLOKHOV R N, DEMAREE H A. Working memory capacity and the self-regulation of emotional expression and experience[J]. Journal of personality and social psychology, 2008,

95(6): 1526-1540.

[228] SCHULTE-RÜTHER M, MARKOWITSCH H J, FINK G R, et al.Mirror neuron and theory of mind mechanisms involved in face-to-face interactions: a functional magnetic resonance imaging approach to empathy[J]. Journal of cognitive neuroscience, 2007, 19(8): 1354-1372.

[229] SCOTT C R. Benefits and drawbacks of anonymous online communication: legal challenges and communicative recommendations[J]. Free speech yearbook, 2004, 41(1): 127-141.

[230] SCOTT P. The psychology of judgment and decision making[M]. New York: McGraw-Hill Book Company, 1993.

[231] SFÄRLEA A, GREIMEL E, PLATT B, et al. Alterations in neural processing of emotional faces in adolescent anorexia nervosa patients: an event-related potential study[J]. Biological psychology, 2016, 119: 141-155.

[232] SHEEBER L B, ALLEN N B, LEVE C, et al. Dynamics of affective experience and behavior in depressed adolescents[J]. Journal of child psychology and psychiatry, 2009, 50(11): 1419-1427.

[233] SINGER T, SEYMOUR B, O'DOHERTY J, et al. Empathy for pain involves the affective but not sensory components of pain[J]. Science, 2004, 303(5661): 1157-1162.

[234] SMELSER N J. Theory of collective behavior[M]. New York: Free Press, 1962.

[235] SMITH E R. Social identity and social emotions: toward new conceptualizations of prejudice[M]//MACKIE D M, HAMILTON D L. Affect cognition & stereotyping: interactive processes in group

perception. San Diego: Academic Press, 1993.

[236] SUGIMOTO Y, YOSHITOMI Y, TOMITA S. A method for detecting transitions of emotional states using a thermal facial image based on a synthesis of facial expressions[J]. Robotics and autonomous systems, 2000, 31(3): 147-160.

[237] SUNSTEIN C R. Infotopia: how many minds produce knowledge [M]. Oxford: Oxford University Press, 2006.

[238] TABOADA M, BROOKE J, TOFILOSKI M, et al. Lexicon-based methods for sentiment analysis[J]. Computational linguistics, 2011, 37(2): 267-307.

[239] TAJFEL H, TURNER J. An integrative theory of intergroup conflict [M]//AUSTIN W G, WORCHEL S. The social psychology of intergroup relations. Monterey, CA: Brooks/Cole, 1979.

[240] TAUSCH N, BECKER J C, SPEARS R, et al. Explaining radical group behavior: developing emotion and efficacy routes to normative and nonnormative collective action[J]. Journal of personality and social psychology, 2011, 101(1): 129-148.

[241] TILLY C. From mobilization to revolution[M]. New York: Random House, 1978.

[242] TOPS M, BOKSEM M A S, WESTER A E, et al. Task engagement and the relationships between the error-related negativity, agreeableness, behavioral shame proneness and cortisol[J]. Psychoneuroendocrinology, 2006, 31(7): 847-858.

[243] TRÉMOLIÈRE B, GAGNON M È, BLANCHETTE I, et al. Cognitive load mediates the effect of emotion on analytical thinking [J]. Experimental psychology, 2016, 63(6): 343-350.

[244] TURNER R H, KILLIAN L M. Collective behavior[M]. Hoboken: Prentice-Hall, 1987.

[245] UNGER A, ALM K H, COLLINS J A, et al. Variation in white matter connectivity predicts the ability to remember faces and discriminate their emotions[J]. Journal of the international neuropsychological society, 2016, 22(2): 180-190.

[246] VAN GOOL E, VAN OUYTSEL J, PONNET K, et al. To share or not to share? Adolescents' self-disclosure about peer relationships on facebook: an application of the prototype willingness model[J]. Computers in human behavior, 2015, 44: 230-239.

[247] VAN KLEEF G A, DE DREU C K W, MANSTEAD A S R. An interpersonal approach to emotion in social decision making: the emotions as social information model[J]. Advances in experimental social psychology, 2010, 42(42): 45-96.

[248] VAN KNIPPENBERG D, KOOIJ-DE BODE H J M, VAN GINKEL W P. The interactive effects of mood and trait negative affect in group decision making[J]. Organization science, 2010, 21(3): 593-801.

[249] VAN STEKELENBURG J, KLANDERMANS B. Individuals in movements: a social psychology of contention[M/OL]// KLANDERMANS B, ROGGEBAND C. Handbook of social movements across disciplines. Boston: Springer, 2010[2022-07-25]. https://doi.org/10.1007/978-0-387-70960-4_5.

[250] VAN STEKELENBURG J, KLANDERMANS B. The social psychology of protest[J]. Current sociology, 2013, 61(5/6): 886-905.

[251] VAN ZOMEREN M, LEACH C W, SPEARS R. Protesters

as "Passionate Economists": a dynamic dual pathway model of approach coping with collective disadvantage[J]. Personality and social psychology review, 2012, 16(2): 180-199.

[252] VAN ZOMEREN M, SPEARS R, FISCHER A H, et al. Put your money where your mouth is! Explaining collective action tendencies through group-based anger and group efficacy[J]. Journal of personality and social psychology, 2004, 87(5): 649-664.

[253] VANDENBOS G R. APA dictionary of psychology[M]. Washington DC: American Psychological Association, 2015.

[254] VIÉGAS F B. Bloggers' expectations of privacy and accountability: an initial survey[J/OL]. Journal of computer-mediated communication, 2005, 10(3)[2022-07-23]. https://doi.org/10.1111/j.1083-6101.2005.tb00260.x.

[255] VIGIL J M. A socio-relational framework of sex differences in the expression of emotion[J]. Behavioral and brain sciences, 2009, 32(5): 375-390.

[256] VIJAYALAKSHMI V, BHATTACHARYYA S. Emotional contagion and its relevance to individual behavior and organizational processes: a position paper[J]. Journal of business and psychology, 2012, 27(3): 363-374.

[257] WANG X, SIRIANNI A D, TANG S, et al. Public discourse and social network echo chambers driven by socio-cognitive biases [J/OL]. Physical review X, 2020, 10(4)[2021-06-03]. https://link.aps.org/doi/10.1103/PhysRevX.10.041042.

[258] WOLF A. Emotional expression online: gender differences in emoticon use[J]. CyberPsychology and behavior, 2000, 3(5): 827-833.

[259] WOLLEBÆK D, KARLSEN R, STEEN-JOHNSEN K, et al. Anger, fear, and echo chambers: the emotional basis for online behavior [J/OL]. Social media+society, 2019, 5(2): 1-14 [2021-06-03]. https://doi.org/10.1177/2056305119829859.

[260] WONG R, HARRIS J K, STAUB M, et al. Local health departments tweeting about Ebola: characteristics and messaging [J]. Journal of public health management and practice, 2017, 23(2): e16-e24.

[261] WOODS M, ANDERSON J, GUILBERT S, et al. "The country(side) is angry": emotion and explanation in protest mobilization [J]. Social & cultural geography, 2012, 13(6): 567-585.

[262] YANG G B. Achieving emotions in collective action: emotional processes and movement mobilization in the 1989 Chinese student movement [J]. The sociological quarterly, 2000, 41(4): 593-614.

[263] YANG G B. Demobilizing the emotions of online activism in China: a civilizing process [J]. International journal of communication, 2017, 11: 1945-1965.

[264] ZAHN-WAXLER C, COLE P M, BARRETT K C. Guilt and empathy: sex differences and implications for the development of depression [M]//GARBER J, DODGE K A. The development of emotion regulation and dysregulation. Cambridge: Cambridge University Press, 1991.

[265] ZENG Z, PANTIC M, ROISMAN G, et al. A survey of affect recognition methods: audio, visual, and spontaneous expressions [J]. IEEE transactions on pattern analysis and machine intelligence, 2009, 31(1): 39-58.